Klaus-Dieter Koch

Was Marken unwiderstehlich macht

Klaus-Dieter Koch

Was Marken unwiderstehlich macht

101 Wege zur Begehrlichkeit

orell füssli Verlag AG

2. Auflage 2010

© 2009 Orell Füssli Verlag AG, Zürich
www.ofv.ch
Alle Rechte vorbehalten

Dieses Werk ist urheberrechtlich geschützt. Dadurch begründete Rechte, insbesondere der Übersetzung, des Nachdrucks, des Vortrags, der Entnahme von Abbildungen und Tabellen, der Funksendung, der Mikroverfilmung oder der Vervielfältigung auf andern Wegen und der Speicherung in Datenverarbeitungsanlagen, bleiben, auch bei nur auszugsweiser Verwertung, vorbehalten. Vervielfältigungen des Werkes oder von Teilen des Werkes sind auch im Einzelfall nur in den Grenzen der gesetzlichen Bestimmungen des Urheberrechtsgesetzes in der jeweils geltenden Fassung zulässig. Sie sind grundsätzlich vergütungspflichtig.

Umschlagabbildung: © Image Source, gettyimages
Umschlaggestaltung: Andreas Zollinger, Zürich
Druck: fgb • freiburger graphische betriebe, Freiburg

ISBN 978-3-280-05343-0

Bibliografische Information der Deutschen Nationalbibliothek:
Die Deutsche Nationalbibliothek verzeichnet diese Publikation in der Deutschen Nationalbibliografie; detaillierte bibliografische Daten sind im Internet über http://dnb.d-nb.de abrufbar.

Mix
Produktgruppe aus vorbildlich
bewirtschafteten Wäldern und anderen
kontrollierten Herkünften
www.fsc.org   Zert.-Nr. SGS-COC-003993
©1996 Forest Stewardship Council

Inhalt

Vorwort 11

Kapitel I Die Zeiten ändern sich
Was schafft Wert? 14
Wie Werbung wirkt 21
Wie Marken wachsen 33
Wachstum in der Krise 37
Die Zukunft der Marken 41
Die Renaissance der Leistung 43
Markenführung in Europa vs. USA 45

Kapitel II Die Wege zur Begehrlichkeit
Der aufgeklärte/kritische Kunde 50
Bekannt vs. begehrt 51
Wie entsteht Anziehungskraft? 54
Der Drang nach Status 60
Management der Markenkontaktpunkte 66
Besonderheiten 70
Business-to-Business-Marken 70
Dienstleistungsmarken 73
Unternehmensmarken des Handels 74
Wann man die Attraktivität seiner Marke stärken sollte 78
Die besten Wege zu mehr Begehrlichkeit 82

Kapitel III Die Herstellung
001/101 Maschinen und Geräte 84
002/101 Aufwendige Herstellung 85
003/101 Handarbeit 86

004/101 Zutaten 87
005/101 Harte Auswahlkriterien bei Mitarbeitern 88
006/101 Ausbildung und Erfahrung der Mitarbeiter 89
007/101 Herausragende historische Erfahrungen 91
008/101 Traditionen 92
009/101 Werkzeuge 93
010/101 Material 94
011/101 Verarbeitung 95
012/101 Rezepturen 97
013/101 Sinn für Details 98
014/101 Standort 98
015/101 Verpackung 100
016/101 Qualität 102
017/101 Größe 103
018/101 Spezialisierung 104
019/101 Nachvollziehbarkeit 106

Kapitel IV **Das Verhalten**
020/101 Verantwortung 110
021/101 Individualität 111
022/101 Brennen 113
023/101 Humor 114
024/101 Ethik 115
025/101 Umwelt 116
026/101 Lokale Verantwortung 117
027/101 Regeln brechen 118
028/101 Entschlossenheit 119
029/101 Kooperationen 120
030/101 Ingredient Branding 122
031/101 Öffentlich anerkannte Reputation 125
032/101 Reklamationen 128
033/101 Vertrauen 130

034/101 Langsamkeit 131
035/101 Anerkennung 132
036/101 Nein sagen 133
037/101 Authentizität 134

Kapitel V **Der Stil**
038/101 Eigener Stil 138
039/101 Stilmerkmale aufbauen und durchhalten 140
040/101 Hohe Dichte im Auftritt 140
041/101 Stildichte 141
042/101 Stildruck 143
043/101 Symmetrie 144
044/101 Asymmetrie 146
045/101 Goldener Schnitt 146

Kapitel VI **Die Verknappung**
046/101 Das Prinzip der Verknappung 150
047/101 Verkaufssystem 152
048/101 Anzahl Verkaufspunkte 154
049/101 Zeitliche Verfügbarkeit 157
050/101 Geografische Verfügbarkeit 158
051/101 Qualifikation des Kunden erhöhen 159
052/101 Zugangswissen 161
053/101 Reputation 162
054/101 Referenzen 163
055/101 Volatiles Angebot 163

Kapitel VII **Die Vermarktung**
056/101 Zugehörigkeit 166
057/101 Codierung 167
058/101 Persönlichkeit 171
059/101 Minimalismus 173

060/101 Anders 174
061/101 Bequemlichkeit 175
062/101 Lebensknappheiten ansprechen 176
063/101 Zukunftswille 179
064/101 Fokussierung auf bestehende Kunden 179
065/101 Konzentration auf die Fans 181
066/101 Nährböden nutzen 182
067/101 Eindeutige Differenzierung 183
068/101 Kontinuität 184
069/101 Geschichten erzählen 185
070/101 Sprache 186
071/101 Auszeichnungen 188
072/101 Prominente bezahlt 189
073/101 Prominente freiwillig 189
074/101 Darstellung am POS 190
075/101 Architektur 191
076/101 Innenarchitektur 192
077/101 Formgebung 194
078/101 Originalität 196
079/101 Exklusivität 197
080/101 Exotik 198
081/101 Erotik 198
082/101 Wandlungsfähigkeit 200
083/101 Lage 201
084/101 Herkunft 202
085/101 Tiere 203
086/101 Kindchenschema 204
087/101 Miniaturisierung 205

Kapitel VIII **Die Kommunikation**
088/101 Publicity 208
089/101 Rituale 210

090/101 Nummer-eins-Position 211
091/101 Erfindungen 213
092/101 Innovationen 214
093/101 Kontinuierliche Verbesserung 215
094/101 Verschwiegenheit 216
095/101 Sponsoring 218
096/101 Vorurteile nutzen 218
097/101 Mund zu Mund 219

Kapitel IX **Die Preisfindung**
098/101 Was wird überhaupt verkauft? 224
099/101 Die Magie der Zahlen 226
100/101 Sekundärmarkt 228
101/101 Preis 230

Literaturverzeichnis 234
Danksagung 236

Vorwort

Die Kernerkenntnis, zu der Phil Rosenzweig in seinem großartigen Buch «Der Halo-Effekt» kommt, lautet: Wirklich relevant für den Unternehmenserfolg sind nur zwei Faktoren: die Unternehmensstrategie und deren Umsetzung. Alle anderen Faktoren sind unberechenbar. Das fängt bei der Motivation und dem Verhalten der eigenen Mitarbeiter an und reicht bis zum Verhalten des Wettbewerbs, der Kunden und den Megatrends, die Markt und Gesellschaft beeinflussen.

Mit diesem Buch möchte ich kein scheinbares Erfolgsrezept an die Hand geben nach dem Motto «Von den Besten lernen», sondern Unternehmer und Manager für die Entwicklung ihrer eigenen Markenstrategie inspirieren. Ich bin kein Psychologe und werde wohl auch nie einer werden, deshalb erspare ich meinen Lesern pseudopsychologische Analysen darüber, was Menschen anziehend finden und warum.

Ich denke, ein genauer Blick auf die Realitäten jenseits theoretischer Gebilde, gepaart mit über zwanzig Jahren Erfahrung als Unternehmer, und dem tiefen Einblick, den ich während dieser Zeit durch Hunderte von Markenprojekten in den verschiedensten Unternehmen erhalten habe, führen zu spannenden Einsichten, die reichlich Inspirationspotenzial liefern.

Marke ist letztendlich gebündelte Attraktivität, die durch eine entschlossen besetzte, eindeutige Position im Markt und durch ein unvergleichbares Angebot gebildet wird. Unvergleichbarkeit ist die einzige nachhaltig wirksame Waffe gegen den grassierenden Preisverfall auf allen Ebenen und findet ihren Kumulationspunkt in einem Markensystem, das in jeder Hinsicht und jeder Facette anders ist als alle anderen. Wo ein Vergleich der Leistungen nicht mehr möglich ist, wird auch ein Preisvergleich unmöglich.

Deshalb zeige ich auch eine große Anzahl von in der Praxis bewährten Möglichkeiten auf, die Begehrlichkeit von Marken zu steigern, und dabei ist es gleichgültig, in welchem Markt sich ein Unternehmen bewegt. Zu fast jedem Ansatz gibt es ausgezeichnete weiterführende Literatur. Einiges wird Ihnen vielleicht bereits bekannt vorkommen. Deshalb halte ich manche Abschnitte bewusst sehr kurz, um nur das anzutippen, was ohnehin schon in Ihrem Kopf ist.

Markenführung ist schon lange kein Thema mehr, das nur Unternehmen betrifft, die an den Endkunden verkaufen, den sogenannten Markenartikler. Die größten Chancen, mit Marken dauerhaft erfolgreich zu sein und zweistellige Wachstumsraten und Renditen zu schreiben, haben Business-to-Business-Unternehmen, also Industriemarken, und Marken von Dienstleistungsunternehmen. Aufgrund der besonderen Umstände, unter denen letztere ihre Leistungen verkaufen müssen, wird der Aufbau anziehungskräftiger Markensysteme für große wie kleine Dienstleistungsunternehmen *der* kritische Erfolgsfaktor für die Zukunft.

Ich wünsche Ihnen beim Lesen dieses Buches viele Anregungen und Ideen für die erfolgreiche Entwicklung Ihrer Marken.

Klaus-Dieter Koch
Nürnberg im Mai 2009

Kapitel I **Die Zeiten ändern sich**

Was schafft Wert?

Menschen wollen vertrauen. Denn Vertrauen entlastet. Vertrauen vereinfacht und beschleunigt Entscheidungen und gibt Sicherheit. Entscheidungs- und Kaufsicherheit ist in einer immer komplexer werdenden Welt ein hohes Gut und manchmal wichtiger als die stimulierende Produkt- oder Serviceleistung. Entlastung durch Vertrauenswürdigkeit ist der eigentliche, der zentrale Mehrwert, den eine Marke bieten kann.

Vertrauen ist aber nicht «der Anfang von allem», wie in einer Werbekampagne behauptet wird, sondern der Endpunkt einer sehr langen Reihe von Vertrauensbeweisen. Deshalb dauert Markenaufbau in der Regel länger, als die Verantwortlichen sich das wünschen. Bis sich Vertrauen bildet, braucht es eben je nach Unternehmensgeschichte und der Branche, in der man tätig ist, unterschiedlich viel Zeit, in der die Leistungen der Marke immer auf einem gleichbleibend hohen Niveau erbracht werden müssen.

Dieses Niveau muss immer über dem liegen, das die Marke ihren Kunden verspricht. Das ist ein kaufmännisches Grundgesetz und kann nicht außer Kraft gesetzt werden – auch nicht von «modernen» Marketingmethoden, die oft viel versprechen, aber wenig halten. Denn wie ist heute die Regel? Da wird hoffnungslos übertrieben; andauernd wird mehr versprochen, als die Organisation und das Produktsortiment bereit sind zu halten.

Besonders dramatisch ist die Situation in der Dienstleistungsbranche, egal ob es sich dabei um Banken, Versicherungen oder Telekommunikationsfirmen handelt. Immer wird mit gigantischem Marketingaufwand das Blaue vom Himmel versprochen und wenig bis gar nichts gehalten. Und weil auf allen Versprechungen auch noch ein Logo klebt, denken die Verantwortlichen tatsächlich, sie betreiben Markenbildung. In Wahrheit ersticken sie mit ihrem Marketing jeglichen Wirkungsansatz von Marken bereits im Keim. Denn wie sind die Reaktionen beim Umworbenen?

Wenn er tatsächlich auf eines der viel gepriesenen Angebote eingeht, wird seine Erwartungshaltung enttäuscht, das Markenzeichen wird sofort und direkt mit dieser Enttäuschung verknüpft und das Ganze wird gespeichert – je nach Enttäuschungsgrad unter Umständen über Jahrzehnte.

So entstehen «negative Vorurteile», interessanterweise nicht direkt nach der negativen Erfahrung, sondern oftmals später, wenn das Ereignis schon so lange zurückliegt, dass man sich gar nicht mehr an den Anlass erinnern kann.

Um uns zu entlasten, verknüpft unsere Erinnerung gehaltene und eben auch nicht gehaltene Versprechen nun mit dem Markenzeichen. Alles wird nur noch auf dieses eine Signal reduziert, das dann auch deutlich sagt: «Finger weg!» Das merken wir uns. Daran erinnern wir uns, mehr braucht es nicht, um in der Konsumwelt überleben zu können. Deshalb gilt für jegliche Markenarbeit:

> Erst die Leistung, dann die Kommunikation.

Irgendwann entdecken Marktforscher diese Situation und sprechen von einem schlechten Image der Marke. Wie reagiert dann das Marketing? Genau! Mit einer Imagekampagne. Immer nach dem Motto «Wir sind gar nicht so, wie ihr glaubt, dass wir sind. Wir sind ganz anders». Diese Imagekampagne trifft dann auf die gespeicherten negativen Vorurteile. Was passiert? Nichts. Denn wem vertrauen wir mehr? Unseren eigenen Erfahrungen, die sich über die Zeit zu Vorurteilen reduziert haben, oder der Werbung, die genau zu diesen schlechten Erfahrungen geführt hat? Deshalb gilt:

> Vorurteile lassen sich nicht mit Werbung bekämpfen.

Wie dann? Ganz einfach. Mit Leistung! Über lange Zeit erbrachte Spitzenleistungen und die damit verknüpften guten Erfahrungen werden vom Kunden genauso gespeichert wie die schlechten Erfahrungen. Irgendwann trennen sich auch hier die Erfahrungen von ihren Urteilen, und das nennen wir «positive Vorurteile». Diese haben den Charme, sich genauso hartnäckig zu halten wie ihre «negativen» Schwestern.

Die Vorteile liegen auf der Hand. Ohne positive Vorurteile würde der wöchentliche Supermarktbesuch nicht in 20 Minuten abgehandelt sein, sondern erheblich mehr Zeit in Anspruch nehmen, da sich der Kunde bei jedem Produkt überlegen müsste, ob es wirklich das Richtige ist und den Wünschen der Familienmitglieder entspricht.

Die Hauptfunktion von Marken in unserer modernen und informationsüberlasteten Gesellschaft besteht darin, positive Vorurteile, die durch jahrzehntelange Spitzenleistungen entstanden sind, zu Vertrauensmonumenten zu verdichten.

Für diese Vereinfachungs- und Entlastungsleistung ist der Kunde bereit, unter Umständen sehr viel mehr Geld zu bezahlen als für ein vergleichbares Produkt oder eine Dienstleistung ohne die Zusatzleistung einer Marke.

Aber nicht nur das: Der Kunde bezahlt dafür nicht nur einen Preisaufschlag, sondern bleibt auch überdurchschnittlich lange treu. Das Risiko zu wechseln, ist ihm einfach zu hoch, selbst wenn ein billigeres Angebot lockt. Man hat ja seine Erfahrungen gemacht.

Der dritte Vorteil, der für den Markeneigner Wert schafft, ist die Erhöhung der Querverkaufsrate. Vertrauen in eine Marke bindet Kunden nicht nur, sondern macht ihnen auch andere Produkte und Leistungen der Marke schmackhaft. Die Marke kann innerhalb ihrer Glaubwürdigkeitsgrenzen gedehnt werden. Neue Produkte können risikoloser eingeführt werden. Was auch dabei hilft: Die Wahrnehmungspräferenz der Kunden für die Botschaften der Marke steigt. Das Marketing für die Marke ragt aus dem Rest der Kategorie heraus. Denn Voraussetzung für Wahrnehmung ist Relevanz, und Relevanz entsteht durch ausgedrückte Spitzenleistungen. Damit hilft die Marke dem Marketing, seine Effizienz zurückzugewinnen.

Der wichtigste Vorteil zum Schluss: Die Weiterempfehlungsrate steigt. Das heißt, die Kunden der Marke übernehmen das Marketing. Und das mit einer Objektivität und Überzeugungskraft, die man selbst mit den besten Marketingmethoden niemals erreichen würde. Das senkt die Akquisekosten für die Neukundengewinnung dramatisch. Eine Studie der Agentur mediaedge besagt: 75 Prozent der Verbraucher vertrauen bei Kaufentscheidungen den Empfehlungen ihrer Freunde und Bekannten.

Zugegeben – Entlastung durch Sicherheit und Einfachheit als Markenmehrwert mag in manchen Ohren vielleicht allzu banal klingen. Diese Faktoren zählen jedoch nicht nur beim unmittelbar bevorstehenden Kaufakt vor dem Supermarktregal. Die gesellschaftliche Dimension (zu der das Vertrauen zu anderen schließlich auch gehört) wird besonders an folgenden fünf Begriffen deutlich:

- *Soziale Anerkennung:* Wenn schulpflichtige Kinder unbedingt auf ganz bestimmte Sportschuhe bestehen, dann geht es weniger um Mode oder Funktion, sondern um das soziale Überleben in der Schule und im Freundeskreis. Das ist den Kindern aber nicht, wie vielfach behauptet, von der Markenartikelindustrie anerzogen, sondern gehört schlicht zum Menschsein; es ist sozusagen ein archaischer tribaler Affekt. Mithilfe der Kleidung und mitgeführter Gegenstände Zugehörigkeit und Hierarchie zu zeigen, ist in allen Gesellschaften der Erde überlebensnotwendig. Was die aufwendig gestalteten Körperbemalungen für die Ureinwohner Papua-Neuguineas oder die Insignien des Adels oder der Kirche bedeuten, das sind die Bekleidungscodes und -zeichen von Managern, Politikern, Oligarchen-Ehefrauen oder den Pfadfindern. Mehr oder weniger codierte Vereinfachungszeichen wie Farben (Kirche), Orden (Politiker), Abzeichen (Pfadfinder), Muster (Adel) und plastische Chirurgie (Oligarchenfrauen), die die soziale Rolle, die Macht, die Verdienste, die Verantwortlichkeit des Zeichen-Inhabers für alle sichtbar dokumentieren, regeln das essenzielle Zusammenleben in der Gruppe und sorgen für Transparenz und Ordnung. Seit dem Beginn der Ausbildung der heute bekannten klassischen Markenartikel Mitte des 19. Jahrhunderts wurden diese hoch verdichteten Zeichensysteme dazu benutzt, Bekannten – und aufgrund wachsender Mobilität auch Unbekannten – ad hoc zu demonstrieren, wer man ist und was man erreicht hat.

- *Selbstdefinition:* Je mehr Individualismus uns die Globalisierung ermöglicht, desto wichtiger wird die Orientierung. Wer will ich heute und in Zukunft sein? Gut geführte Marken helfen durch ihr klares Wertesystem dabei, einen passenden Archetyp für sich zu finden, zu definieren und zu übertragen. Diese Kultur-Codes geben der Eigenentwicklung Orientierung, Inspiration und Halt.
- *Inspiration:* Marken sind durch ihr hinterlegtes Wertesystem in der Lage, sich voneinander abzugrenzen und für Kontraste und Spannungsfelder zu sorgen. In der Kochkunst sorgt die Kombination von Emmentaler Käse und Valrhona Schokolade für völlig neue Geschmackserlebnisse. In der Mode werden Levis Jeans mit Swarovski-Kristall kombiniert und in der Kunst- und Designwelt kooperiert Superstar Takashi Murakami mit Louis Vuitton. Marken inspirieren aber nicht nur ihre Eigner und die Industrie zu neuen, spannenden Ergebnissen, sondern vor allem die Nutzer selbst. Einheitliches mit Einheitlichem zu kombinieren, macht kein Mensch. Kontraste müssen her, und genau die liefern Marken wie kein anderes System und stimulieren dabei die Kreativität ihrer Kunden. Voraussetzung dafür sind aller-

dings klar positionierte Markencharaktere, die wissen, wofür sie stehen, und auch wissen, wofür sie nicht stehen.
- *Abgrenzung:* Marken machen Individualismus erst möglich. Genau dieser Individualismus ist es, der den Konsum treibt. Die vielen Möglichkeiten sind es, die Lust auf Neues erzeugen und damit die Marktwirtschaft in Gang halten. Ein Marktsegment lässt sich viel besser durchdringen und ausschöpfen, wenn die dort agierenden Markensysteme klar unterscheidbar positioniert sind. Ansonsten regiert der Preis und die Erträge gehen in den Keller.
- *Lebensknappheiten:* Wünsche, Träume, Hoffnungen und Sehnsüchte beschreiben die emotionalen Lebensknappheiten der Menschen. Marken können Teile dieser Knappheiten befriedigen und damit für Sinn und Erfüllung sorgen. Deutlich wird das zum Beispiel beim Thema Sammeln. Wenn Sie mit passionierten Sammlern sprechen, spielen Marken (nein, nicht Briefmarken) sofort eine große Rolle. Egal ob bei Porzellan, Uhren, Kunst, Vintage-Mode, Möbeldesign, Modellbahnen bis hin zu Bierdeckeln oder Kronkorken. Ohne Marken würden viele Sammelgebiete gar nicht existieren.

Marken bieten mit ihren entlastenden, vereinfachenden und absichernden Mehrwertfunktionen einen weit über die Produktleistung hinausreichenden Wert und sind in der Lage, damit einen weit über die Erstellungs- und Materialkosten liegenden Preisaufschlag zu erzielen. Und genau darum geht es, wenn man für und mit Marken arbeitet – um Ertrag und Wachstum – am besten zweistellig – darunter geht es auch ohne wirksame Marke.

Marken als lebende Systeme verstehen.

Ihre Hauptaufgabe ist es, Produkte und Dienstleistungen beziehungsfähig zu machen. In der Flut der visuellen Reize (zum Beispiel täglich rund 3000 Markenkontakte) rettet uns nur die selektive Wahrnehmung vor dem Ertrinken im medialen Überfluss. Das heißt, unser Gehirn filtert unbewusst alles Unwichtige heraus, damit es uns nicht unnötig belastet. Als unnötig erachten wir alles, was für unser Leben nicht notwendig, also nicht relevant ist – Dinge, zu denen wir keine Beziehung haben. Die Voraussetzung für Wahrnehmung ist Beziehung.

Dauerhafte Beziehungen können wir aber nur zum Lebendigen, das heißt zu dem sich stetig Entwickelnden, Widersprüchlichen, sich Verändernden aufbauen. Dann nehmen wir es in unser «Relevant Set» auf und sehen die Welt plötzlich mit anderen Augen. Bei «toten» Produkten funktioniert das jedoch nicht. Damit sie dennoch beziehungsfähig werden, brauchen Produkte einen Namen, Charakter, eine Geschichte, eine Herkunft und Unterscheidbarkeit..., kurz: sie müssen sich zu charaktervollen, lebendigen Marken entwickeln, um wahrgenommen zu werden.

Lebende Systeme haben aber noch eine weitere interessante Eigenschaft. Sie wollen wachsen. Was lebt, wächst. Der Drang ist da. Die Frage ist: Wie wird es gesteuert?

Ein kleines Beispiel dafür, wie selektive Wahrnehmung die Welt verändern kann: Ein Mann kommt nach Hause. Seine Frau flötet ihm entgegen: «Schaa-haatz, ich bin schwanger.»
Nehmen wir mal an, diese Mitteilung ist eine gute Nachricht für den Gatten: Ab sofort wird er die Welt mit anderen Augen sehen. Waren gestern auch schon so viele Kinderwagen unterwegs? Haben all die Babyausstatter über Nacht eröffnet? Und warum ist der Kombi plötzlich interessanter als das Cabrio? Der Mann hat nun eine Beziehung zu diesen Dingen, die intensiver nicht sein kann. Deshalb verändert sich auch seine Wahrnehmung drastisch und er bemerkt Dinge, die vorher scheinbar nicht da waren.

Dass dies auch mit Marken möglich ist, zeigt ein simpler Autokauf. In dem Moment, in dem sich jemand für eine neue Automarke entscheidet, scheint er nur noch von Produkten und Fahrern dieser Marke umgeben zu sein.

Die beiden Neurologen Scheier und Held schreiben in ihrem Buch «Wie Wirkung wirkt» dazu: «Werbung soll den Rangplatz im Kopf des Konsumenten verbessern. Eine Verbesserung im Rangplatz gilt deshalb als wichtigstes Erfolgskriterium für Marketing und Werbung. Auf der Idee des ‹Relevant Sets› basieren viele Instrumente zur Erfolgsmessung von Werbekampagnen. Solche Verfahren messen letztlich nichts anderes als den Rangplatz einer Marke oder eines Produkts auf der Einkaufsliste im Kopf der Kunden. Die Annahme einer Rangordnung im Gehirn ist aber falsch! Es gibt nur zwei Plätze im Kopf der Konsumenten: erster Platz oder dahinter. Das ist so, weil in den neurowissenschaftlichen Studien deutlich wird, dass die kortikale Entlastung im Kopf ausschließlich bei der Lieblingsmarke auftritt, der Nummer 1 ...».

Wie Werbung wirkt

Zu Beginn eines Markenbildungsprozesses müssen acht essenzielle Fragen geklärt werden. Die exakte Beantwortung dieser Fragen bekämpft die größten Feinde der Markenfachleute – Oberflächlichkeit, Gleichheit und den Drang des Menschen, Wunsch mit Wirklichkeit zu verwechseln.

Zu Beginn muss eines geklärt sein: Eine Marke ist immer ein kaufmännisch orientiertes Wertschöpfungssystem und nicht ein bloßes Design- und Kommunikationsobjekt. Eine Marke ist das Beste, was man kennt, um nachhaltig zweistellige Erträge und Wachstum zu erzielen und dabei ausschließlich dem Wohl des Unternehmens verpflichtet.

Deshalb stehen am Anfang jedes Markenbildungsprozesses die langfristigen Ziele des Unternehmens. Es muss klar sein, wo die Prioritäten zu setzen sind – diese aber bitte so differenziert wie möglich. Unternehmensziele wie «Wir wollen jedes Jahr mehr Umsatz machen» existieren leider immer noch zu häufig, trotz aller MBA-Kurse, überquellenden Regalen mit Literatur zu Management und Unternehmensführung und einer ungeheuren Vielfalt an Seminaren.

Ein Ziel ist nur dann ein Ziel, wenn es in seiner Art exakt definiert den Grad der Zielerreichung detailliert und ohne die Chance zum Selbstbetrug an einen genauen Zeitpunkt geknüpft ist. Wenn es dann noch einen Verantwortlichen für seine Erreichung und einen Stellvertreter gibt, dann hätte man eine gute Grundlage für den Markenbildungsprozess, denn nur dann kann das Management-Tool Marke seine ganze Kraft entfalten.

Die acht essenziellen Kernfragen, die in einem Markenbildungsprozess unbedingt berücksichtigt werden müssen, lauten:

1. *Was können wir besser als andere?*
Damit stellt sich zu Beginn gleich die vielleicht wichtigste Frage von allen. Die Basis jeder Marke bilden ihre Spitzenleistungen. Ohne Spitzenleistungen keine Marke. Allzu oft wird ignoriert, wer man ist. Es wird immer von Image-Veränderungen und Positionierungen gesprochen. Dazu kommen noch zweifelhafte Marktforschungs-Tools, weil Markeneigner glauben, die Kunden könnten einem sagen, wer man ist.

Nein, am Anfang steht die alleinige Selbsterkenntnis, und zwar ohne Hilfe von außen. Kunden können nur die Vorurteile, die sie über die Marke gespeichert haben, wiedergeben, aber nicht die Leistungen, die zur Bildung dieser Vorurteile geführt haben. Deshalb läuft Marktforschung hier ins Leere.

Genauso verhält es sich mit Wunschbildern. Danach zu streben, jemand zu sein, der man nicht ist, sollte spätestens mit Ende der Pubertät ausgestanden sein. Glaubwürdigkeit für späteres markenorientiertes Handeln entsteht nur durch die eindeutige und konkrete Kenntnis der Ursachen. Zu wissen, wer man ist und was man kann, sich so zu akzeptieren, wie man ist, ohne dies von positiven Rückmeldungen abhängig zu machen. Es hilft nichts, da müssen Sie jetzt durch.

> Marke heißt, zu wissen, was man kann.

Beantworten Sie so ausführlich und präzis wie möglich Fragen zu den folgenden Themenkreisen:
- Welche Leistungen machen Sie einzigartig? Welche Leistungen sind typisch für Sie?
- Worin unterscheiden sich Ihre Leistungen von denen Ihrer Mitbewerber?
- Mit welchen Leistungen sind Sie den anderen überlegen?
- Und was haben Sie seit der Gründung Ihres Unternehmens/ Ihrer Marke alles richtig gemacht?
- Wofür sind Sie berühmt geworden?

Die Antworten auf diese Fragen beschreiben Ihren Markenkern und damit das Territorium Ihrer Glaubwürdigkeit. Die Kenntnis dieses Territoriums wird Ihnen später im risikoreichen und teuren Marketinggeschäft noch von erheblichem Nutzen sein.

2. Woran erkennt man uns?
Den hoch verdichteten Leistungskern einer Marke bildet immer ihr Wertesediment, das sich über die Jahre aus dauerhaft erbrachten Spitzenleistungen gebildet hat. Die Werte, aus denen sich der Markenkern zusammensetzt, beschreiben das Wesen, den Charakter

und den Inhalt der Marke. Identifizierbar, wieder erkennbar, wird sie durch ihren Stil.

Der Stil einer Marke hat eine ebenso grundlegende Bedeutung wie ihre Werte. Wie drückt sie aus, was in ihr steckt? Der Stil einer Marke hat nichts mit ihrem Auftreten, ihrem Design zu tun. Er ist dem vorgelagert. Den Werten einer Marke wird durch ihren unverkennbaren Stil Ausdruck verliehen, das Markendesign wiederum muss den Stil der Marke verstärken.

> Menschen lassen sich mehr durch Gestalt, als durch Inhalt lenken.

Ein spezifischer Markenstil sorgt für Abstand zum Wettbewerb und schränkt die inhaltliche wie visuelle Verwechslungsgefahr gravierend ein. Konsequent und jahrelang durchgehalten und stetig verfeinert, löst sich der Markenstil irgendwann vom Inhalt und bildet selbst einen Mehrwert. Damit wird eine Marke zu einer Ikone, die sich nicht nach Trends oder Moden richtet, sondern nur damit beschäftigt ist, sich auch in turbulenten Zeiten selbst treu zu bleiben. Für diesen Mehrwert, der seinerseits geeignet ist, bei Kunden für Sicherheit und Einfachheit bei der Kaufentscheidung zu sorgen, sind die Kunden oft bereit, erhebliche Preisprämien im Vergleich zu Marken ohne eine solche Stildichte zu bezahlen. Damit ist Stil Geld.

Wer den Stil einer Marke jedoch nur auf ihren visuellen Auftritt reduziert, der verkennt seine Möglichkeiten. Neben einer (!) Farbe, einer Form, einem Schlüsselbild, einer Persönlichkeit, einer Symbolik, Schrift und Architektur existieren non-visuelle Kategorien wie die Taktung einer Marke, Rituale und die Sensorik. Auch die Möglichkeiten, mit einer ausgefeilten Nomenklatur den Stil einer Marke zu prägen, werden oft verkannt.

3. Warum mag man uns?
Wenn jemand aus Ihrem Kundenkreis etwas über Ihre Marke sagen kann, dann sind dies die eng gebundenen Kunden, die die Marke schon jahrelang nutzen oder immer wieder kaufen. Diesen eng gebundenen, hochloyalen Teil der Kundschaft einer Marke nennen wir die Fans. Fans reklamieren nicht oder kaum, sind loyal, kaufen fast alle Leistungen, die unter einer Marke angeboten werden und – ganz wichtig – empfehlen die Marke weiter und machen daher aus purer Begeisterung heraus das wirkungsvollste Marketing, das man sich vorstellen kann.

Diese und nur diese Menschen sollten Sie fragen, wenn Sie eine Meinung Außenstehender bekommen wollen. Bei wichtigen Entscheidungen in Ihrem Familienkreis fragen Sie doch auch nicht die Menschen auf der Straße. Im Vergleich zu dieser Aussagekraft können Sie herkömmliche Kundenbefragungen vergessen. Zugegeben – mit Fans zu reden ist nicht repräsentativ. Aber ist es repräsentativ, mit Tausenden von Menschen, denen sie herzlich egal ist, über Ihre Marke zu reden? Welche Qualität haben diese Meinungsbilder trotz Repräsentativität? Leider Gottes treten nur allzu viele Markenverantwortliche ihre Verantwortung, die Marke zu führen, unter dem Deckmantel der Kundenorientierung an eine anonyme, aber dafür repräsentative Gruppe von Menschen ab, die sie weder kennen noch kennenlernen wollen. Laufen dann Entscheidungen, die dieses Meinungsmonster getroffen hat, ins Leere oder sind schlichtweg falsch, kann sich der Markenchef eines Unternehmens wunderbar aus der Verantwortung stehlen.

Pater Rupert Lay sagte einmal: «Langfristig ist man nur erfolgreich, wenn man weiß, warum man erfolgreich ist.» Sprechen Sie also mit den Fans Ihrer Marke, wenn Sie wissen wollen, warum Sie erfolgreich sind. Machen Sie sich die Mühe und reden Sie selbst nach einem vergleichbaren Interviewleitfaden mit ihnen. Sie werden Erkenntnisse und Bestätigungen bekommen, die Ihnen für Ihre

Zukunft mehr bringen als jede noch so raffinierte Marktforschungsmethodik.

4. Was hilft uns, voran zu kommen?

Trends sind Herausforderungen für Marken. Jede Marke muss zu allererst wissen, ob ein Trend zu ihr passt. Ansonsten können Trends Marken und Unternehmen erbarmungslos vernichten. Das wissen Banken und Versicherungen zum Beispiel aus der Zeit des Allfinanz-Trends nur zu genau.

Aber wie ist die Realität? Für Marken ohne Führung, ohne Werte und ohne Stil ist jeder Trend willkommen und mit ihm die Hoffnung, sie aus dem Jammertal der Gewöhnlichkeit und Austauschbarkeit zu führen. Schwache Marken lauschen Trendgurus und Zukunftsforschern am eifrigsten. Sie sollten die Zeit und das Geld lieber darauf verwenden, an sich selbst zu arbeiten und ihre Hausaufgaben zu machen.

Trotz dieser Gefahren kann das Umfeld einer Marke in den Bereichen Gesellschaft, Technologie, Umwelt, Wirtschaft und Politik spannende und zukunftsfähige Entwicklungen, die zwar in der Regel nicht beeinflussbar, aber dem Fortkommen der Marke durchaus förderlich sind, bereithalten. Diese Entwicklungen gilt es mit den Werten einer Marke auf ihre Nützlichkeit abzugleichen. Das Ergebnis nennen wir die Nährböden einer Marke.

Für jeden größeren Entwicklungsschritt sollte man einen oder mehrere Nährböden identifizieren, um sicher zu gehen, dass man mit seiner Idee nicht allein steht. Die großen gesellschaftlichen Strömungen können die Idee stützen und helfen, diese voran zu bringen. Dazu minimieren sie die Risiken eines Fehlschlags ganz erheblich.

Gehen Sie deshalb mit wachen Augen und heißem Herzen durch die Welt und lernen Sie wahrzunehmen, was um Sie herum passiert. Dieser Prozess ist niemals abgeschlossen und liefert Ihnen die besten Anstöße für die Weiterentwicklung Ihrer Marke.

5. Wer wollen wir sein?
Die Markenpositionierung ist das am meisten missverstandene Element der Markenführung. Damit das klargestellt ist: Positionierung heißt zu wissen, was man nicht kann!

Je mehr die Verantwortlichen einer Marke darüber wissen, was ihre Marke nicht kann, desto erfolgreicher werden Sie sie führen können. Ziehen Sie aufgrund der Kenntnis ihres Markenkerns klare Grenzen. Je enger, desto besser für Ihr Wachstum und Ihren Ertrag. Die Grenzen einer Marke werden Sie aber nur definieren können, wenn Sie einerseits Ihre Kernkompetenzen, Ihre Spitzenleistungen und Ihre Werte kennen und andererseits genauso gut wissen, was Sie nicht können: was man Ihnen nicht glauben wird, was Ihnen Ihr Kunde nicht abnehmen wird und wenn, dann nur für kurze Zeit und mit erheblichen Rabatten.

Steve Jobs, der CEO von Apple, hat einmal gesagt: «Meine wichtigsten Entscheidungen betrafen nicht die Dinge, die ich tun werde, sondern die Dinge, die ich nicht tun werde.»

Verwenden Sie ebenso viel Zeit darauf herauszufinden, was Sie nicht so gut können, wie auf die Entdeckung Ihrer Spitzenleistungen. Dann ergeben sich die Grenzen Ihrer Marke fast von selbst. Schärfen Sie diese Grenzen so gut wie möglich und definieren Sie Indikatoren, die ihnen anzeigen, wenn Sie im Begriff sind, eine Grenze zu überschreiten. Sie können es dann trotzdem wagen, aber Sie werden es vorsichtig und weitsichtig machen, da Sie wissen, dass die Risiken nun sehr hoch sind und die Gefahr eines Misserfolgs steigt. Bei Erfolg haben Sie Ihre Marke jedoch ein ganzes Stück größer gemacht. Den Prozess, die Grenzen seiner Marke zu erkennen und mit diesem Wissen zu definieren, wohin man sie entwickeln will, nennt man Marken-Positionierung.

6. Wie stellen wir uns auf?

In einer Welt der Globalisierung, der Fusionen und Defusionen, der Verkäufe und Aufkäufe sowie der unzähligen Markenneugründungen und -neueinführungen heißt das komplizierteste und gleichzeitig spannendste Thema überhaupt: Markenarchitektur.

Das Zusammenspiel verschiedener Markensysteme unter einer unternehmerischen Verantwortung ist das chancen-, aber auch risikoreichste Management-Tool im Markenbildungsprozess.

Das meiste, das dazu bisher geschrieben wurde, genügt nicht mal ansatzweise den heutigen komplexen Anforderungen, schöpft die Chancen in keinster Weise aus und unterschätzt die Risiken. Die Diskussion wird meist auf der Ebene Dachmarke versus Produkt- oder Einzelmarke geführt. Das alles basiert auf Wissen aus den Anfängen des modernen Markenmanagements in den Fünfzigerjahren des 20. Jahrhunderts. Die heute in der Regel schon bei vergleichsweise kleinen, mittelständischen Unternehmen auftauchenden Fragen zur Markenarchitektur sind oft sehr viel komplexer als die der global tätigen Großkonzerne aus dem letzten Jahrhundert.

Der nächste Fehler besteht darin, Markenarchitektur aus einer ordnungspolitischen Grundmotivation zu betreiben. Gekonnt konstruierte Markenarchitekturen können viel mehr als ordnen. Sie schützen vorhandene Marken mit hohen Margen. Sie minimieren Risiken bei Produktneueinführungen, sie stützen und verjüngen veraltete Markensysteme und können Angriffe von Wettbewerbern erschweren oder geschickt kontern. Sie auf ihre ordnende Kraft zu reduzieren, ist zu kurzfristig und ertragsfern gedacht.

Der Hauptfehler liegt allerdings im Timing. Verschiedene Markensysteme so zu konstruieren und aufzustellen, dass sie optimal zusammenspielen, braucht Zeit. Deshalb ist es wenig sinnvoll, ein bereits vorhandenes Problem mittels Markenarchitektur lösen zu wollen. Bis die Maßnahmen Wirkung zeigen, hat sich das Problem vermutlich bereits erledigt, und man hat viel Zeit und Geld in eine Markenarchitektur gesteckt, die einem vielleicht nichts mehr nützt.

Markenarchitekturen kann man nur aus der Zukunft heraus entwickeln.

Auf Wirksamkeit ausgelegte Markenarchitekturen integrieren den Willen des Unternehmens. Welche Zukäufe sind geplant und müssen integriert werden? Wie wichtig ist organisches Wachstum, und wie stellen wir uns dafür am besten auf? Welche Verkäufe sind geplant, und was muss für einen möglichst hohen Erlös getan werden? Wie aggressiv wird am Markt agiert? Wie wird die Profitabilität auf lange Sicht gewährleistet? Wie steht's um die eigene Globalisierung? Wie volatil ist das Kerngeschäft?

Die Antworten auf diese und viele weitere Fragen haben entscheidenden Einfluss darauf, wie Sie sich heute aufstellen müssen, um für die Zukunft gewappnet zu sein.

7. Was müssen wir tun?
Das Resultat jeder gut geführten Marke ist die Erfahrung, die der Kunde mit ihrer Leistung vor, während und nach dem Kauf mit ihr macht. Markenführung könnte man auch Erfahrungsmanagement nennen. Jede Wahrnehmung und jede Erfahrung, die ein Kunde mit der Marke hat, nennen wir Markenkontaktpunkte. Markenerfahrung ganzheitlich zu managen, ist die zentrale Herausforderung aller Markenverantwortlichen, egal ob im BTC- oder im B2B-Bereich. Jeder Markenkontaktpunkt, der nicht kohärent und konsistent gemanagt werden kann, schwächt die Marke. Das fängt bei scheinbar simplen Markenkontaktpunkten wie einer E-Mail an und hört bei der Behandlung eines Kunden im Reklamationsfall nicht auf.

Die Markenerfahrung, an die sich der Kunde erinnern und die seine Vorurteilsbildung maßgeblich beeinflussen wird, ist immer die schlechteste aller gemachten Erfahrungen. Diese dominiert das Vorurteilsmuster beim Kunden, ebenso wie der schwächste Verkäufer zum Maßstab für die Gesamterfahrung mit dem Außendienst eines Unternehmens sein wird.

Alle Kontaktpunkte einer Marke auf einem überdurchschnittlich hohen Niveau zu managen, ist nicht einfach und nicht billig. Aber für überdurchschnittliche Markenerfahrungen ist der Kunde auch bereit, erheblich mehr Geld zu bezahlen. Wie sonst konnte es Apple 2001 in der Hoch-Zeit der kostenlosen Online-Musiktauschbörsen fertigbringen, seinen Online-Musicshop iTunes einzuführen und sich damit gegen die kostenlose Konkurrenz durchsetzen? iTunes löste ein ganz zentrales Problem der Nutzer der kostenlosen Plattformen im Internet. Einfachheit, Sicherheit und Entlastung. Es machte einfach viel mehr Spaß, auf iTunes Musik zu suchen und zu kaufen. Alles ging schneller und bequemer. Bis hin zum eigentlichen Kauf, der mit einem Klick erledigt war. Diese völlig umwerfende Erfahrung, im Internet Musik zu kaufen, machte iTunes zum heute größten Online-Musicshop der Welt, obwohl das eigentliche Produkt, das Musikstück, woanders sogar kostenlos zu bekommen ist.

Es bringt rein gar nichts, seine ganze Aufmerksamkeit der Werbung einer Marke zu widmen und sie zu kreativen Höhenflügen anzutreiben, wenn im Call Center die gleiche gelangweilte Atmosphäre herrscht wie zuvor. Ein Hotelier, der all seine Energie in die Stararchitekten-Renovierung seiner Hotelzimmer steckt und beim Service im Restaurant durchhängt, wird keine Stammgäste herausbilden können. Das Urteil: «Die Zimmer sind zwar schön geworden, aber der Rest …»

Im Durchschnitt hat der Kunde mit der Marke vor, während und nach dem Kauf zwischen 20 und 200 verschiedene Kontaktpunkte. Das ist netto gerechnet, also ohne die Mehrfachkontakte mit einem Kontaktpunkt. All diese Markenkontaktpunkte müssen zueinander passend gestaltet und gesteuert werden. Starke Abweichungen nach oben werden als zu großes Versprechen wahrgenommen, Ausschläge nach unten schreien nach Alternativen.

Alle Markenkontaktpunkte, die eigenen und die der Wettbewerber, müssen identifiziert, analysiert und beurteilt werden. Hieraus ergeben sich drei Standards: der eigene, der Branchenstandard und der Best-of-Standard, bei dem immer die beste Leistung auf dem einzelnen Kontaktpunkt aus allen Marktteilnehmern gewählt wird. Liegt der eigene Standard unter dem Branchenstandard, besteht dringender Handlungsbedarf, und die schwächsten Markenkontaktpunkte müssen bearbeitet werden. Liegt der eigene Standard zwischen Branchen- und Best-of-Standard, gilt es, sich auf die eigenen Stärken zu konzentrieren und diese auf Best-of-Niveau zu bringen.

Aus dieser Analyse ergeben sich die normativen Programme für die operative Markenarbeit. Normativ deshalb, weil diese Programme die Leistungserbringung unter der Marke maßgeblich verändern und auf ein vorher definiertes Niveau bringen sollen.

8. Wie müssen wir es tun?
Vor ein paar Jahrzehnten entdeckte der Mathematiker Benoît Mandelbaum feste Regeln im scheinbaren Chaos um uns herum. Er entdeckte die fraktale (selbstähnliche) Geometrie. Das heißt: In den kleinsten Teilen spiegelt sich die Struktur des großen Ganzen.

Nicht anders verhält es sich in der Welt der Marken. Jedes einzelne Teil der Markenwelt repräsentiert den Charakter des großen Ganzen. Jedes Einzelteil ist sofort als Teil des Gesamtsystems identifizierbar.

Um das zu erreichen, bedarf es einiger weniger, einfacher Schlüsselregeln für die Marke. Diese Regeln sind dann allerdings – individuell auf die Marke zugeschnitten – unumstößlich und dürfen auf gar keinen Fall untergraben werden. Sie sorgen für eine kontinuierliche Markenführung in einer Welt, in der sich alles permanent verändert. Das ist in der Kindererziehung nicht anders. Einem Kind gibt man eine Handvoll Regeln, die es unbedingt einhalten muss. Alles andere reguliert sich von selbst und bleibt dem Kind freigestellt. Wie immer ist es die richtige Mischung aus Schlüsselregeln und Freiheit, aus Kontinuität und Wandel, die – wie in der Natur – für den Erfolg sorgen wird.

Dabei spielt die Kontinuität (also die Regeln) eine besonders wichtige Rolle. Um stark zu werden, brauchen Marken Restriktionen. Wenige und einfache Regeln sind von entscheidender Bedeutung für den Erfolg. Nur sie geben der Marke die Dichte, die sie zur Durchsetzung braucht. Im Gegensatz zur landläufigen Meinung verhindern Regeln nicht Kreativität, sondern fördern sie. Denn nur innerhalb festgesteckter Grenzen kann Kreativität ihre Aufgabe erfüllen. Zu viel Freiheit oder fehlende Regeln verhindern kreative Höchstleistungen. Stellen Sie sich vor, beim Fußball würden die Außenlinien des Spielfeldes wegfallen: Mit einem Mal könnten die Spieler laufen, wo sie möchten! Unbegrenzte Freiheit im wahrsten Sinne des Wortes – und Fußball wäre das langweiligste Spiel der Welt.

Aber zur bereits erwähnten evolutionären Entwicklung gehören auch Zufälle, für viele die reinste Horrorvorstellung, bei genauerer Betrachtung aber eine vollkommen natürliche Sache. Die ganze Natur basiert auf dem Prinzip weniger fester Regeln und Zufall. Es ist das Grundprinzip der Chaostheorie.

Menschen, die Marken führen, müssen sich eines abgewöhnen: sich einzubilden, dass sie Märkte beherrschen können. Dies ist ein Aberglaube aus der Frühzeit des Marketings. Heute sollte jedem klar sein, dass er in chaotischen – also nicht vorhersehbaren – Netzwerken agiert und den Zufall als festen Bestandteil seiner Markenstrategie berücksichtigen muss. 80 Prozent der Themen, mit denen Sie sich im globalen Markenmanagement herumplagen müssen, sind redundant. Mit nur wenigen, einfachen Regeln, die jeder Beteiligte versteht, ersparen Sie sich künftig diese Diskussionen und können Ihre Fachkompetenz mit aller Hingabe auf die 20 Prozent der Herausforderungen konzentrieren, die sich nicht so einfach klären lassen. Und für globale Markenprojekte gilt: Den Deal, sich auf wenige, einfache Regeln zu verpflichten, um dann auf die Herausforderungen seines Marktes mit aller notwendigen Freiheit einghen zu können, unterschreibt Ihnen jeder Markt- und Regionalverantwortliche.

Die wichtigste und entscheidenste Frage zum Ende eines Markenbildungsprozesses lautet jedoch: Hat sich unser Denken während des Markenprozesses verändert. Und wenn ja, in welche Richtung? Wie unterscheidet es sich von unserem Denken vor dem Markenprozess?

Entstanden Stolz und Respekt für unsere bisherigen Leistungen? Wissen wir, was uns unterscheidet und wozu die Welt uns braucht? Kennen wir unsere Grenzen? Sind wir überzeugt, diese Grenzen markieren zu können, indem wir uns trauen, Nein zu sagen? Kennen wir die Gründe, warum uns Kunden lieben? Kennen wir die Nährböden, die uns helfen, die Zukunft zu managen? Weiß jeder von uns, was zu tun ist und wie wir es tun?

Wie Marken wachsen

Marken wachsen nicht durch Ausdehnung, sondern durch Anziehung. Hans Domizlaff schreibt zum Beispiel im neunten seiner «22 Grundgesetze der natürlichen Markenbildung»: «Die Verkaufseinheit ist ein wesentliches Merkmal einer Ware, die ein blindes Qualitätsvertrauen voraussetzen will. Je kleiner die Zahl der Verkaufseinheiten, desto stärker die Unverkennbarkeit der Markenware.»

Um zu wachsen, wird heute das genaue Gegenteil praktiziert.

Die Marke wird gedehnt, bis sie zu reißen droht. Echte Innovationen gibt es fast nicht mehr. Alles konzentriert sich auf Sortimentsstreckung (*line-extensions*). Eine Varietät jagt die andere. An der Marke wird solange gezerrt und herumgedehnt, bis sie ihre Spannkraft und damit Anziehungsenergie verloren hat. Schaut man sich die Umsatzstatistik der Varietäten an, kommt man zu dem Schluss, dass nur der kleinste Teil des Umsatzes mit diesen Pseudo-Innovationen gemacht wird. Den mit Abstand größten Teil macht die Marke immer noch mit ihren Stammprodukten.

Dramatischer wird das Ganze, wenn man sich den Ertrag vornimmt. Meistens existiert neben den Stammprodukten einer Marke fast kein Produkt mehr, das einen nachhaltigen Beitrag zum Unternehmensergebnis leistet.

Viele Bierbrauer retten sich aus ihrem Varietäten-Dschungel mit dem Argument, auch mit nur 5000 hl einer Varietät etwas zu verdienen. Stimmt, das geht vielleicht. Aber hat man sich schon mal Gedanken gemacht, was man mittelfristig in den Köpfen der Kunden anrichtet? Wofür steht die Marke eigentlich noch? Für Pils oder Helles? Für Alkoholfrei oder Doppelbock? Für Reinheitsgebot oder Bier-Mix? Für Flasche oder Dose? Für Heimat- oder Lohas-Lifestyle? Viele Biermarken, die einmal mit einem dichten Produktportfolio und einem eindeutigen Markenauftritt mit dazu passender Kommunikation zu großen, nationalen Biermarken geworden sind, sind nur noch ein Schatten ihrer Vergangenheit. Man hat keinen Trendguru ausgelassen, keine Packungsinnovation verschlafen und keine innovative Rezeptur übersehen. Nur eines hat man darüber vergessen – sich Gedanken zu machen, wofür man steht, was man eigentlich wirklich besser kann als der Wettbewerb.

> Es ist ungleich schwerer, etwas in den Kopf zu bekommen als das zu nutzen, was bereits drin ist.

Die Zeiten ändern sich

Wie können Marken wachsen und gleichzeitig ein berechenbares, dichtes Bild abgeben? Indem sie immer den Bezug zu ihrer eigenen Leistungsvergangenheit herstellen. Die Rechtfertigung, etwas Neues besser zu machen als alle anderen, lässt sich am einfachsten aus seiner eigenen Leistungsvergangenheit heraus ableiten. Das sorgt für die nötige Aufmerksamkeit und Glaubwürdigkeit. Glauben die Kunden einer Marke nicht, kann das Produkt so überlegen sein wie es will, es wird nicht gekauft.

> Das Ziel jeder Marke muss es sein, zu einem geschlossenen System zu werden. Durch diese Kompression nach innen entsteht Kraft nach außen.

Wissen Sie, wer das erste Elektroauto der Welt gebaut hat? Nein, nicht Toyota, die mit ihrem Hybridantrieb gerade die Autowelt aufmischen. Porsche präsentierte im Jahr 1900 auf der Pariser Weltausstellung mit dem Lohner Porsche dieses technische Kunststück. Nichts wäre glaubwürdiger, als wenn Porsche seine neuen Hybridfahrzeuge mit dieser historischen Spitzenleistung einführen würde.

Dass Porsche diesen Aspekt des Markenmanagements beherrscht, um wachsen zu können, hat das Unternehmen bereits 2002 bewiesen, als es seinen ersten Geländewagen eingeführt hat – den Porsche Cayenne. Obwohl das für eine Sportwagenmarke völlig neue Fahrzeugkonzept auf den ersten Blick nichts mit der Leistungsgeschichte der Marke Porsche gemein hatte, wurde es doch sofort von den Kunden angenommen und entwickelte sich zu einer der Hauptertragssäulen des Unternehmens. Porsche stand bis dahin für zweisitzige, kleine, flache, zweitürige Straßensportwagen. Was sollte da ein hoher, bulliger, fünftüriger Geländewagen im Programm, in dem man die ganze Familie unterbringen kann? Wie soll dieser Antipode zum Langzeiterfolgsmodell 911 nur glaubwürdig die Werte der Marke vertreten?

Die Lösung lag auch hier in der eigenen Markengeschichte. Bereits 1984 gewann Porsche die härteste Rallye der Welt, die Rallye Paris–Dakar – mit einem geländetauglich veränderten Porsche 911. Diese Spitzenleistung benutzte die Marketing- und die PR-Abteilung von Porsche, um zu begründen, dass man das, was man hier tut, auch besser kann als alle anderen. Hinzu kommt, dass Porsche auch sonst sehr genau weiß, was man tun muss, um mit der Energie der eigenen Marke zu wachsen. Die Straßenlage des Cayenne wurde hart abgestimmt, da dieses Fahrzeug erfahrungsgemäß von seinen Besitzern so gut wie nie im Gelände bewegt wird. Der Motor klingt wie ein Sportwagen und die Qualität der Innen-Ausstattung, die Funktionalität der Bedienelemente wie auch das äußere Design spielen auf demselben Niveau wie beim Herz der Marke – dem 911er. Der Porsche-Geländewagen war sowohl in seiner Daseinsberechtigung wie auch in seinem Gesamtauftritt dem 911er so selbstähnlich, dass er vom Start weg als echter Porsche akzeptiert wurde, wofür dann auch porsche-übliche Preise bezahlt wurden.

> Es geht nicht darum den Wettbewerb einzuholen, sondern ihn zu überholen.

Häufig kennen Unternehmen ihre Wettbewerber besser als sich selbst. Die andauernde Beschäftigung mit dem vermeintlich besseren Wettbewerber kostet Identität und Stolz auf das, was man selber darstellt. Wettbewerbsforschung ist fraglos wichtig, aber überdimensioniertes Benchmarking lässt einen vergessen, was man selbst besser kann. Wachstum ist dann nur innerhalb der Grenzen möglich, die der Wettbewerber absteckt.

Viel zu oft wird auch davon gesprochen, den Wettbewerber einholen zu müssen. Diese freiwillige mentale Verneigung vor der Unangreifbarkeit des Wettbewerbers sorgt dafür, dass man ihn immer kopiert und damit immer klein bleibt. Das gilt auch umgekehrt. Es ist amüsant zu beobachten, wie man selbst vom Wettbewerb kopiert wird. Solange der Wettbewerb kopiert, ist das die beste Garantie dafür, dass man immer vorne bleiben wird, vorausgesetzt man hört nicht damit auf, immer wieder etwas Neues zu bringen, damit der Wettbewerb mit dem Kopieren ausgelastet bleibt.

Problematisch wird es, wenn der Konkurrent es sich anders überlegt und aufhört zu kopieren und zu imitieren. Es könnte gefährlich werden, wenn er seine eigenen Spitzenleistungen entdeckt, sich darauf besinnt, was ihn in der Vergangenheit erfolgreich gemacht hat (bevor er angefangen hat zu kopieren) und das dann auch noch konsequent weiterentwickelt. Dann könnte es sein, dass er die Kraft seiner Marke entdeckt hat.

Wachstum in der Krise

Peter Schwartz beschreibt in seinem Buch «The Art of the long View» die Geschichte des Gartengeräteherstellers Smith & Hawken, als es um die Entscheidung ging, auf welche Preispunkte das zukünftige Geschäftsmodell ausgerichtet sein soll: «Warum sollten die Kunden in Krisenzeiten teure Werkzeuge kaufen? Wir kamen zu der Einsicht, dass sie sich in harten Zeiten nicht den Luxus schlechter Werkzeuge leisten können. Ein Dachdecker kann sich keinen schlaffen Hammer leisten; ein Hochleistungsbohrer ist nicht länger ein Luxus, sondern eine Notwendigkeit. Wenn sie versuchen, ihre Ernte rechtzeitig einzubringen, möchten sie nicht alle paar Monate losziehen und eine neue Schaufel kaufen, weil die alte schon wieder kaputt ist. Das Geschäftsmodell hochwertiger Gartenwerkzeuge würde also auch in schlechten Zeiten funktionieren und das tat es dann auch.»

Kapitel I

«Ich habe zu wenig Geld, um mir billige Schuhe leisten zu können.» Alfred Biolek

Die Globalisierung begann mit den zweit- und drittgeborenen Söhnen des portugiesischen und spanischen Adels, die zuhause nicht erben konnten und somit aufbrachen, Amerika zu erobern, und endete 1944 mit der Konferenz von Bretton Woods, die ein einheitliches Weltwährungssystem festlegte und damit eine globale Wirtschaftsordnung schuf. Seitdem ist der Prozess der Globalisierung beendet und die Welt ist global.

In einer globalen Welt universalisieren sich triviale Fehler. Alles ist so dicht miteinander verwoben und voneinander abhängig, dass kleine Fehler von Wenigen gravierende globale Störungen nach sich ziehen können.

Mitte des 19. Jahrhunderts begann nach Peter Sloterdijk das Zeitalter der Frivolität, das mit dem Ausbruch der globalen Finanzkrise 2008 seinen Abschluss fand. Frivolität, Übertreibung und «sich gehen lassen» wird von einer Neo-Seriosität und dem «sich gemeinsam sorgen» abgelöst. Die Rache der Qualität folgt auf 150 Jahre Frivolität. Das kreditbasierte Frivolitätsspiel in einem entfesselten Markt mit dem Kernsatz «Du hast es dir verdient» und dem kategorischen Imperativ «Genieße» mündet in eine Re-Feudalisierung der Gesellschaft – einerseits mit der Erhöhung der Staatsquote bis hin zur Verstaatlichung ganzer Teilsysteme der Wirtschaft, andererseits mit der Wiederentdeckung einer patronalen Wirtschaftsethik, die den Idealtyp des klassischen Unternehmers wiederbelebt.

Mit dieser Wiederbelebung werden auch wieder die identitätstiftenden, richtungweisenden und wertvermittelnden Funktionen der Marke jenseits ihrer oberflächlichen Ausbeutung, entdeckt.

In Zeiten des Booms verliert sich das Management eines Unternehmens zu oft in Teilzielen wie Umsatz, Mengenabsatz und Marktanteil, obwohl diese Teilziele nicht einmal festgelegt werden können. Diese Größen sind Leistungsergebnisse; es sind Folgen der Faktoren, die das Management festlegen und durch sein Handeln beeinflussen kann. Dazu gehören Produktionskapazitäten, Investitionen, Kostenstruktur, Sortiment, Distributions- und Vertriebssystem und natürlich Preise und Konditionen.

In Krisenzeiten ist ein Unternehmen weniger anfällig für die Verselbstständigung seiner Teilziele. Das allübergreifende Unternehmensziel, das eine Ziel, dem sich alle anderen Anstrengungen unterordnen müssen, rückt in einer Krise wieder kompromissloser in den Mittelpunkt: Die Stärkung der nachhaltigen Ertragskraft.

> **Preise und Kosten können festgelegt werden – Umsatz und Wachstum nicht!**

In der Folge orientiert man sich zu sehr an vermeintlichen Markterwartungen und dem Verhalten der Konkurrenz. Anstatt sein eigenes Erfolgsmuster zu entdecken und entschlossen durchzusetzen, fokussiert man sich auf die Stärken der Konkurrenz und damit automatisch auch auf die eigenen Schwächen. Man ist sogar eher bereit, die eigenen Ertragsansprüche zurückzunehmen als diese Wahrnehmung aufzugeben.

Am deutlichsten wird dieses Fehlverhalten bei der Festsetzung des Preises. Jeder Kaufmann weiß, dass Kosten ein Resultat des eigenen Geschäftsmodells sind. Hinzu kommt der Ertrag, der der Höhe des unternehmerischen Risikos angemessen sein muss. Beides zusammen ergibt den Preis, den man für eine Leistung verlangen muss. Jede andere Rechnung mündet unweigerlich zuerst in den Selbstbetrug, dann in gefährliche Abhängigkeiten und zuletzt in die Aufgabe der unternehmerischen, sozialen und mentalen Selbstständigkeit. Trotz dieser offensichtlichen Ursache-Wirkung-Zusammenhänge wird die eigene Preispolitik einem Raster an existierenden

Preispunkten unterstellt. Den eigenen Ertrag lässt man sich durch fremde Preispunkte diktieren, deren Kalkulation mit der eigenen überhaupt nichts zu tun hat.

Spricht man die verantwortlichen Manager und Unternehmer auf diese geradezu absurde Situation an, erntet man nicht etwa Einsicht und mündet in eine konstruktive Diskussion, die geeignet ist, diesen Zustand zu beheben, sondern es wird dem Fragenden sofort fehlendes Marktverständnis und die Verkennung der Realitäten unterstellt. Dabei gibt es nur eine Realität: Unternehmen gehen nicht unter, weil sie zu wenig Umsatz machen, sondern zu wenig Gewinn.

In einer Krise werden die Räume enger. Derartige Fehleinschätzungen können nicht mehr mit Wachstum kompensiert oder übertüncht werden. Man schaut wieder genauer hin. Jedes Produkt wird auf seinen Ergebnisbeitrag überprüft. Jede Marketingmaßnahme auf ihre Zweckmäßigkeit.

In Krisenzeiten ist Opportunismus tödlich. Verdrängen, wachsen und gewinnen kann man in Krisen mit der Kombination aus geschärftem Bewusstsein für die eigenen Fähigkeiten und der Entschlossenheit, mit diesen Fähigkeiten selbstbestimmt den Markt zu prägen. Der österreichische Nationalökonom und Nobelpreisträger für Wirtschaft von 1974, Friedrich August von Hayek, kam zu der Feststellung, «… dass immer die ersten Individuen die Ordnung vorgeben, und die Dazukommenden richten sich nach dieser Ordnung. Menschen schließen sich Ordnungen an, die sie erkennen können und neigen dazu, andere zu imitieren.» Dieses Imitationsverhalten kann man im Wirtschaftsleben jeden Tag beobachten. Statt zu kapieren wird kopiert. Hauptsache es geht schnell und scheinbar risikolos, «… denn bei den anderen funktioniert es ja auch». Das Ergebnis ist Gleichheit. Und Gleichheit führt zu Austauschbarkeit und Austauschbarkeit führt zwangsläufig zu einer Rendite von null. Spitz positionierte und in jeder Facette unterscheidbare Markensysteme können Krisen nutzen, um ihre Situation nachhaltig positiv zu verändern.

Die Zukunft der Marken

Aus der Frühzeit der modernen Märkte, mit Beginn der Industrialisierung, gibt es eine Formel: «Niedrige Preise führen zu größeren Mengen, diese führen zu geringeren Kosten, diese führen zu noch niedrigeren Preisen.» Diese Formel kann heute nicht mehr funktionieren, da es keine Massenmärkte mehr gibt, sondern nur noch deren Illusion, die man erzeugt, indem man viele Nischenmärkte zusammenfasst. Obwohl die allermeisten Märkte zudem auch noch übersättigt sind, glauben die meisten Unternehmer und Manager immer noch an die Kraft des Preiswettbewerbs. Sie senken seit Jahren die Kosten und produzieren Überfluss. In Wahrheit führt ein Überdruck an Mengen zu einem Verfall der Preise und damit zu einem gefühlten Wertverlust bei den Konsumenten, der in Gleichgültigkeit und Konsumüberdruss endet. Der Mengendruck in der produzierenden Industrie nimmt dadurch weiter zu und entlädt sich über eine erneute Reduktion der Preise, deren verkaufsfördernde Wirkung aber immer mehr schwindet.

Die einzige Chance, sich diesem Teufelskreis zu entziehen und sich vor dem Preis- und damit dem Wertverfall zu schützen, besteht darin, unvergleichbar zu sein und Produkte und Dienstleistungen zu produzieren, die nicht objektiv bewertet, nicht verglichen und damit auch nicht kopiert werden können. Natürlich wird es unmöglich, diesen Anspruch zu erfüllen, wenn nur auf der Ebene des einzelnen Produkts gedacht wird. Dessen Leistungsspektrum ist meist zu begrenzt, um wahre und dauerhafte Unvergleichbarkeit zu erzeugen.

> Ein Problem wird nie auf der Ebene gelöst, auf der es entsteht.

Das Produkt mit oft sinnlosen Innovationen aufzublasen, um Unvergleichbarkeit herzustellen, funktioniert nicht, denn Innovationen können bewertet und damit kopiert werden. Sie ermöglichen lediglich einen immer knapper ausfallenden Zeitvorsprung. Es muss folglich in größeren Zusammenhängen gedacht werden. Wodurch kam die Produkt- oder Dienstleistung überhaupt zustande? Was hat dazu geführt? Welche Kultur treibt das Unternehmen dahinter zu Spitzenleistungen an? Was ist seine Vision? Wo will man hin? Wie grenzt man sich ab? Wie stark ist man spezialisiert? Wer entwickelt und stellt die Produkte her? Mit welcher Motivation? Über welche historischen Spitzenleistungen verfügen wir?

> Marken sind Leistungsspeicher.

Marken sind das effektivste Management-Tool in globalisierten und gesättigten Märkten, wenn es darum geht, Preise und damit den EBIT zu erhöhen. Kein anderes System schafft es, Spitzenleistungen wie ein Akku zu speichern und, wenn er erstmal voll aufgeladen ist, diese Leistungsenergie – die jetzt zur Markenenergie geworden ist – jederzeit bei Bedarf sofort freizugeben und damit in den Preis-/Leistungswettbewerb einzusteigen.

Bei Brand:Trust unterscheiden wir zwei Arten von Markensystemen: die Imagemarken und die Leistungsmarken. Bei dieser fast täglich angewandten, nicht ganz wissenschaftlich begründbaren, aber durchaus praxistauglichen Unterteilung überwiegt bei den Imagemarken das Bild, das die Menschen von der Leistungskraft der Marken haben. Bei den Leistungsmarken übertrifft die Leistung das Vorstellungsbild in den Köpfen der Kunden.

Vertretern von Imagemarken, seien es Produkte oder Menschen, eilt immer ein herausragender Ruf voraus. Für diesen Ruf sind Kunden oft bereit, sehr hohe Preisaufschläge zu bezahlen. Jedoch gelingt es Imagemarken nur in den seltensten Fällen, mit ihrer tatsächlichen Leistung ihren Ruf zu übertreffen.

Ganz im Gegensatz zu den Leistungsmarken. Unternehmer und Unternehmen hinter den Leistungsmarken mühen sich permanent ab, mithilfe ihrer Leistungskraft den Ruf der Imagemarken zu übertreffen. Das gelingt jedoch nur in seltenen Fällen und ist häufig mit großen Enttäuschungen und Frustration verbunden. Der Trick liegt darin, die erbrachten Leistungen geschickt in einem Markensystem zu speichern und sich genug Zeit zu lassen, um mitmilfe der gespeicherten Spitzenleistungen Schritt für Schritt zu den Imagemarken aufzuholen.

Die Renaissance der Leistung

Die Zeit ist wieder reif für Leistungsmarken. Aufgrund der Ereignisse des frühen 21. Jahrhunderts, den Zusammenbruch der New Economy und einer weltweiten Finanzkrise nie gekannten Ausmaßes, wurde das Vertrauen in viele Branchen nachhaltig zerstört. Der über Jahrzehnte auf Vertrauen aufgebaute Ruf vieler Unternehmen und Institutionen hat sich innerhalb weniger Monate komplett zerstört. Das gilt für Banken, Versicherungen, Hypothekenvermittler, Immobilienentwickler, Automobilhersteller und Telekommunikationskonzerne ebenso wie für Dienstleister von den Wirtschaftsprüfern über Anwaltskanzleien, Unternehmensberater und Vermögensberater bis hin zu Regierungsorganisationen wie Landesbanken, Regulierungsbehörden und Justiz. Die damit verbundenen Bilder und Überschriften werden sich über sehr lange Zeit in das kollektive Gedächtnis der Menschen einbrennen und dafür sorgen, dass Marken sich in Zukunft das Vertrauen der Menschen hart erarbeiten und ihre Vertrauenswürdigkeit immer wieder beweisen müssen.

Image wird weniger wichtig, was zählt ist die stets abrufbare Leistung.

Zudem steht der Informations- und Werbekollaps kurz bevor. Werbung hat ihre Glaubwürdigkeit schon vor Jahrzehnten eingebüßt. Dass Öffentlichkeits- und Pressearbeit in vielen Fällen unter Ausnutzung der Talent- und Kapazitätsknappheit der unter permanentem Kostendruck stehenden Redaktionen nur noch auf die möglichst schnelle Manipulation der Mediennutzer ausgerichtet ist, spüren selbst unkritische Leser und Zuschauer immer stärker. Direktmarketing spielt mit einer Rücklaufquote von unter zwei Prozent sowieso schon keine ernsthafte Rolle mehr. Telefon- und Internetwerbung katapultieren sich mit ihrem ständigen Agieren in rechtlichen, moralischen und kommunikativen Grauzonen in Kürze selbst ins Aus.

Die Menschen gehen auf kritische Distanz zu all diesen Kommunikationsformen und vertrauen verstärkt auf Empfehlungen ihres Freundes- und Bekanntenkreises, was auch die Zunahme der Bedeutung von Empfehlungen und Rezensionen im Internet zeigt. Dennoch nimmt die Anzahl an Information und Werbung, die wir zu bewältigen haben, immer noch zu. Es gibt kaum mehr einen Platz, der ohne wirtschafts- oder meinungsgetriebene Kommunikation auskommt. Mit jeder Zunahme der Penetration erhöht sich die Ablehnung und die Ignoranz der Zielgruppen. Schlecht für die Imagemarken mit ihren oftmals leeren Versprechungen.

Wenn man in dieser Gemengelage Marken in ihrer Grundfunktion als ein System begreift, das herausragende Leistungen über Jahrzehnte hinweg speichern kann, ein System, das diese Leistungen bei der bloßen Nennung des Namens oder bei der Ansicht des Logos in Sekundenbruchteilen abgeben kann, dann ist das 21. Jahrhundert das Jahrhundert der Marke.

Markenführung in Europa vs. USA

Die meisten Marketingfachleute glauben, dass die Technik der Markenführung in den USA erfunden und kultiviert wurde. Weit gefehlt. Ein Deutscher namens Hans Domizlaff hat als Erster das Phänomen Marke empirisch erforscht. Die meisten Grundlagen, nach denen sich die Bildung und Führung von Marken heute noch ausrichtet, hat Domizlaff in den Zwanziger- und Dreißiger-Jahren des 20. Jahrhunderts tiefgreifend ergründet und praktisch angewandt. So schuf er neben Marken wie die «Deutsche Grammophon» viele Zigarettenmarken, und für Siemens entwickelte er den ersten einheitlichen, globalen Markenauftritt der Welt.

Seine Erkenntnisse und Erfahrungen schrieb Domizlaff in dem besten Werk zur Markenführung nieder, das bisher veröffentlicht wurde. Sein Buch «Die Gewinnung des öffentlichen Vertrauens – ein Lehrbuch der Markentechnik» wird noch heute von dem engagierten Hamburger Verleger Wolfgang K. A. Disch herausgegeben.

Wer dieses Buch liest wird sehr schnell merken, dass die dort beschriebenen Wege, eine Marke zu führen, mit denen, wie wir sie in der Realität vorfinden, und denen, die in vielen Lehrbüchern meist amerikanischer Provenienz stehen, nicht viel gemein haben. Umso faszinierender ist es, die Ausführungen Domizlaffs fast hundert Jahre nach ihrer Entstehung zu lesen. Kurzfristiges Denken, ausschließliche Orientierung an Shareholder-Value, schnelles Wachstum und Umsatzgewinn, Marktforschungs- und IT-Gläubigkeit, zusammengefasst unter verheißungsvollen Akronymen wie «TQM» oder «CRM» und Begriffen wie «Customer Centric Marketing» kommen dort nicht vor. Dafür klare Gedanken zu den Themen, um die es in der Markenbildung und -führung wirklich geht: die nachhaltige Gewinnung des Vertrauens der Kunden.

Was Pragmatismus, Zukunftslust und Verkaufsorientierung anbelangt, ist die amerikanische Kultur unschlagbar. Wenn man verkaufen verstehen und lernen will, muss man von den Amerikanern lernen. Wo wir Europäer noch grübeln, ob etwas wirklich umsetzbar ist, hat der Amerikaner mit großer Lust und Überzeugungskraft das Ding schon verkauft. Geht mal etwas schief, beschäftigen sich die Europäer mit Trauern, Leiden und Aufarbeitung der Ursachen, wo hingegen der Amerikaner schon das nächste Projekt angestoßen und zur Verkaufsreife gebracht hat.

Ein markantes Beispiel für diese taktische Überlegenheit der Amerikaner findet sich bei der Anmietung eines Autos irgendwo in den USA. Für Europäer ist der Verkaufsvorgang mit der Buchung des gewünschten Fahrzeugs am gewünschten Ort praktisch erledigt. Für die Amerikaner fängt der eigentliche Wertschöpfungsprozess bei der Übernahme des Fahrzeugs durch den Kunden am Schalter des Vermieters erst an. Die Buchung selbst stellt nichts weiter als einen allenfalls abstrakten Rahmen dar. Natürlich hat man immer eine «Manager-Promotion», «Weekend-Rate» oder ein «Tourist-Special» parat. Dafür bekommt man dann ein mehrere Fahrzeugklassen über der gebuchten Klasse liegendes Fahrzeug (Wie viele Fahrzeugklassen es gibt, das bleibt das Geheimnis jedes Autovermieters. Glauben Sie bloß nicht, dass «Superior-, Premium- oder Luxury-Cars» schon das obere Ende der Möglichkeiten markieren …).

Weiter geht's mit verschiedenen Extra-Versicherungen, die auch wir kennen. Spannend wird es bei den Themen GPS-Navigationssystemen und Allrad-Antrieb, die bis zu zehn Dollar extra pro Tag kosten können. Zum Schluss können Sie dann noch den ganzen Tank kaufen und das Fahrzeug am Ende der Mietzeit mit leerem Tank abgeben. Natürlich ist die Gallone billiger als an der Tankstelle, bequemer ist es auf jeden Fall. Viele dieser Zusatzangebote sind bequemer, bringen mehr Spaß oder befriedigen ein Sicherheitsbedürfnis. Die latenten oder offensichtlichen Wünsche des Kunden stehen im Mittelpunkt (die Cabrio-Promotion gibt's meistens bei schönem Wetter …) und werden unmittelbar zu Geld gemacht. Wie verlassen und ignoriert muss sich ein Amerikaner bei einem Mietwagenschalter in Deutschland vorkommen …

Ihr Pragmatismus und die Lust am Verkaufen haben die Amerikaner befähigt, ihre Waren und Dienstleistungen mit Einsetzen der Industrialisierung in Windeseile auf der ganzen Welt zu verbreiten. Ob Softdrinks, Zigaretten, Bekleidung, Fahrzeuge, Hotelketten, Informationstechnologie bis hin zu Fast-Food- und Kaffeehausketten – amerikanische Marken beherrschen die globale Multiplikation besser als jede andere Kultur.

Jede Stärke wird zu einer Schwäche, wenn man sie übertreibt.

Ein starker Zukunftsglaube, verbunden mit einem ausgeprägten Sinn für Machbarkeit und Verkaufsmöglichkeiten, hat den US-Unternehmen geholfen, ihre Marken in der ganzen Welt zu multiplizieren. Einzig bei der Entwicklung von Marken in höherwertige Preissegmente gibt es, abgesehen von Harley-Davidson und Apple, so gut wie keine Erfolgsgeschichten aus den USA. Um Marken systematisch wertvoller zu machen, damit sie dauerhaft teurer verkauft werden können, bedarf es Unabhängigkeit, Weitsicht und einer langfristig angelegten Strategie. Die «Hire & Fire»- und die «Umsatz jetzt»-Mentalität der Amerikaner steht hier im Weg. Der Niedergang der amerikanischen Autoindustrie und des amerikanisch geprägten Finanzsystems, die Unfähigkeit von Fast-Food-Ketten und Lebensmittelherstellern, sich jenseits von kurzlebigen Trends den aktuellen globalen Strömungen in Gesundheit, Ernährung und Lebensstil nachhaltig anzupassen, zeigt den mangelhaft ausgeprägten soziokulturellen Hintergrund der dort praktizierten Art der Markenführung. Die Ursache für diesen Mangel liegt in der Tatsache, dass das in Europa dominant vertretene Unternehmenskonzept in den USA fast gänzlich fehlt – der Mittelstand.

Inhabergeführte Unternehmen, oft in dritter, vierter Generation mit klaren Besitzverhältnissen, hoher Eigenkapitalquote und für alle Marktpartner berechenbarem Verhalten stellen die Unternehmensform dar, die Marken nachhaltig entwickeln und aufwerten kann. In den USA ist dieses unternehmerische Erfolgskonzept quasi inexistent. Amerikaner kennen Kleinbetriebe und Start-ups sowie Konzerne. Die gesamte Wirtschaftsphilosophie oszilliert zwischen diesen beiden Polen, dazwischen gibt es nichts. Einmal eine gute Idee haben, sie umsetzen, Kapital einsammeln und sie national und dann global ausrollen, so lautet das Mantra der amerikanischen Wirtschaftskultur vom Studenten, über deren Professoren bis zu Banken und Analysten.

Dies soll keine Kritik am amerikanischen Wirtschaftssystem sein, die Kritik bezieht sich einzig auf die gedankenlose Übertragung amerikanischer Erfahrungen und Wirtschaftstheorien auf europäische Verhältnisse. Insbesondere im Marketing und in der Markenführung werden amerikanische Erfolgsmuster zu häufig kritikfrei auf Unternehmen im kleinteiligen Europa mit mittelständisch geprägten Kernindustrien angewandt. Wir Europäer sollten uns darauf besinnen, welche Attraktivität gerade europäisch geprägte Marken auf die amerikanischen Kunden ausstrahlen. Viele Markenkonzepte von Luxus über Tradition bis hin zu Handwerk sind in Europa entstanden und können auch nur von hier starten, um die Welt zu erobern. Der vielfältige soziokulturelle Hintergrund, verbunden mit einer vielschichtig in ihrer Kultur verwobenen mittelständischen Industrie macht es erst möglich, weltweit begehrte Marken zu schaffen.

Kapitel II **Die Wege zur Begehrlichkeit**

Der aufgeklärte/kritische Kunde

Im 18. Jahrhundert wurde Warenkunde an der Hochschule gelehrt. Die Vorgängerin der Globalisierung, die Kolonialisierung, spülte jede Menge neue, größtenteils unbekannte Rohstoffe und Produkte nach Europa und ermöglichte die Entwicklung von neuen Produkten und Veredelungsverfahren. Kenntnis und Umgang mit Produkten musste geschult werden, um Fehlkäufe und Fehlanwendungen zu vermeiden.

Hinzu kamen, bedingt durch die Industrialisierung, neue Produktionsmethoden und damit einhergehend die Angst vor Verlust von Qualität und Charakter der vertrauten Produkte. Damals entstanden auch eine Vielzahl von Nachschlagewerken zu Herkunft, Merkmalen, Anwendung und den Umgang mit Waren und Produkten. Auch das Erkennen von schlechter Qualität oder Verfälschungen war erklärungsbedürftig. Das 1874 erstmals publizierte und bis 1925 in sieben hohen Auflagen produzierte «Mercks Warenlexikon» gibt es heute noch in der unveränderten siebten Auflage bei der Manuscriptum Verlagsbuchhandlung. Doch das, was sich im Zeitalter der aufkommenden Industrialisierung an allgemein zugänglichen Qualitätskriterien entwickelte, muss heute vom Konsumenten allein und individuell herausgefunden werden.

Die Entwicklung des Internets befriedigt diesen Wissensdurst wie kein anderes Medium zuvor, nicht nur durch darauf ausgerichtete Community-Portale, Meinungsplattformen oder Blogs, sondern vor allem durch den persönlich getriebenen Erfahrungsaustausch, der mit höchster Glaubwürdigkeit und Schnelligkeit agiert. Nagelneue Produkte, die zur aktuellen Branchenmesse neu herausgebracht werden, werden bereits vor der Messe im Internet auf den einschlägigen Websites und Blogs diskutiert und bewertet. Per E-Mail-Verteiler verbreiten sich Meinungen rasend schnell um die

Welt und wirken tiefer und stärker als die künstlich-sterilen PR-Meldungen der Industrie und die Verlautbarungen der Fach- und Special-Interest-Presse sowie die Auskünfte der Händler. Wissens- und Meinungsmonopole sind endgültig passé. Benutzerrezensionen, vergebene Bewertungen, Erfahrungsberichte und Beurteilungen von Verkäufer-Qualität sind die neuen, sich selbst steuernden und nur gering beeinflussbaren Quellen, aus denen sich Meinungen und Kaufentscheidungen bilden.

Über die richtigen Suchwortkombinationen können mithilfe von Google blitzschnell die in den Tiefen der einschlägigen Websites verborgenen Äußerungen über Marken entdeckt werden, die oft schon Jahre zurückliegen. Auch eine unkomplizierte Kontaktaufnahme mit den Verfassern ist möglich, und damit wird das große kollektive Erfahrungsgedächtnis angezapft, das scheinbar objektiv und damit glaubwürdig funktioniert.

Auf Illusion aufgebaute Marken haben in Zukunft immer weniger Chancen, am Markt dauerhaft erfolgreich zu sein. Das Managen der Reputation wird zur wichtigsten Aufgabe von Markenmanagern. Künstlich geschaffene, wirkungsbetonte und abstrakte Images, durch Werbung dominierte Markenbilder und unter Vortäuschung falscher Tatsachen vertriebene Produkte und Dienstleistungen werden gnadenlos entlarvt und an den weltweiten elektronischen Pranger gestellt.

Bekannt vs. begehrt

Charisma nannten die Griechen die «Gnadengabe», über die einige Menschen scheinbar verfügen und andere nicht. Über die Ausstrahlung, mit der man andere Menschen in seinen Bann ziehen kann, können nur lebende Systeme mit einem ausgeprägten Willen verfügen. Vorausgesetzt, sie sind mit einem erkennbaren Willen ausgestattet, können auch Marken dazu gehören. Während beim Menschen noch darüber gerätselt wird, wie viel Charisma angeboren ist und wie viel man sich im Laufe seines Lebens aneignen kann, ist die Sache bei Marken ziemlich klar. Das lebende System Marke beginnt erst ein Eigenleben und Charisma zu entwickeln, wenn es über Jahre hinweg konsequent gemanagt wurde. Angeboren ist da nichts, und deshalb kann jede Marke so entwickelt werden, dass sie über eine so starke Ausstrahlung verfügt, die bei ihren Kunden den dringenden Wunsch hervorruft, sie besitzen zu wollen.

Charismatische Marken gieren nicht nach Aufmerksamkeit um jeden Preis. Sie drängen sich nicht in den Mittelpunkt; sie zählen nicht die Menschen, die sie kennen, sondern sie wollen die Menschen, die zählen.

In der Markenführung des 21. Jahrhunderts wird es nicht mehr um den möglichst schnellen und teuren Aufbau eines möglichst hohen Bekanntheitsgrads gehen, sondern darum, die Fähigkeit zu entwickeln, Menschen in den Bann der Marke zu ziehen und zu binden. Es geht nicht mehr darum, wie bekannt, sondern wie begehrt man ist. Die wachsende Bedeutung hat zur Folge, dass man Markenführung nicht mehr delegieren kann. Sie muss zum integralen Bestandteil der Unternehmensführung werden.

Die Marke war und ist in vielen Unternehmen immer noch Sache des Werbe- oder Marketingleiters. Diese delegieren die Aufgabe meist an riesige, globale Kommunikationskonglomerate, die für scheinbar alle Disziplinen des Marketings Spezialtöchter haben. Von der Marktforschung, über das Design, die Werbung, die Verkaufsförderung, über Mediaplanung und Telefonmarketing wird dort alles angeboten, was eine Marke bekannter macht.

Das ist natürlich immens teuer, denn Aufbau von Bekanntheit kostet Geld, egal wie man es anstellt. Die weltweiten Beträge, die zu diesem Zweck ausgegeben werden, beliefen sich 2006 nach einer Analyse von Initiative Futures Worldwide auf etwa 391 Milliarden

US-Dollar. Diese ungeheuren Summen wecken natürlich Begehrlichkeiten. Eine globale Kommunikationsindustrie lebt vom Kampf um Aufmerksamkeit. Dazu kommt die weltweite Medienindustrie, die davon profitiert, dass weiterhin die gesamte Marktforschung und die komplette Internetindustrie ihre Geschäftsmodelle meist auf Werbung aufgebaut hat. Sie alle verfolgen nur ein Ziel: immer wieder den Zusammenhang zwischen Bekanntheit und Absatzerfolg herzustellen, denn die wichtigste Vorraussetzung für Wahrheit ist die ständige Wiederholung.

Diese perfiden Anstrengungen führen sogar soweit, Unternehmen ernsthaft glauben zu machen, dass nur Millionen in der Werbung ihrem Produkt eine Chance im Markt geben. Die Einkäufer des Handels machen dieses Spiel bereitwillig mit, weil auch sie überzeugt sind, dass ein Produkt im TV sozusagen automatisch zu entsprechenden Umsätzen führen wird. Dennoch liegt die Floprate bei Produktneueinführungen im Lebensmittelhandel bei über 90 Prozent.

Trotz immenser Werbeanstrengungen steht mit General Motors einer der größten Autokonzerne der Welt kurz vor der Pleite, obwohl dessen Markennamen jedes Kind kennt. Einer der größten Werbekunden in Deutschland ist die Deutsche Telekom, und trotzdem verliert sie mehrere tausend Kunden – jeden Tag. Karstadt und Kaufhof gehören zu den bekanntesten Marken in Deutschland, trotzdem sind sie nur ein Schatten ihrer selbst und praktisch schon tot. Der Niedergang der großen Brauereien liegt bestimmt nicht an dem mangelnden Bekanntheitsgrad ihrer Marken. Denn die Bierbranche gehört traditionell zu den werbeintensivsten Branchen überhaupt. Selbst kleine Landbrauereien leisten sich ein erstaunlich hohes Werbebudget. Sind ehemalige Markenikonen wie Grundig und AEG an zu wenig Werbung gescheitert? War ihr Bekanntheitsgrad etwa zu gering? Warum floppen neun von zehn neuen Medienmarken? Ob neue Tageszeitungen, Magazine oder TV-Sender – trotz ihrer crossmedialen Werbemöglichkeiten, von denen andere Marken nur träumen können, überleben die meisten nicht einmal ihre kalkulierte Mindestlaufzeit. Politiker gehören zu den bekanntesten Personen einer Nation, aber in den Beliebtheitsrankings stehen sie meist ganz weit unten.

> **Bekanntheit kann man sich kaufen, Begehrlichkeit nicht.**

Die mit 49 Milliarden Euro wertvollste Marke der Welt ist seit 2007 Google. Haben Sie je schon mal Werbung von Google gesehen? TV-Spots, Anzeigen oder Plakate? Fehlanzeige! Google wirbt nur mit seinen Spitzenleistungen, die im Fenster rechts oben bei den Suchergebnissen angezeigt werden. Bei jeder Suchanfrage wird dort die Anzahl der Treffer und die Suchdauer aufgelistet. Durch diesen stetigen Leistungsbeweis entsteht Begehrlichkeit und man wird zur wertvollsten Marke der Welt. Wer es nicht schafft, in den heutigen Überflussgesellschaften seine Marke begehrenswert zu machen, hat verloren.

Wie entsteht Anziehungskraft?

Hört man das Wort Attraktivität, denkt man unwillkürlich an die äußere Erscheinung des Menschen – an physische Attraktivität, männliche oder weibliche, je nach Orientierung. Nur sieben Prozent der Attraktivität eines Menschen wird dadurch bestimmt, was er sagt. Keine Sorge, das ist normal, weil stammhirngesteuert und damit evolutionsbedingt und selbst beim urbanen Menschen – mit ausgeprägtem Intellekt und zu rationalem Handeln fähig – noch nicht abtrainiert.

Ob uns jemand anziehend oder sympathisch erscheint, entscheidet sich in Sekundenbruchteilen. Das ist die Zeitspanne, die ein visuelles Signal benötigt, um vom Auge zum zuständigen Bereich des Gehirns zu gelangen. Das ist ein Relikt aus den Anfängen der Menschheit, in denen es überlebensnotwendig war, Freund von Feind blitzschnell zu unterscheiden.

Die äußere Erscheinung, die Verpackung, ist deshalb der entscheidende Weg, den Kunden dazu zu bringen, sich mit dem Inhalt auseinanderzusetzen. Auch deshalb wird Attraktivität häufig im sexuellen Kontext gesehen. Dieser Gedanke ist übrigens für den Nutzen des Markenmanagers auch gar nicht so abwegig. Geht es doch auch bei Marken und deren Kunden um die Interaktion von zwei lebenden Systemen. Diese gehen auch eine mehr oder weniger lange Beziehung miteinander ein. Es wird gegenseitig versprochen (Leistung gegen Geld), und diese Versprechen sollten auch tunlichst eingehalten werden, wenn die Beziehung von Dauer sein soll.

Attraktivität hat zwar im Grunde nichts mit Physik zu tun, aber die oft mit Attraktivität gleichgesetzte Anziehungs- oder Gravitationskraft basiert auf einer physikalischen Gesetzmäßigkeit. Wie in meinem Buch «Reiz ist geil» bereits näher ausgeführt, lassen sich grundlegende physikalische Gesetze auch auf die scheinbar «physiklose» Anziehungskraft zwischen lebenden Systemen übertragen. «Masse zieht Masse an» stellt eine solche Möglichkeit dar.

Bereits von Isaac Newton im Newton'schen Gravitationsgesetz formuliert, sagt es aus, dass zwei Massekörper sich gegenseitig in Abhängigkeit von ihrer Masse und ihrem Abstand zueinander anziehen. Übertragen auf den Menschen heißt das: Der Mensch geht hin, wo der Mensch hingeht. Es sind Menschen da, weil Menschen da sind. Eine Masse von vielen Menschen zieht die Einzelmenschen in ihrer Umgebung scheinbar magisch an.

Diesen Effekt kann man bei allen Arten von Schlangenbildung beobachten. Ob an der Supermarktkasse oder bei Sonderangeboten im Kaufhof – die langen Schlangen werden immer länger, an den kurzen Schlangen stellt sich kaum jemand an. Dieses Naturgesetz ist auch im übertragenen Sinn recht wirksam. Man reserviert zum Beispiel für den Samstagabend lieber einen Tisch in einem Restaurant, das eigentlich immer voll ist, anstatt in ein riesengroßes, aber menschenleeres China-Restaurant zu gehen, wo man ohne Umstände jederzeit einen Tisch bekommen könnte.

Deshalb weiß jeder Restaurant- oder Barbesitzer, jeder Einzelhändler und jeder Veranstaltungsmanager: Erfolg ist der Quotient aus Anzahl Gästen im Verhältnis zur Größe des Raums. Je kleiner der Raum und je mehr Gäste sich darin quetschen, desto mehr wollen hinein. Die gleiche Anzahl von Gästen verliert sich in einem zehn Mal größeren Raum und es werden keine neuen hinein wollen.

Was attraktiv ist, kann je nach soziokulturellem Hintergrund sehr unterschiedlich aufgefasst werden. Was die einen als normal empfinden, wirkt auf andere extrem.

Wenn ein Junge zum Mann wird, muss dies gefeiert werden. Die Hamer, eine Bevölkerungsgruppe in Äthiopien, sind berühmt für ihr Initiationsritual «Sprung über die Rinder», bei dem ein junger, uninitiierter Mann über eine Reihe von Kühen zu springen hat, um heiratsfähig und erwachsen zu werden. Als unverzichtbaren Bestandteil dieses Rituals provozieren die Frauen die Männer des Stammes mit Schreien, Gesten und Bewegungen solange, bis diese anfangen, die Frauen mit spitzen Stöcken möglichst hart zu schlagen («Auspeitschung der Mädchen»). Die Anzahl der Schläge wird als Zeichen ihrer Wirkung auf die Männer, ihrer Attraktivität, gewertet.

Vielleicht wirkt auf andere Völker befremdlich, was bei uns bei den Bayreuther Richard-Wagner-Festspielen als attraktiv empfunden wird: Um eine optimale Akustik im Bayreuther Festspielhaus zu erlangen verfügte Richard Wagner, dass die Sitze im Auditorium nicht gepolstert sein dürfen. Selbst heute sind dort nur hauchdünne Stoffkissen erlaubt. Wagner-Opern wie die «Meistersinger von Nürnberg» oder die «Götterdämmerung» bedeuten aber bis zu sechs

Stunden auf harter Sitzfläche. Obwohl dieser Umstand jedem bekannt ist, steigt die Attraktivität der Wagner-Festspiele in Bayreuth von Jahr zu Jahr. 35 000 Plätze stehen in jeder Saison 500 000 Kartenanfragen gegenüber, woraus sich eine Wartezeit von bis zu acht Jahren ergibt.

> Attraktiv wird man nicht unbedingt, indem man versucht, dem Kunden alles recht zu machen.

Was will der Mensch im Grunde? Identität, Sicherheit und Stimulation. Diese drei Grundbedürfnisse liefern die Bühne für Lösungen, die begehrt werden.

Zugehörigkeit und Identifikation helfen ihm, seinen Platz zu finden; wissen, wo oben und unten ist, wohin man gehört und welche Werte und Ansichten man teilen kann. Alles, was den Menschen auf seiner stetigen Suche nach Identität unterstützt, wird gewollt – Marken, die er nutzen kann, um Zugehörigkeit zu demonstrieren, eine Arbeit in einem Unternehmen, auf das er stolz sein kann, Partner, Freunde, Kollegen und Bekannte, die seine Werte teilen. Dafür engagiert er sich, er investiert Zeit und Geld, und wenn diese Dinge auch noch selten sind, dann sind sie hoch begehrt.

Je älter der Mensch, desto größer sein Sicherheitsbedürfnis. Zu bewahren, was geschaffen wurde, wird wichtiger als die Hoffnung auf Neues. Die Angst vor Verlust rangiert vor der Gier nach Gewinn. Selbst Jugendliche werden schlagartig erzkonservativ, wenn es zum Beispiel um finanzielle Dinge geht. Deshalb läuft die pseudojugendliche Werbung von Finanzinstituten so häufig ins Leere.

Sicherheit zählt jedoch nicht nur in materiellen Dingen. Die Sicherheit, sozial akzeptiert zu sein, steht genauso hoch im Kurs. Niemand verliert gern Freunde, Status oder einmal gewonnenen Einfluss. Dieses Sicherheitsbedürfnis können sich im Grunde alle

Marken zunutze machen, vom «Peace of mind» bei Kollektiventscheidungen mit hoher Tragweite bis zur Sicherheit, das richtige Geburtstagsgeschenk für die Liebste ausgewählt zu haben. Marken im Fund-Raising- und Charity-Bereich können Spenden mit dem Versprechen nach sozial höherem Ansehen verknüpfen. Alle Marken von der Versicherung bis zur Kapitalanlage und Vorsorge, die garantieren, Besitz und Besitzstände zu bewahren, werden immer die Möglichkeit haben, ihre Begehrlichkeit mit einer zeitgemäßen und auf den Punkt gebrachten Markenpositionierung zu erhöhen.

Rationale Entscheidungen des Menschen sind immer durch eine Vielzahl emotionaler Assoziationen und Gefühlszustände beeinflusst. Der Mensch ist zu rein rationalen Entscheidungen nicht fähig. Auch diese sind, wie die Hirnforschung weiß, immer durch ein vielschichtiges Geflecht an Erfahrungen, Assoziationen, Vorurteilen und emotionalen Zuständen wie Erregung, Langeweile, Eitelkeit, Zuneigung und Ablehnung überlagert. Domizlaff schrieb bereits, «… dass der Mensch nun mal zu 90 Prozent ein Gefühlswesen ist und nur zu zehn Prozent ein rationales Wesen».

Nur, wie findet man heraus, was dieses Gefühlwesen bewegt und wie man es stimuliert?

Marktforschung fördert üblicherweise nur das zutage, was bewusst wahrgenommen wird und somit auch rezitierbar ist. Marktforscher kennen zwar auch Instrumente und Methoden, tiefer in das Gefühlgeflecht vorzudringen, nur werden diese Methoden vergleichsweise selten angewandt und sind immer auf Interpretation angewiesen, was ihnen die faktische Aussagekraft nimmt. Intuitiv handelnden Menschen kann eigentlich auch nur mit Intuition begegnet werden. Intuition beschreibt «… die Fähigkeit, Einsichten in Sachverhalte, Sichtweisen, Gesetzmäßigkeiten oder die subjektive Stimmigkeit von Entscheidungen durch sich spontan einstellende Eingebungen zu erlangen, die auf unbewusstem Weg zustande gekommen sind». Kann man einen Menschen zu neuen, ihm noch unbekannten Handlungen verführen, indem man ihn vorher danach fragt? Kann intensive Marktforschung Ideen- und Mutlosigkeit, mangelnde Kundenkenntnis und Unwillen zur Übernahme von Verantwortung wirklich ersetzen?

> «Viele Menschen wissen nicht was sie wollen, bis Sie es Ihnen zeigen.» *Steve Jobs*

Industriebetriebe sind nicht dafür da, Wünsche zu erfüllen. Das machen Handwerksbetriebe. Sie können sich die Wünsche des Kunden ohne Druck anhören und ihre Leistung exakt darauf ausrichten. Sie haben keine vorgefertigten Produkte im Regal, die abgesetzt werden müssen. Glaubt ein Industriebetrieb, wie ein Handwerksbetrieb vertreiben zu müssen, sprengt es sein Sortiment und senkt den Ertrag. Damit sind die Vorteile einer seriellen Fertigung, die erst zur Industrialisierung geführt haben, dahin.

Aus diesem fehlgeleiteten Verhalten, das durch eine Armada von Marktforschern, Produkt- und Innovationsmanagern, Marketing- und Kreativleuten verstärkt wird, resultieren aufgeblasene Sortimente, die kaum noch ertragsbringend produziert, vertrieben und verkauft werden können.

Will ein Industrieunternehmen mithilfe seiner Marke überleben, so muss es die Marke dazu benutzen, den Markt in seinem Sinne und auf Basis seines Stärkenprofils zu beeinflussen. Dies ist erst gelungen, wenn der Wettbewerb beginnt, sich anzupassen, zu kopieren und Benchmarking zu betreiben. Dies sind sichere Zeichen, dass man dem Wettbewerb das eigene Spiel aufgezwungen hat. Macht man jetzt keine Fehler und sorgt durch hohe Stildichte für den nötigen Abstand, um Verwechslungen auszuschließen, wird man das Spiel gewinnen.

Der Drang nach Status

Es ist ein geradezu urmenschliches Bedürfnis, sich mit höher stehenden gesellschaftlichen Schichten zu assoziieren und dabei möglichst die gleiche Ebene zu erreichen, um sich zu intellektuell oder wohlständig «niederen» Schichten abzugrenzen.

Die Demonstration des erreichten Status benötigt natürlich dringend Symbole. Vor allem Kleidungsgegenstände, Hausrat und die Art der Fortbewegung waren und sind aufgrund ihrer teils sehr großen öffentlichen Oberfläche für diesen Zweck hervorragend geeignet. Selbst wenn man das Geld dafür besaß, durfte man zum Beispiel in früheren Jahrhunderten bei der Bekleidung nicht jedes Material oder bestimmte Verarbeitungsarten tragen. In Venedig wurde im 15. Jahrhundert festgelegt, wie hoch die Absätze von Stöckelschuhen sein durften. In Frankreich war geregelt, wer Kleider aus Seide tragen durfte, und in England gab es Bestimmungen, ab welchem gesellschaftlichen Status man seine Bekleidung mit Goldfäden durchwirken lassen durfte.

Diese Grenzen waren natürlich dazu da, überwunden zu werden. Aufgrund der genauen Definitionen, wer was tragen durfte, war der Drang, sich durch Herantasten oder Überschreitung dieser Grenzen den Anschein einer höheren gesellschaftlichen Stellung zu geben, von je her stark ausgeprägt. Anziehend war immer das, was man gerade nicht bekommen konnte oder durfte.

Erst mit dem Aufkommen demokratischer Strömungen ab dem 18. Jahrhundert demokratisierte sich auch nach und nach der Konsum. Der vorherrschende limitierende Faktor waren die finanziellen Mittel, von denen bis in die heutige Zeit hinein auch immer weniger nötig waren, um am Konsum der «oberen» Schichten teilzuhaben, da mit dem Einsetzen der industriellen Massenfertigung früher exklusive und teure Waren für die Massen erschwinglich wurden.

Die Wege zur Begehrlichkeit

Wie konnte sich das aufkommende Bürgertum nun abgrenzen? Wissen war der neue Rohstoff, der noch schwer zu bekommen war und nicht nur eine passende Herkunft voraussetzte, sondern auch ein gehöriges Maß an Eigenleistung. Wissen ersetzte Abstammung. Das Wissen um Herkunft und Verarbeitung, Professionalität und Fertigkeit in der Bearbeitung von Materialien und die Fähigkeit, Überflüssiges, Unechtes und Schlechtes von Wesentlichem und Authentischem trennen zu können, entwickelte sich immer mehr zum Statusfaktor.

Neben der Kleidung, die ihrem Träger schon seit der Heranbildung des Adels die nötige Differenzierungskraft verschaffte und dieser Kernaufgabe heute mehr denn je gerecht wird, ist es der Hausrat, der eine zentrale Stellung in der Statusdefinition einnimmt. Und neben den heute noch bestehenden Klassikern wie Silberbesteck, Porzellan, Glaswaren, Teppichen und Möbeln kommt seit der Jahrtausendwende dem Thema Kunst eine ungeahnt prominente Rolle zu. Galeristen, wie sich Kunsthändler gerne nennen, mögen es mir verzeihen, Kunst dem Hausrat zuzuordnen. Aber letztendlich hat Kunst zwei Aufgaben: Dekoration und Statusdefinition. Die dritte der Kunst oft angedichteten Aufgabe, der des Investments, möchte ich hier aufgrund der zu großen Volatilität des Kunstmarktes durch dessen Steuerung durch eine viel zu kleine Interessensgruppe aus Kunsthändlern, Sammlern und Kuratoren außen vor lassen.

Kunst ist gleich in mehrfacher Hinsicht die ideale Plattform für Statusdefinition: Sie demonstriert in hoch verdichteter Form gleichzeitig Bildung, Wissen, wirtschaftliche Potenz, Unabhängigkeit, Zeit, Philanthropie und nicht zuletzt Geschmack und Stilwillen des Besitzers.

Die Erfindung des Automobils ermöglichte erstmals individuelle Mobilität, die sich sehr schnell demokratisierte. Henry Ford erfand 1908 die rationelle Fließbandfertigung, und Ferdinand Porsche entwickelte mit dem Käfer den ersten «Volkswagen».

Nach dem zweiten Weltkrieg entwickelte sich die weltweite Automobilindustrie zu einem zentralen Wirtschaftszweig, der bis heute von seiner Bedeutung als Schlüsselindustrie für viele andere Branchen nichts eingebüßt hat – selbstverständlich auch deshalb, weil das Automobil in der Mobilitätsgesellschaft wie kaum ein anderes Produkt dazu geeignet ist, den Statuswillen seines Besitzers zu demonstrieren. Neben der Demonstration von wirtschaftlicher Potenz werden Automarken seit jeher auch dazu benutzt, sexuelle Potenz und Virilität zu verstärken. In einer Studie des Marktforschungsunternehmens Puls aus dem Jahr 2008 wurde der Zusammenhang zwischen Automarke und (unterstelltem) Aussehen des Fahrers untersucht. Fahrzeuge der Marken Porsche, Mini und Audi werden im Urteil der Bevölkerung überwiegend von gut aussehenden Männern und Frauen gefahren. Hinter dem Steuer eines Mercedes werden eher spießige Fahrer vermutet, und VW wird im Urteil der Befragten eher von fröhlichen Zeitgenossen gesteuert. Das Vorurteil, die jüngsten Fahrer zu haben, besitzt die Marke Mini. Diese Erkenntnisse dürften nicht ohne Auswirkungen für die Markenführung der betroffenen Autohersteller bleiben. Denn was gibt mehr Attraktivität als die Verheißung von Jugendlichkeit und gutem Aussehen?

Interessant sind die Felder, die dazu benutzt werden, um den eigenen Status mithilfe von Wissen und Intellekt zu definieren. Zu den drei klassischen Themen Kleidung, Hausrat und Fortbewegung und in jüngerer Zeit Reiseziele kommen neue, scheinbar voll demokratisierte Themen hinzu: Ernährung, Gesundheit und Bildung.

Je demokratischer die funktionalen Grundgüter in einer Gesellschaft verteilt und die vitalen und basiskulturellen Bedürfnisse befriedigt sind, desto mehr gewinnen neue intellektuelle Bedürfnisse, die neben den finanziellen Mitteln Bildung, Wissen, Zugang und Zeit voraussetzen, an abgrenzender Bedeutung.

In den Generationen aus dem 19. Jahrhundert und den beiden Weltkriegen wurde Ernährung noch vorwiegend über Menge, Wertigkeit und Preis definiert. Fleisch ist in den Generationen, die in den Zwanziger- bis Fünfziger-Jahren geboren wurden, immer noch das höchstrangige Lebensmittel, von dem man gar nicht genug bekommen kann. Egal in welcher Form und Qualität. Fleisch ist der Inbegriff von Wohlstand und Status. Auf die Kinder und Kindeskinder dieser Generationen wirkt diese Einstellung fast schon abstoßend. Jeder Gammelfleischskandal, jeder Film über nicht artgerechte Tierhaltung und Protagonisten, von der Hollywood-Beauty bis hin zu dem ehemaligen Industriellen und heutigen Öko-Unternehmer Karl Ludwig Schweisfurth, verstärken diese Ablehnung und produzieren in Lebensstil und gesellschaftlicher Anerkennung neue, erstrebenswerte Vorbilder.

Der Abgrenzungsdrang betrifft heute nicht mehr so sehr andere Einkommens- und Vermögensschichten, sondern die Fettschicht. Menschen, die aufgrund ihrer Ernährungsgewohnheiten zu dick sind, finden in einer dienstleistungsorientierten Gesellschaft schlechter eine Anstellung und sind vielleicht auch noch schlechter bezahlt. Das Gleiche gilt immer mehr für Raucher.

Von Leuten, die schlecht mit ihrer Gesundheit und ihrer körperlichen Verfassung umgehen, möchte sich der erfolgsorientierte Aufsteiger abgrenzen, um sich selbst im gesellschaftlichen Aufstieg Vorteile zu verschaffen. Das gilt für Beruf und Karriere genauso wie für private und privateste Beziehungen. Die Art und Weise der Ernährung und der pflegliche, vorausschauende Umgang mit der eigenen Gesundheit bietet vielfältige Projektionsflächen für Lebensknappheiten und damit Platz für die anziehende Positionierung für Marken vom Ernährungs- über den Medienbereich bis hin zu institutionellen Marken wie «Foodwatch» von Thilo Bode, dem ehemaligen Geschäftsführer von Greenpeace.

Das dritte große, neue statusrelevante Themenfeld ist die Bildung in all ihren vielfältigen Ausprägungen. Das geht von der Renaissance der Privatschulen, der internationalen Schulen und der privaten Internate über die schier unüberschaubare Menge an MBA-

Angeboten bis zu den althergebrachten Sprachkursen und ernsthaft betriebenen Hobbys. Von der sprachlichen und allgemeinen Basisbildung bis zur Hochkultur sind Bildungsplattformen die Gewinner auf der Suche nach individuellem Statusgewinn.

Das schrittweise Zusammenbrechen staatlicher Bildungsbemühungen und das mediokre Abschneiden bei OECD-Ländertests wirken wie ein Aphrodisiakum auf diesen Megatrend. Denn die Lebensbereiche, in denen massenhaft Durchschnittlichkeit vorherrscht, schreien geradezu nach Differenzierung und sind damit für das eigene Status-Upgrade prädestiniert.

Doch mit Bildung und Wissen sind die statusbildenden Potenziale noch lange nicht erschöpft. Zugang, Zeit und Beziehung sind weitere Möglichkeiten, um sich abzugrenzen und Zugehörigkeit zu zeigen.

Anziehungsstarke Marken befriedigen diesen Drang, indem sie eben nicht an jeder Ecke zu haben sind, indem sie nicht zu ihren Kunden gehen, sondern sie anziehen. Marken, die aus Tradition in der Provinz sitzen, sollten sich sehr genau überlegen, wo sie ihren neuen Flagship Store, ihre Markenwelt oder ihr Kundenbetreuungszentrum eröffnen. Die Metropole eines Landes ist nicht zwangsläufig immer die beste Lösung. Teuer und risikoreich ist sie aber garantiert. Das Outlet-Center Boss in Metzingen auf der Schwäbischen Alb funktioniert in dieser Form und Größe jenseits der gewerberechtlichen Problematik nur abseits der Metropole. In bester Stuttgarter Lage würde es viel von seiner Faszination einbüßen. Es gehört am Samstagvormittag einfach dazu, sich durch die schwäbische Provinz zu quälen, um ein Schnäppchen zu machen, denn man hat mit so einem Outlet-Shopping-Prozess gleich mehrere statusrelevante Positionen hervorgehoben:
1. Man weiß überhaupt, dass die Marke einen Fabrikverkauf hat.
2. Man weiß auch, wo er ist.
3. Man hat die Zeit und die Unabhängigkeit, dort hinzufahren.

4. Man zeigt Stilsicherheit, da man in Outlet-Centern gemeinhin nicht beraten wird (und schon gar nicht am Samstagvormittag).
5. Man ist Sozialmensch, denn fast niemand fährt alleine in ein 150 km entferntes Outlet-Center. Man ist mal wieder mit der Familie zusammen – im Stau – oder man lädt Freunde ein mitzukommen, oder man nutzt die Gelegenheit, alte Freunde vor Ort zu besuchen und damit der profanen Konsumlust eine höhere und damit wieder statusrelevante Dimension zu geben.
6. Ach ja, eventuell spart man auch etwas Geld beim Einkauf, das man dann gleich für die fällige Tankfüllung auf der Rückfahrt einsetzen kann.

Warum sind Wein, Kaffee und Schokolade gerade so in Mode? Weil dort Kennerschaft sowie Zeit und Zugang höchst relevant geworden sind. Während sich Milka und Ritter Sport mit Eckpreisangeboten im Handel ihre Margen gänzlich ruinieren und Lindt nach eigenen Angaben die gesamte Luxusproduktentwicklung im Schokoladenmarkt mal eben verschlafen hat, entstanden und wiederentstehen ganze Kohorten von alten und neuen Marken, die kaum einer kennt, die schwer zu bekommen sind und mit Rezepturen hantieren, die selbst ausgewiesene Schokoladen-Experten überraschen. Gut geführte Marken in diesen Segmenten bieten ihren Kunden unendlich viele Möglichkeiten, um den eigenen Statusanspruch zu untermauern: von Ladurée und Pierre Hermé in Paris über Zotter und Altmann & Kühne in Österreich, Pierre Marcolini und dem Erfinder der Praline, Jean Neuhaus, in Belgien oder die Bio-Schokoladen-Produzenten Naturata und Vivani aus Deutschland. Teilweise sind diese Produkte nur an einem einzigen Ort zu haben wie bei Altmann & Kühne in einem nur allzu leicht zu übersehenden Geschäft im 1. Wiener Gemeindebezirk oder die Spezialitäten von Pierre Hermé, die es nur in Paris und Tokio gibt. Man muss wissen, dass es sie gibt, wo es sie gibt und man muss dort hinkommen, um das gesamte Leistungsspektrum der Marke erleben zu können. Die Königin der Anziehungskraft ist aber die vergleichsweise große Marke Valrhona, nicht weil sie in Produktentwicklung und Vermarktung über lange Jahre sehr vieles richtig gemacht hat, sondern weil sie es als eine der ganz, ganz wenigen Marken selbst auf die Speisekarte von Sternerestaurants geschafft hat. Dort wird mit «Mousse von der Valrhona-Schokolade» oder «Hausgemachtem Valrhona-Schokoladen-Eis» bis zum «Dreierlei von der Valrhona-Schokolade» die Marke Valrhona auf höchstem Niveau promotet und das nicht einmal kostenlos, denn Valrhona-Produkte werden an die Restaurants zu den üblichen Konditionen verkauft.

Management der Markenkontaktpunkte

Wenn sie Marke hören, denken die meisten Fachleute sofort an Kommunikation und Design. Markenzeichen, Markengestaltung, Markennamen und die Werbung, die das vermitteln soll, decken jedoch nur die Oberfläche einer Marke ab. Aufgeklärte, wissende Kunden lassen sich auch nicht mehr so einfach durch ein nettes, ansprechendes Design und kreative Werbebotschaften überrumpeln. Markenversprechen und Markenleistung müssen widerspruchsfrei zusammenpassen, sie müssen kohärent sein.

Das wird in 90 Prozent aller Fälle falsch gemacht. Meistens wird nach der Entwicklung einer Markenstrategie nur noch an Werbung gedacht. Das Ergebnis sind meist unsichere Schritte gemäß der entwickelten Strategie, die weder mit Produkt, Packungsauftritt, Preisstellung, Vertriebsstruktur zusammenpasst noch von den eigenen Mitarbeitern gekannt, verstanden und folglich auch nicht angewandt wird. Das führt dann dazu, dass der eigene Außendienstmitarbeiter sich «von denen» in der Marketingabteilung distanziert, weil «die haben sich da wieder sowas einfallen lassen», aber ihn selbst hat ja keiner gefragt. So wird keine noch so wohlüberlegte Markenstrategie wirksam.

Marke wirkt nur, wenn sie ganzheitlich betrachtet und geführt wird. Deshalb hat sich aus unserer jahrzehntelangen, praktischen Arbeit mit Marken ein Ansatz herausgebildet, der dem klassischen 4P-Markting-Ansatz in seiner Anwendbarkeit überlegen ist: Das Prinzip der Markenkontaktpunkte. Ein Markenkontaktpunkt beschreibt jede Äußerung einer Marke, die ein Stakeholder wahrnimmt. Um das gewünschte Markenbild zu erzeugen und auch nach dem Kauf jede Enttäuschung zu verhindern, muss das Markenerlebnis in allen drei Kaufphasen, vor, während und nach dem Kauf, kohärent gemanagt werden. Diese unbedingte Notwendigkeit macht Markenführung zu einem höchst anspruchsvollen Geschäft, das unglaublich viel Platz zum Scheitern bietet – andererseits auch Chancen für diejenigen Unternehmen, die lernen wollen, ihre Marke besser zu managen als der Wettbewerb.

Kohärentes Markenkontaktpunkt-Management beginnt damit, alle Markenkontaktpunkte zu definieren. Nach unseren Erfahrungen verfügt jede Marke über mindestens 80 bis 120 Kontaktpunkte mit ihren relevanten Stakeholdern wie Mitarbeitern, Kunden, Lieferanten, Wettbewerbern, Fachöffentlichkeit, lokale Öffentlichkeit, Arbeitsmarkt und der allgemeinen Öffentlichkeit.

Das fängt bei der simplen Frage nach den E-Mails an. Selbst ein kleineres Unternehmen versendet am Tag rund 1000 E-Mails, macht pro Jahr rund 200 000 bis 250 000 E-Mails. Jedes E-Mail prägt die Wahrnehmung der Marke. Wie kurz oder langatmig ist es? Wie ist die Ansprache? Wie die Tonalität? Wie schnell dauert es, bis geantwortet wurde? Wie zuverlässig wurde geantwortet? Wurde überhaupt geantwortet? Wie viele Anhänge werden mitgeschickt? Wurde darauf geachtet, markenspezifische Kernbotschaften zu verwenden? Wurde auf das Anliegen des Kunden eingegangen? Wurde kundennutzenorientiert geschrieben? Hat man ein Problem gelöst oder dem Empfänger eines bereitet? Wurde die eigene Spitzenleistung kommuniziert? Unterscheidet man sich attraktiv vom Wettbewerb und so weiter und so fort.

Gibt es im Unternehmen ein Programm, den Markenkontaktpunkt E-Mail mit all diesen Ansatzpunkten im Sinne der Markenstrategie zu managen? Wahrscheinlich nicht und wenn überhaupt, dann formal. Schrift, Absenderzeile und Logoverwendung, aber das ist, wie gesagt, nur die Oberfläche und stellt eine Grundvoraussetzung dar, hilft der Marke aber nicht unbedingt dabei, ihre Wirksamkeit voll zu entfalten.

Im nächsten Schritt müssen die Markenkontaktpunkte analysiert werden. Sind die Bürogebäude und Fabriken im Sinne der Marke gemanagt? Wie werden Besucher empfangen? Wie sieht der Markenkontaktpunkt Besprechungsraum aus? Was passiert, wenn man im Unternehmen anruft? Wie sehen die Fahrzeuge aus, die mit der Marke in Verbindung gebracht werden können (mit oder ohne Logo)? Über das gesamte Produktumfeld, vom POS bis hin zu Kommunikation wie PR und Werbung und zu Verkaufspräsentation, Verkaufsgespräch, Preisliste, Vertragsgestaltung, Angebote und so weiter muss nachgedacht werden.

Wie gut wird die Spezifik, die Besonderheit der Marke, deutlich? Wie attraktiv wirkt jeder einzelne Kontaktpunkt auf die anvisierten Stakeholdergruppen? Unterscheidet man sich angenehm vom Wettbewerb? Werden die Markenkontaktpunkte entsprechend den selbst auferlegten Regeln gemanagt?

Nun wird bewertet, wie gut man ist. Bewerten heißt vergleichen. Dazu analysiert man auf die gleiche Weise, wie die Wettbewerber ihre Markenkontaktpunkte managen. So bekommt man drei Orientierungspunkte: Wie gut ist man selbst? Wie gut managen die Wettbewerber ihre Kontaktpunkte und wie liegt man im Branchendurchschnitt? Selbstverständlich kann man auch einmal ein vorbildliches Markenunternehmen außerhalb der eigenen Branche als Vergleichsmaßstab heranziehen.

Auf dieser Basis lassen sich jetzt gut Prioritäten setzen. Bei welchem Markenkontaktpunkt ist man ohnehin schon besser als der Wettbewerb und kann hier mit wenig Aufwand noch besser werden nach dem Motto «Stärken stärken»? Wo muss man dringend den Anschluss erreichen, weil man weit, zu weit, unter dem Branchendurchschnitt liegt? Wo verbergen sich die Quick Wins, wo man mit relativ geringem Kapazitäts- und Mittelaufwand einen hohen Beitrag zur Erreichung der Unternehmensziele leisten kann?

Die ergebnisrelevanten Verbesserungen von Markenkontaktpunkten sind oft ohne großen Mitteleinsatz zu erreichen, wie oben am Beispiel der E-Mails geschildert. Das Gleiche gilt für die Optimierung von Angeboten und Vertriebspräsentationen, bei B2B-Unternehmen sind dies oft die wichtigsten Markenkontaktpunkte. Auch der für so viele Industriemarken wichtige Hauptkatalog kann ohne großen finanziellen Zusatzaufwand bei der nächsten Auflage gemäß der Markenstrategie optimiert werden.

Genau dort würden wir empfehlen zu beginnen: Bei welchen Markenkontaktpunkten erreichen Sie den größten Effekt zur Erreichung Ihrer Unternehmensziele mit dem geringsten Mittelaufwand? Dort verbessern Sie systematisch jeden noch so kleinen Markenkontaktpunkt. Mit der Routine und dem Erfolg gewinnen Sie zunehmend an Sicherheit und wagen sich irgendwann auch an die Verbesserung der teuren Markenkontaktpunkte heran.

Besonderheiten

Business-to-Business-Marken

> «Menschen kaufen lieber bei Menschen ein. Das gilt auch im Geschäft zwischen Unternehmen.» *Peter May, INTES*

Unternehmen, die homogene Produkte oder Commodities herstellen, haben meistens nichts, was sie vom Angebot der Konkurrenz unterscheidet – außer ihrem Namen. Unter diesem ist dann aber auch alles gespeichert, was das Unternehmen jenseits seiner – oft austauschbaren – Produkte in der Lage ist zu leisten. Der Umgang mit den Kunden und Mitarbeitern, Verhalten bei Reklamationen oder – in schwierigen Zeiten – der Service am Kunden, flexibles Eingehen auf Kundenwünsche und vieles mehr. Es ist damit ganz und gar unangebracht, die Dauer und Stabilität einer Geschäftsbeziehung rein auf ein Preis-/Mengenverhältnis zu reduzieren, wie es von vielen Vertriebsleuten immer wieder gerne mit der Absicht getan wird, die Unternehmensleitung zu niedrigeren Preisvorgaben zu überreden.

Es wäre natürlich falsch zu glauben, Preise müssten nicht wettbewerbsfähig sein. Genauso falsch ist es aber zu behaupten, dass man nur über den niedrigsten Preis verkaufen kann. In der ersten Markenstudie, die sich rein auf den B2B-Bereich konzentriert hat, haben wir unter anderem festgestellt, dass der größte Nutzen, den ein Lieferant seinem Kunden bieten kann, einfache und sichere Kaufentscheidungen sind. Das berühmte, gern auf Englisch bezeichnete «Peace of Mind». Der Einkäufer will natürlich die besten Preise und Konditionen. Aber noch viel mehr möchte er nicht dafür verantwortlich sein, dass sich ein Produkt nicht dreht oder die ganze Produktion lahmlegt, weil es nicht zur rechten Zeit am rechten Ort ist oder kostspielige und imageschädigende Rückrufaktionen auslösen könnte. Gerade in den eng getakteten Prozessketten heutiger Just-in-time-Fertigungen muss jedes Teil des späteren Endprodukts perfekt zum anderen passen. Kleinste Ausfälle scheinbar unwichtiger Komponenten haben mitunter eine riesige Hebelwirkung und können komplette Produktions- und Marketingpläne zunichte machen. Man denke nur an das Debakel mit dem deutschen Mautsystem, das Desaster in der Gepäckanlage des neuen Heathrow Terminal 5 oder die fast imagezerstörenden Produktionsverzögerungen beim neuen Super-Airbus A380.

«Peace of Mind» ist kein «Nice to have», um im englischen Sprachduktus zu bleiben, sondern essenziell für das Geschäft mit dem Endkunden, aber vor allem im Geschäft mit Unternehmen. Der Effekt von «Peace of Mind» beruht im Wesentlichen auf den bewusst wahrgenommenen und gespeicherten, sprich erinnerungsfähigen Produkt- und Unternehmensleistungen der vergangenen Jahre. Dabei kann das Gedächtnis eines Industriekunden teilweise über Generationen zurückreichen. Deshalb ist es immer noch verwunderlich, dass so wenige Unternehmen, die an andere Unternehmen verkaufen, ein so geringes Bewusstsein für die konsequente Pflege ihres guten Namens, sprich ihrer Marke, entwickelt haben. Es wird zwar immer neidvoll auf die Ikonen der B2B-Marken wie Hilti, Festo und Krones geblickt, dann aber sofort darauf verwiesen, dass man das Geld für so viel Marketing und Werbung nicht habe. Was man mit dieser billigen und zukunftsschädigenden Ausrede vergisst, ist, dass diese Spitzenunternehmen einmal genauso klein angefangen hatten und trotzdem groß geworden sind. Neben unternehmerischem Mut und Weitsicht, überlegtem Handeln, hervorragenden Erfindungen und einer herausragenden Produktqualität war bei diesen Unternehmen vielleicht auch etwas Stolz und Respekt vor der eigenen Leistung und der der Mitarbeiter am Werk, was zu dem Wunsch führte, tragfähige Wettbewerbsvorteile aufzubauen.

Die vielen Industrieunternehmen, mit denen wir zusammengearbeitet haben, haben uns immer wieder eindrucksvoll bewiesen, wie gut sie darin sind, was sie tun. Es verbergen sich unglaubliche Spitzenleistungen hinter den oft so eintönigen Kommunikationsfassaden dieser Unternehmen. Außer einem Hauptkatalog, den Messeauftritten und den Jubiläumsfeiern findet man dort oft nichts, was dabei helfen könnte, die erstklassigen Leistungen in die Unternehmensmarke zu verdichten. Jeder macht nach bestem Wissen das, was er für richtig hält. Der Marketingleiter ist das Jahr über vollauf mit Messenauftritten und dem nächsten Hauptkatalog beschäftigt, der Vertrieb reibt sich mit Verkaufstaktik auf, und die F&E-Abteilung versucht, die Konkurrenz aus Fernost mit permanenten Neuentwicklungen und Verbesserungen am Produkt auf Abstand zu halten. Klappt dies alles und kommt noch eine gute Konjunktur hinzu, geht's dem Unternehmen prächtig. Nur was, wenn die wirtschaftliche Gesamtkonjunktur einbricht? Oder die Branchenkonjunktur oder die F&E-Abteilung doch mal eingeholt wird? Dann sind die Grenzen des taktischen Handelns erreicht. Dann kommt das große Wehklagen und es wird an der Preisschraube und damit an der Ertragsschraube gedreht. Ergebnis: Die Profite sausen in den Keller, die Bank wird unruhig und man denkt nur noch in Deckungsbeiträgen und daran, wie Geld auf das Konto kommt, um zu überleben.

Dieses Szenario kann man sich auch sparen. Investitionen in die Marke – den guten Namen des Unternehmens – zahlen sich nie sofort aus, sondern immer erst mit einer Verzögerung von mehreren Jahren. Gott sei Dank, denn deshalb stellt eine Marke einen strategischen Wettbewerbsvorteil dar und dieser kann nicht kopiert werden. Auch nicht von Chinesen. Das ist der entscheidende Grund, warum sich B2B-Unternehmen, die Commodities herstellen, dringend um den Aufbau und die Weiterentwicklung ihres guten Namens kümmern sollten. Dieser senkt die Schwelle der Bedenklichkeit, vereinfacht dem Kunden die Kaufentscheidung und vermittelt ihm die nötige Sicherheit.

Die Spitzenleistungen in eine anziehungskräftige Unternehmensmarke zu verdichten, hilft natürlich auch Unternehmen, die Spezialprodukte fertigen und in Forschung und Entwicklung herausragend sind. Auch diese unterliegen dem eigenen Zyklus und dem der Branche. Für schlechte Zeiten gibt es keinen besseren Schutz als eine anziehungsstarke Marke. Damit kann man, wenn es allen schlecht geht, auf Angriff schalten und Marktanteile hinzugewinnen. Da sich in schlechten Zeiten Kunden mehr auf die Unternehmen, die ihnen das beste Preis-/Leistungsverhältnis bieten können, verlassen, kann es ja nicht schaden, auf der Leistungsseite die Nase vorn zu haben.

Die B2B-Unternehmen, die eine Marke als Wachstums- und Profittreiber sehen, mit deren Hilfe sie sich von Branchenkonjunkturen unabhängiger machen können, werden in einer immer stärker globalisierten Welt mit immer mehr Produkten, die kaum noch unterscheidbar sind, zu den Gewinnern gehören. Alle anderen müssen weiterkämpfen.

Dienstleistungsmarken

Markenführung für Dienstleistungen gehört zu den schwierigsten Aufgaben eines Markenmanagers.

Das gesamte Risiko wird auf den Kunden übertragen, denn die Qualität einer Dienstleistung kann erst nach dem Kauf beurteilt werden. Eine Dienstleistung kann weder umgetauscht noch zurückgegeben werden, denn sie ist materiell inexistent.

Für den Erfolg von Dienstleistungsmarken ist eine nachhaltige Differenzierung noch ausschlaggebender als für Produktmarken. Dienstleistungen können in der Regel rechtlich nicht geschützt werden. Sobald sich Erfolg abzeichnet, werden sie durch den Wettbewerb gnadenlos und ohne viel Aufwand kopiert oder imitiert. Auch die Dienstleistungserbringer sind größtenteils austauschbar und können vom Kunden kaum unterschieden werden.

Dienstleistungen werden durch Menschen erbracht. Daher schwankt die Qualität von Tag zu Tag und muss ständig neu bestimmt werden. Die Höhe der Qualität ist von dem Wissen, dem Können und nicht zuletzt von der Motivation der Mitarbeiter abhängig. Daher müssen Dienstleistungsmarken mindestens so stark nach innen wie nach außen wirken. Das Verhalten der Mitarbeiter eines Dienstleistungsanbieters stellt daher seine Hauptleistung dar.

Die für eine wirksame Markenführung so wesentliche Standardisierung der Qualität unterliegt bei Dienstleistungsanbietern vielen Variablen. Daher muss jedes Teilsystem einer Dienstleistungsmarke, wie zum Beispiel Personalführung, Kundenprozesse, die Art des Umgangs mit dem Kunden, der Sprachstil oder Auftritt und Benehmen eines Mitarbeiters, diszipliniert und zu sich selbst ähnlich ausgestaltet werden, um Gewohnheiten zu fördern. Gewohnheiten und Trägheiten sind die Verbündeten der Marke. Gewohnheit führt zu Vertrautheit und Vertrautheit ist die Voraussetzung für Vertrauen.

Unternehmensmarken des Handels

Kann ein Händler zu einer Marke reifen? Kann gnadenloser Opportunismus eine Marke bilden, wenn das einzige dauerhafte Marketingargument ein niedriger Preis ist? Wenn der Gewinn im Einkauf liegt, welchen Stellenwert hat dann der Kunde?

Der Einzelhandel entdeckt erst jetzt mit fortschreitender Konsolidierung, nachdem alles gleichförmiger und ähnlicher geworden ist und die Renditen wie das Kundenvertrauen im Keller sind, dass es neben der Illusion des niedrigsten Preises vielleicht auch etwas jenseits dieses Marketinginstruments geben kann. Der Druck der Discounter nimmt spürbar zu. Mit teilweise über 50 Prozent Marktanteil ist aus dieser ehemaligen Randerscheinung eine bedrohliche

Größe geworden. Dabei sind die Unternehmensmarken der Discounter wahrscheinlich die wirksamsten Markensysteme im Handelsbereich. Sie besitzen nämlich etwas, was anderen Handelssysteme oft fehlt – eine glaubwürdige Spitzenleistung.

Der Grund, warum es Discounter gibt, liegt daran, dass sie das grundsätzliche Geschäftsmodell eines Händlers verändert haben, indem große Teile der Wertschöpfungskette integriert sowie Sortimente radikal konzentriert wurden. Die Verkaufsorte wurden hochgradig standardisiert, rationalisiert und rasend schnell multipliziert. Die daraus resultierenden Kostenvorteile ermöglichten es Aldi, Lidl und Co, die Preisniveaus der geführten Sortimente fast bis auf die Höhe des Einkaufspreises nach unten zu prügeln. Aufgrund der riesigen Mengenhebel könnten sie theoretisch alle Produkte zum Einkaufspreis weiterverkaufen und ihre Erträge rein über die Zinsgewinne der ungeheuren Summen, die aufgrund des Zeitunterschieds zwischen Einnahmen (sofort) und Bezahlung der Lieferantenrechnungen (oft 90 Tage) auf ihren Bankkonten liegen, generieren.

Aufgrund dieser über Jahrzehnte konsequent erbrachten Spitzenleistung hat sich ein positives Vorurteil zugunsten der Discounter gebildet. Es heißt: Dort ist alles billiger als woanders.

Die anderen Händler begehen nun den Kardinalfehler in der Markenführung. Sie versuchen andauernd gegen dieses Vorurteil anzurennen, indem sie den letztlich chancenlosen Versuch unternehmen, dieses Vorurteil mit Wissen zu bekämpfen. Also greifen sie die Discounter mit Flugblättern, Beilagen, TV- und Radiospots und mit Anzeigen aller Art an dessen stärkster Seite an – am Preis. Wie aussichtslos dieses absurd-eindimensionale Marketing ist, zeigt eine beeindruckende Studie von Dr. Rudolf Maurer aus Österreich, die erstmals die Kundenströme unter allen Lebensmittelanbietern inklusive der Discounter gemessen hat. Ergebnis: Obwohl die Discounter im Jahr 2008 die Preise über alle Warengruppen hinweg um 40 Prozent stärker angehoben haben als der gesamte klassische Lebensmittelhandel, schwören die Kunden felsenfest, dass die Discounter billiger sind.

Dieselbe Studie besagt, dass Kunden, die vom klassischen Lebensmittelhandel über extreme Preissenkungen (minus 35 Prozent und mehr) auf Kosten des eigenen Ertrags und des Ertrags der Lieferanten mühsam gewonnen wurden, die Ersten sind, die wieder weg sind, sobald der Wettbewerber ein noch günstigeres Angebot offeriert.

Billige Produkte haben mehr Wettbewerber.

Es kommt aber noch härter. Das Discount-Prinzip schläft nicht und schnappt sich weitere Felder, wo es sich jenseits des Preises profilieren kann. Höchste Qualität besitzt es schon. Manche Kunden halten sich auch schon lieber und länger beim Discounter auf als in ihrem Supermarkt – das geht Richtung Erlebniskauf. Jetzt haben Discounter auch noch die aktuellsten Produkte zur richtigen Zeit am richtigen Ort in ausreichender Menge zur Verfügung. Aldi hat es vorgemacht, indem die superaktuellen Mini-Notebooks noch vor den großen Fachhandelsketten zu einem Discountpreis eingeführt wurden. Was bleibt dem klassischen Händler jetzt noch? Was ist eigentlich jetzt noch das Gegenteil von Discount?

Der Druck kommt aber auch von der anderen Seite. Hersteller von Marken lassen sich permanenten, sinnlosen Preisverhau, verbunden mit fachlicher Unkenntnis der Mitarbeiter und schlechter Warenpräsentation, nicht mehr bieten und beginnen selbst in den Einzelhandel einzusteigen. Sogenannte Mono-Brand-Stores waren anfangs nur eine Maßnahme der Luxusindustrie, um ihre Marken selektiver und besser präsentiert distribuieren zu können und sie nicht mehr den beliebigen Preisreduktionen ihrer Handelspartner auszusetzen. Nach den üblichen Anlaufschwierigkeiten zeigen die Flächenumsätze und vor allem die Erträge, wohin der Weg geht.

Wenn es sich ein Hersteller leisten kann, ein ganzes Geschäft mit seinen Produkten komplett auszustatten, wird er früher oder später eine eigene Ladenkette eröffnen und kann irgendwann auf seine Händler verzichten.

Der Trend zu Mono-Brand-Stores ist bereits bei den schnelldrehenden Konsumgütern angekommen. Ob Schokolade (Neuhaus), Kaffee (Nespresso) oder Outdoor-Sport (Jack Wolfskin). Der klassische Facheinzelhandel ist fast tot, Discounter passen nicht zur Marke, Handelsketten sind keine geeigneten Partner mehr, also wird der Handel selbst in die Hand genommen. Aus trostlosen Lebensmittelabgabestellen werden Erlebnisshops mit Inspiration, Beratung und Hilfe. Die Markenhersteller machen am Anfang nicht alles richtig, aber die Lernkurve ist steil und die Entschlossenheit, Auswege zu finden, groß. In Südkorea gibt es beispielsweise keinen Sportfachhandel mehr; der ist dort bereits ausgestorben. Nur noch Department Stores mit ihren Shop-in-Shop-Systemen und Mono-Brand-Stores.

In der Zwickmühle sitzt der Handel. Auf der einen Seite jagen ihn die Discounter, auf der anderen kapituliert die Industrie vor seinen Rabattforderungen ohne Gegenleistung und wagt lieber den Versuch, eine eigene Handelstruktur zu etablieren. Was übrig bleibt, sind die schwachen Lieferanten, die keine anderen Chancen haben, und desorientierte Einzelhändler.

Wenn der Handel, beginnend beim Einzelhändler, der noch jeden Tag selbst im Geschäft steht, bis hin zu den großen Einkaufsverbänden, Warenhauskonzernen und Handelsketten, jetzt nicht begreift, dass er mehr tun muss als zu versuchen, sich über niedrige Preise zu retten, dann ist auch nichts mehr zu retten. Die Zeiten, in denen ein guter Standort und ein Pseudo-Einkaufserlebnis Kunden angezogen haben, sind endgültig vorbei.

Wann man die Attraktivität seiner Marke stärken sollte

Die Welt um uns herum hält eine Fülle von Indikatoren bereit, die jederzeit anzeigen können, wie es um eine Marke bestellt ist. Nur muss man diese Anzeichen auch wahrnehmen und befolgen.

Dabei interessieren gar nicht so sehr die hoch verdichteten, aber oft auch abstrakten Informationen, die Wirtschaftsprüfer zur Lage und den Zukunftsaussichten eines Unternehmens liefern. Viel interessanter sind einfache Kennzahlen, verbunden mit simplen Beobachtungen und gesundem Menschenverstand. Die wichtigsten Kennzahlen wären:

- *Umsatzrendite:* Das ist die wichtigste Kennziffer für die Wirksamkeit einer Marke gleich zu Beginn. Wie viel Geld verdient ein Unternehmen mit dem Teil seines Umsatzes, der mit der und über die Marke generiert wird? Sollte die Umsatzrendite seit mehr als drei Jahren in Folge einstellig ausfallen, obwohl die Kosten im Branchendurchschnitt liegen und auch der Absatz zufriedenstellend läuft, besteht dringender Handlungsbedarf. Mit einer einstelligen Umsatzrendite ist ein Unternehmen auf Dauer nicht überlebensfähig. Es wird zu schnell erpressbar von Kunden oder Banken. Es ist zu stark branchen- und konjunkturabhängig. Ein solches Unternehmen ist das erste, das leidet, wenn es mit der Wirtschaft wieder mal bergab geht. Sein Renditepolster ist einfach zu dünn. Wenn man sonst alles im Griff hat, müssen die Renditemöglichkeiten aktiviert werden, die die Marke bereithält. Mit wirksamen Markensystemen fällt es dem Vertrieb beispielsweise leichter, Preiserhöhungen durchzusetzen, die sich dann direkt auf die Umsatzrendite auswirken.
- *Wachstumsrate:* Wenn man überzeugt ist, dass sich das Geschäftsmodell nicht überholt hat, sollte die Wachstumsrate immer

zweistellig sein, ganz gleich, wie es dem Wettbewerb geht. Zweistellige Wachstumsraten sind ein Beweis für die Begehrlichkeit von Produkten und Dienstleistungen. Einstellige Wachstumsraten machen ein Unternehmen zu anfällig für veränderte Kundenwünsche, das Wettbewerbsverhalten oder die Auswirkungen der Globalisierung.

- *Floprate:* Hand auf's Herz: Wie viele der Produktneueinführungen der letzten Jahre waren nachhaltige Erfolge? Man sollte sich nicht damit zufrieden geben, was in der Branche als «Benchmark» gehandelt wird. Wenn man seine Floprate als zu hoch empfindet, muss man die Grundaufmerksamkeit und das Vertrauen seines Publikums in die Marke erhöhen, damit die Innovationen dort auch wahrgenommen und honoriert werden.
- *Gewährter Durchschnittsrabatt:* Rabatte sind ein nützliches Verkaufsinstrument, aber nur dann, wenn sie maßvoll gewährt werden und an konkrete Gegenleistungen geknüpft sind. Sonst sind sie ein untrüglicher Ausweis für das Versagen des Marketings und des Vertriebs. Das richtige Maß endet im einstelligen Bereich – egal was in der Branche berichtet wird. Starke Marken werden nicht verschleudert – in keiner Branche. Sollte das bei einer Marke der Fall sein, sollte man etwas unternehmen.
- *Preisabstand:* Für starke Marken ist jeder Kunde bereit, mehr zu bezahlen, da sie neben der eigentlichen Produkt- und Dienstleistung in der Lage sind, die wesentlichen Bedürfnisse und Sehnsüchte eines Kunden anzusprechen und zu befriedigen. Dies können einfache Bedürfnisse beim Kaufakt (wie Entlastung, Einfachheit und Sicherheit) sein und bis zu Erfüllung komplexer Lebensknappheiten gehen. Erfahrungsgemäß sind Kunden allein für die Ermöglichung einfacher und sicherer Kaufentscheidungen bereit, bis zu 20 Prozent mehr für das gleiche Produkt zu bezahlen. Wie groß ist der Preisabstand der Marke zu ihren wesentlichen Wettbewerbern?

- *Kumulation:* Wenn man mehr als 80 Prozent seines Umsatzes mit 20 Prozent seines Sortiments erzielt, stimmt etwas mit der Tragfähigkeit der Marke nicht oder mit der Vermittlungsfähigkeit der Verkäufer. Jeder Artikel im Sortiment bedeutet erst einmal Kosten für Entwicklung, Lagerung, Platzierung, Pflege und Werbung. Dreht sich dieser Artikel nicht, steigert das unweigerlich die Kosten. Wenn dann noch die Floprate bei Neueinführungen unbefriedigend hoch ist, dann ist es Zeit, etwas zu unternehmen.

Neben den Kennzahlen geben aber auch vergleichsweise simple Beobachtungen Aufschluss über den Zustand einer Marke:
- *Schaufensterplatzierung:* Wenn die Marke über den Handel vertrieben wird, stellt sich die Frage nach der Schaufensterpräsentation. Ist sie in der Auslage? Oder nur, wenn man dafür extra bezahlt? Wenn man in den Schaufenstern einen Stammplatz hat – wo ist dieser? In Sichthöhe im Hauptfenster? Oder auf der berühmten «Dackellage» in der Seitengasse?
- *Platzierung am POS beziehungsweise im Katalog seines Kunden:* Wie prominent und vollständig ist die Marke im Geschäft platziert? An welcher Stelle in welcher Höhe liegt man im Regal? Oder findet man die Marke hauptsächlich in der hintersten Ecke eines Ladens, auf den Wühltischen, in Sonderaktionen oder auf teuer erkauften Zweitplatzierungen?
- *«On Sale»:* Wie lange sind die Produkte denn «on sale»? Länger als die des Wettbewerbs? Wie lange dauert es von der Neueinführung, bis das «Reduziert»-Schildchen auf der Ware klebt? Wie lange klebt es dort? Wird es irgendwann mal wieder abgenommen? Je geringer der Preis für ein Markenprodukt, desto geringer sein Wert.
- *Ansichten der besten Kunden:* Redet man mal wieder mit seinen guten Kunden. Mit denen, die die Marke wirklich kennen und

die etwas zu sagen haben. Was sagen diese Menschen offen über die Produkte und Dienstleistungen im Vergleich zu früher? Redet man überhaupt noch mit seinen besten Kunden? Wenn ja, könnte ein erheblicher und noch dazu kostenloser Erkenntnisgewinn über den Zustand seiner Marke erfolgen.

- *Jahresgespräche:* Freut man sich auf die Jahresgespräche mit seinen größten Kunden? Oder sind sie einem ein Graus, weil man ohnehin weiß, was kommt und man heilfroh ist, wenn man nach dem Gespräch nicht in Unterwäsche dasteht? Wenn man systematisch an der Attraktivität seiner Marke arbeitet, werden auch Jahresgespräche wieder Spaß machen, weil sich die Machtverhältnisse wieder zugunsten des Produzenten verändert haben. So etwas geschieht zweifelsohne nicht von heute auf morgen, sonst würde es ja jeder können. Aber die Anstrengung, attraktiver zu werden, lohnt sich im Vergleich zu der Anstrengung, ein Jahresgespräch durchzustehen, wenn man es nicht ist.
- *Mitarbeitergewinnung:* Wie leicht fällt es, neue Mitarbeiter zu gewinnen und wie viel kostet es? Je attraktiver die Marke ist, bei der man arbeiten darf, desto eher ist ein Mitarbeiter bereit, auf Geld zu verzichten. Sollte man seine Wunschkandidaten nur bekommen, wenn man auf das alte Gehalt «ordentlich» etwas drauflegt, dann ist dies ein klarer Indikator, wie es um den Zustand der Marke bestellt ist.

Wenn man bei mindestens der Hälfte der oben genannten zwölf Indikatoren kein gutes Gefühl hat, ist dies ein klares Zeichen dafür, dass die Begehrlichkeit der Marke dringend gestärkt werden muss.

Die besten Wege zu mehr Begehrlichkeit

Wie man Marken bekannt macht, weiß heute jeder. Das ist Teil jedes betriebswirtschaftlichen Studiums. Es gibt unzählige Bücher, dazu jede Menge Seminare und Fortbildungsangebote. Aber wie managt man Marken so, dass sie Begehrlichkeit ausstrahlen und Menschen anziehen, was in der Folge unweigerlich ihren Wert erhöht und damit die Preistoleranz der Kunden? Bei Brand:Trust haben wir uns ganz der Erhöhung der Anziehungskraft von Marken verschrieben. Die folgenden 101 Wege haben wir in vielen hundert Markenprojekten in den letzten zehn Jahren erfolgreich eingesetzt. Lassen Sie sich anregen und inspirieren wie Sie mithilfe einer begehrenswerten Marke dem Preis- und Wertverfall entkommen können.

Kapitel III Die Herstellung

001/101 Maschinen und Geräte

In Paris gibt es eine kleine Bäckerei mit dem Namen Poilâne. 1932 von Pierre Poilâne aus der Normandie gegründet, hat sie sich einen Namen mit extra-lang gebackenem Natursauerteigbrot gemacht. Poilâne war ein Bäcker aus Leidenschaft. Aber nicht nur er, sondern auch sein Sohn Lionel war es, und auch seine Enkelin Apollonia Poilâne, die den Betrieb seit 2002 führt, ist geradezu besessen von dem Gedanken, in der Baguette-Stadt Paris hochwertiges Brot anzubieten.

Das merkt man sofort, wenn man eines der drei Geschäfte (zwei in Paris und eins in London) betritt. Das Ambiente ist nicht eines dieser sterilen und nach neuesten technischen Gesichtspunkten gebauten Brotabgabestellen mit viel Glas, Chrom, Resopalwänden mit Plastikdekoration und gelangweilten, weil mies behandeltem und unterbezahltem Personal hinter der Theke. Hier atmet man die Backkunst der Jahrhunderte. Poilâne sammelt auch Kunst – aber nur Kunst, in der das Backwerk im Mittelpunkt steht. Sie hängt überall in den kleinen Geschäften zwischen den Echtholzregalen – und daneben bedienen Verkäuferinnen in ihren wunderbar nostalgischen Uniformen.

Poilâne forscht unaufhörlich daran, wie man Brot noch besser machen kann, noch bessere Zutaten – wie zum Beispiel edelstes Meersalz aus Guérande, noch mehr Ruhezeit für den Teig, keine künstlichen Backmischungen, die das harte Bäckerleben so viel einfacher machen könnten, keine Backbeschleuniger oder artifizielle Enzyme, all das, um eine konstante Brotqualität zu gewährleisten.

Stattdessen hat Lionel Poilâne in einer alten, nicht mehr genutzten Bäckerei vor Paris Ziegel-Brotbacköfen aus dem 18. Jahrhundert entdeckt. Die über 300 Jahre alten Öfen ließ er behutsam abtragen und in seiner Produktionsstätte wieder aufbauen. Die berühmten Sauerteigbrote von Poilâne werden jetzt in historischen, mit Holz beheizten Brotbacköfen wie zu Zeiten Louis XIV. gebacken.

002/101 Aufwendige Herstellung

Denkt man an aufwendige Herstellung, fällt einem sofort der geniale Werbespot von Jack Daniel's ein, in dem auf unnachahmliche Weise gezeigt wird, wie viel Zeit sich die Arbeiter lassen, um den berühmten Jack-Daniel's-Whiskey herzustellen.

Viele Unternehmen betreiben einen ungeheuren Aufwand, um ein Produkt nach ihren Überzeugungen und Qualitätsmaßstäben zu produzieren. Bedauerlicherweise sieht der unaufgeklärte Kunde dem Endprodukt diesen Aufwand oft nicht an. Folglich tendiert die Bereitschaft, für solch ein Produkt mehr zu bezahlen, gegen null.

Bleiben nur zwei Möglichkeiten, um zu überleben: Aufwand reduzieren oder den betriebenen Aufwand besser vermitteln. Engagierte Winzer lagern ihre besten Weine nochmal ein paar Monate in kleinen Eichenfässern, den Barriques. Ziel dabei ist es, dem Wein noch mehr Tiefe und durch die Verbindung zu Eichenholz mehr Geschmack zu geben. Solch ein Barrique-Fass kostet dem Winzer rund 3000 Euro und kann höchstens fünfmal benutzt werden. Dann ist das Holz ausgelaugt und gibt nicht mehr genug Geschmack ab. Über die letzten Jahre ist es gelungen, dem Barrique (französisch für «Fässchen») eine Bedeutung, einen Wert zu geben. Viele Menschen haben gelernt, dass Weine aus dem Barrique-Fass teurer sein müssen. Ob sie immer besser schmecken, ist eine andere Frage. Die Bereitschaft, einen höheren Preis zu akzeptieren, steigt auf jeden Fall.

In Wien gibt es ein hervorragendes Unternehmen für Süß- und Sauerkonserven. Die Firma Staud befasst sich seit 1883 mit Gemüse und Obst. Seit 1971 werden das Gemüse und die Früchte eingelegt und veredelt. Alles höchst ästhetisch und unter Verwendung bester Rohstoffe und Zutaten, ohne Zusatzstoffe oder künstliche Aromen. Es geht nur darum, grundehrliche Produkte zu schaffen, die nur eines können müssen: so echt wie möglich schmecken. Dazu wird von der Aussaat bis zur Verarbeitung ein immenser Aufwand mit viel Liebe zum Detail getrieben. Für seine berühmte Marillenmarmelade aus Marillen aus der Wachau nummeriert Staud sogar seine Gläser, um deutlich zu machen, wieviel Gläser Marmelade er jedes Jahr aus Wachauer Marillen insgesamt hergestellt hat und welches Glas man gekauft hat. Auch dieses kleine Mittel, Produkte zu individualisieren, indem man sie nummeriert, ist geeignet, in Zeiten schier unerschöpflicher Mengen Bewusstsein für Qualität und Herkunft zu schaffen.

Was das Wagyu-Kobe-Rind für Japaner und das Pata Negra für Spanier ist, ist das Eichelschwein für Franken. Hans Huth aus Iphofen in Unterfranken hat sich jenseits der unter Bauern weit verbreiteten Gier nach EU-Agrarsubventionen überlegt, ein Premium-Produkt herzustellen und beschäftigte sich mit der historischen Art, Hausschweine in Wäldern zu halten. Iphofen liegt am Schwanberg und dieser verfügt über große Eichenwälder. Was lag also näher, als die Schweine mit den leckeren Eicheln vom Schwanberg aufzuziehen. Das Ergebnis, das seit kurzer Zeit vorliegt, ist ein Schinken, der es mit jedem Parmaschinken locker aufnehmen kann – auch im Preis, denn für Schinken vom fränkischen Eichelschwein muss man ca. fünfmal mehr bezahlen als für einen normalen Schinken. Trotzdem ist der Schinken meistens ausverkauft.

003/101 Handarbeit

Handarbeit ist ein traditioneller Attraktivitätsverstärker. Davon zeugen die vielen Aufkleber auf Verpackungen mit dem Hinweis «echte Handarbeit». Die romantische Vorstellung, dass keine Maschine, sondern ein leibhaftiger Mensch mit seinen eigenen Händen für mich etwas hergestellt hat, erzeugt immer noch den Mehrwert, den es braucht, um bestimmte Preispunkte zu erreichen.

Seit der Industrialisierung, die zwar zu einer vorher nie dagewesenen seriellen Qualität geführt hat, aber eben auch mit Vorstellungen von Anonymität, Ausbeutung, Umweltverschmutzung und so weiter assoziiert wird, bekommen Produkte, bei deren Herstellungsprozess Handarbeit im Spiel ist, einen besonderen Bonus zugesprochen. Aber eben nur, wenn das auch vermittelt wird. Gerade bei B2B-Unternehmen bestehen hier enorme Chancen zur Differenzierung und zur Aufwertung der eigenen Produkte.

Keine Branche beherrscht das Spiel mit der Handarbeit so perfekt und gewinnbringend wie die Schweizer Uhrenindustrie. Nach ihrem Beinahezusammenbruch Ende der Siebzigerjahre – sie verschlief den Trend zur Quarzuhr komplett – hat sie sich auf ihre eigene Tradition und ihre Stärken besonnen. Eine an sich völlig überholte und problemanfällige Technik – die mechanische Uhr –, angereichert mit raffinierten und auch teilweise unsinnigen mechanischen Zusatzfunktionen und die damit verbundene höchst anspruchsvolle und aufwendige Handarbeit führte die Industrie 2006 zu einem bisher nie erreichten Umsatzvolumen von 13,7 Milliarden Franken.

004/101 Zutaten

Viele Unternehmen haben schon aus Qualitätsgründen und ihren eigenen hausinternen Richtlinien härtere Auswahlkriterien bei ihren Rohstoffen, als es unbedingt notwendig wäre. Oft, zu oft, versacken diese Kriterien in der Einkaufsabteilung, die sie zwar konsequent anwendet und dafür auch oft höhere Preise zahlt, aber nur selten auf die Idee kommt, dies ihrem eigenen Vertrieb mitzuteilen oder gar in die eigene Marketingstrategie einzubauen. Dabei interessiert sich der gut informierte Kunde durchaus für das Zustandekommen eines Produkts, wozu auch die Rohstoffe gehören.

Bei vielen Markenunternehmen ist ein Umdenken festzustellen. Getrieben durch den informierten, kritischen und aufgeklärten Kunden, entdecken immer mehr Unternehmen die Authentizität als Erfolgsfaktor. Was früher noch eine Art Mimikry war und man aus Kosten- und Komplexitätsgründen «so tat als ob», kehrt sich nun um. Wo keiner fragte, konnte man erzählen, was man wollte.

Nun aber interessiert sich der Kunde dafür, woher die Zutaten für ein Markenprodukt kommen, wie sie verarbeitet wurden, wie die Ökobilanz aussieht und ob auch alles stimmt, was auf der Verpackung steht oder die Werbung suggeriert.

Ein schönes Beispiel, das typisch ist für diesen Umdenkprozess, liefert eine Frischkäsemarke in Deutschland. Die berühmte Marke französischer Abstammung wurde jahrelang mit «Kräutern der Provence» positioniert. Die provencalischen Kräuter waren das wichtigste Unterscheidungsmerkmal zu anderen Frischkäsemarken. Das schmeckte gut, passte wunderbar zur französischen Herkunft und kam bei deutschen Konsumenten gut an. Einziger Haken an der Sache: Die Kräuter kamen nicht aus dem malerischen Landstrich hinter der südfranzösischen Mittelmeerküste, sondern aus Polen. Dort konnten sie billiger und zuverlässiger hergestellt und einfacher transportiert werden. Es waren aber die typischen Kräuter, die man eben auch in der Provence vorfindet. Kein Problem, solange keiner fragt. Jetzt wird aber gefragt. Die Menschen wollen dorthin und sehen, wie die Kräuter angebaut werden, wo sie herkommen. Deshalb gibt es die gleiche Frischkäsemarke jetzt mit Kräutern «aus eigenem Anbau in der Provence». Und damit hat die Marke die Möglichkeit, über Werbung, Internet, Events und vor allem Geschichten alle Facetten dieser Kernleistung glaubhaft zu transportieren und dadurch ihren Mehrwert zu erhöhen, obwohl der Produktnutzen (Geschmack, Rezeptur und so weiter) sich dadurch nicht verändert hat.

005/101 Harte Auswahlkriterien bei Mitarbeitern

Ein Chirurg operiert Sie an Ihrem Herzen. Wäre es nicht interessant zu wissen, wie das Krankenhaus zu diesem Mann gekommen ist? Nach welchen Kriterien er ausgewählt wurde? Wäre das vielleicht auch wichtig für den Sie betreuenden Rechtsanwalt oder den Kundenbetreuer Ihrer Bank? Gilt das nicht auch für den Handwerker, der die Bremsen Ihres Autos checkt und die Reifen wechselt?

Unternehmen, die sich und ihre Marken über den Preis positionieren, legen Wert auf eine perfekte Struktur, durchdachte Prozesse und systematische Arbeitsabläufe. Der einzelne Mitwirkende, der Mitarbeiter, wird austauschbar gehalten. Damit lassen sich Mitarbeiter einfacher und mit weniger Einlernzeit ersetzen oder Arbeitsplätze verlagern.

Aber wie sieht es mit den Unternehmen aus, deren Erfolg maßgeblich von der Qualität ihrer Mitarbeiter abhängt? Dazu zählt zum Beispiel der gesamte Dienstleistungsbereich mit direktem Kundenkontakt. Ob Banken, Versicherungen, Beratungsunternehmen, Kanzleien oder Krankenhäuser bis hin zum gesamten Pflegebereich, dem Einzelhandel, Gastronomie und Tourismus – die Profitabilität dieser Branchen hängt zum weitaus größten Teil von der Qualität und Motivation ihrer Mitarbeiter ab. In diesen Branchen sollte man die angelegten Qualitätsmaßstäbe an Herkunft, Ausbildung und Erfahrungsgrad der Mitarbeiter sehr viel stärker dazu nutzen, sich vom preisorientierten Wettbewerb abzugrenzen.

006/101 Ausbildung und Erfahrung der Mitarbeiter

Als erste Tat begann Massimo Suppancig mit der Suche nach den alten Täschnermeistern, die größtenteils bereits im Ruhestand waren, als er die 1937 gegründete Mailänder Lederwarenmanufaktur Valextra übernahm. Dem Ex-Manager von Escada und Hugo Boss war klar, dass er den überragenden Ruf, den der «italienische Hermès» während drei Jahrzehnten hatte, nur wiederbeleben konnte, wenn die Produkte in punkto Qualität und Funktion nahtlos an die großen Jahre anknüpften.

In den Siebzigerjahren wurde das Unternehmen von der Eigentümerfamilie verkauft und ging dann langsam zugrunde. Das superstylische Design, der subtile Look und die herausragende Verarbeitungsqualität machten Valextra in den Fünfziger- und Sechzigerjahren zur bevorzugten Gepäckmarke des aufkommenden Jet-

Sets. In den lauten und eher oberflächlichen Achzigerjahren war für eine Leistungsmarke wie Valextra mit ihrem puristischen Stil kein Platz mehr. Die Firma ging unter und die Mitarbeiter mussten sich eine andere Arbeit suchen. Damit verschwand auch Wissen und Können. Die Technik, mit den Fingern das Leder weich zu kneten, wurde zum Beispiel von niemandem mehr beherrscht. Sie war ausgestorben. Also machte Suppancig sich auf die Suche nach den alten Meistern, die bereits alle über 70 Jahre alt waren und überredete 16 von ihnen, in ihre alte Firma zurückzukehren, um die jeweils zwei an ihre Seite gestellten Gesellen in alter Valextra-Tradition in der Kunst des Taschenhandwerks auszubilden und damit die Marke wieder aufzubauen.

Auch wenn Arbeitskraft scheinbar immer austauschbarer und mobiler wird und sich nur noch in Billiglohnländer zu verlagern scheint, zeigt sich doch gleichzeitig, dass die Ausbildung und Qualifikation von Mitarbeitern immer wichtiger und zu einem der kritischen Erfolgsfaktoren in einer globalen Welt wird. Der deutsche Philosoph Peter Sloterdijk nennt das «die Rache der Qualität».

Die erfolgreichste deutsche Outdoorshop-Kette Globetrotter setzt ausschließlich Sportler und Outdoor-Enthusiasten im Verkauf ein. Damit schließt Globetrotter genau die Lücke, die der klassische Sportfachhandel während seines Niedergangs aufgrund falsch angesetzter Sparmaßnahmen hinterlassen hat – zuerst wurde am Personal gespart. Und gut ausgebildetes, erfahrenes und motiviertes Verkaufspersonal ist nun mal teurer als Teilzeitverkäufer und Aushilfsstudenten.

Patek Philippe gilt als die beste und renommierteste Uhrenmarke der Welt. Armbanduhren der Genfer Manufaktur erreichen auf Auktionen regelmäßig Spitzenergebnisse. Unter den zehn teuersten jemals verkauften Uhren der Welt befinden sich neun Modelle von Patek Philippe. Eine Patek Philippe aus dem Jahr 1933, die «Henry Graves Supercomplication», hält auch den Rekord als teuerste Uhr der Welt – sie kam bei einer Auktion 1999 in New York für 11 Millionen US-Dollar unter den Hammer. Das Schweizer Familienunternehmen hält auch den Rekord für die teuerste Armbanduhr der Welt. Eine Weltzeituhr aus dem Jahr 1946 wurde für rund vier Millionen Dollar versteigert. Auf manche Modelle aus der aktuellen Kollektion muss der Kunde bis zu zehn Jahre warten. Andere Modelle kann man weltweit nur an einem einzigen Ort erwerben, der Patek Philippe Boutique in Genf. Ganz spezielle Modelle kommen gar nicht auf den freien Markt, sondern werden exklusiv den Stammkunden des Hauses angeboten.

Auf die Frage, warum er von seinen begehrten Modellen nicht mehr produziert, antwortet der Patron des Hauses, Philippe Stern, dass er schlicht nicht genug geeignete Uhrmacher finde, die das komplizierte Uhrmacherhandwerk beherrschen und den Anforderungen von Patek Philippe genügen. Dabei bildet die Manufaktur viele Lehrberufe selbst aus. Dazu zählen so seltene Berufe wie jene des Angelierers und des Cloisonniers. Selbst die Gehäusepolierer bildet Patek Philippe selbst aus. Die Anforderungen an die Qualität der Arbeit sind die höchsten der Branche. Eine Ausbildung zum Gehäusepolierer dauert bei Patek Philippe drei Jahre.

007/101 Herausragende historische Erfahrungen

Der mit Abstand einfachste und nachhaltigste Weg, ein neues Produkt so glaubwürdig auf den Markt zu bringen, dass sich seine Erfolgschancen dramatisch vergrößern, besteht darin, es mit der Geschichte des eigenen Hauses oder bereits erfolgreicher Produkte zu verknüpfen. Der Mensch will ja nur zu gerne vertrauen, man muss ihm nur Verankerungspunkte geben, an denen er sein Vertrauen festmachen kann. Die eigenen, glaubwürdig kommunizierten historischen Erfahrungen sind es, die Produkte und Leistungen begehrlich machen. Wie lautet der Gründungsmythos? Wer gehörte zu den Gründern der Marke? Was hat man schon alles erfunden? Was hat man entscheidend verbessert? Welche Renommierkunden beliefert man? Welche berühmten Persönlichkeiten haben Dienstleistungen und Produkte der Marke regelmäßig benutzt?

In München steht das Mutterhaus eines Ordens, die Kongregation der Barmherzigen Schwestern vom heiligen Vinzenz von Paul. Dieser Orden besitzt in Adelholzen im Chiemgau eine Mineralwasserquelle («Adelholzener»). Der zweifellos berühmteste Kunde des Unternehmens sitzt in Rom und heißt Benedikt XVI. Die Betreiber der Quelle von Adelholzen, oder noch besser Bad Adelholzen, wie man seit 1946 sagen darf, legen nicht nur Wert auf die Tatsache, dass es sich um die älteste bayerische Heilquelle handelt, die der Sage nach von einem ehemaligen römischen Legionär entdeckt wurde, sondern dass die Gewinne aus der Quelle in die karitative Arbeit des Ordens fließen. Wer also Adelholzener trinkt, hat nicht nur seinen Durst mit einem gesunden Wasser gestillt, sondern auch im übertragenen Sinne ein gutes Werk getan.

Nun hat nicht jeder einen Papst zur Kundschaft, und nicht jedes Unternehmen kann auf eine mehrhundertjährige Tradition zurückgreifen. Aber die Besonderheiten historischer Entwicklungen des eigenen Unternehmens können – auch im übertragenen Sinne – eine wichtige Quelle der Präsentation und Darstellung der Bedeutung der eigenen Leistungen sein, zumal sie auch ein wichtiger Speicher einer anderen bemerkenswerten Eigenschaft sind – der Traditionen.

008/101 Traditionen

Veränderungen passieren immer schneller. Staatliche Fürsorge wird zurückgefahren. Weltweite Krisen werden auch für den Einzelnen immer stärker spürbar. Mobilität und Entwurzelung, Patchwork-Familien und permanente Angst vor dem Jobverlust führen zu andauernder Unruhe und Stress. Die Lebensknappheiten Ruhe und Verlässlichkeit bekommen ein noch nie dagewesenes Gewicht.

In diesem Umfeld bieten Traditionen Halt und Orientierung. Sie geben ein Stück Berechenbarkeit und Verlässlichkeit zurück, insbesondere bei jüngeren Menschen. Das ist das Paradoxon. Tradition ist nicht mehr auf ältere Menschen abonniert, denn die Werte, die mit Tradition verbunden sind, sind alterslos.

In Sils/Maria liegt seit 1908 eines der berühmtesten Hotels im Engadin, das Hotel Waldhaus. Dort pflegt man die Tradition des Nachmittagstees in der großen Halle des Hotels. Dazu spielt immer das gleiche Salonorchester, das Trio Farkas. Jeden Tag – seit über 50 Saisons.

009/101 Werkzeuge

Haben Sie schon einmal versucht, sich von einem Handwerker sein Werkzeug zu leihen? Es wird eine Enttäuschung gewesen sein, denn gute Handwerker geben ihr Werkzeug niemals aus der Hand. Sie betrachten es als einen Teil von sich und als unerlässlich für die perfekte Ausführung ihrer Arbeit. Wechseln Köche ihren Arbeitsplatz, nehmen sie immer ihre Messer mit. Jeder Koch besitzt mehrere Messer, die er grundsätzlich selbst pflegt und ausschließlich selbst benutzt. Viele Handwerker stellen ihr Werkzeug sogar selbst her, weil es entweder nicht mehr zu haben ist oder man derart spezielle Anforderungen an sein Werkzeug hat, dass es sich nicht lohnt, etwas Vorfabriziertes zu kaufen. Bei machen Unternehmen haben sich aus den Abteilungen, die sie zur Herstellung eigener Werkzeuge unterhalten haben, zwischenzeitlich eigenständige Unternehmen entwickelt, die diese Werkzeuge auch anderen Unternehmen anbieten.

Für Dienstleister stellen ihre Methoden und Werkzeuge oft die einzige Möglichkeit dar, den Wettbewerber auf Abstand zu halten. Unternehmensberater, Werbeagenturen oder Marktforschungsinstitute nutzen selbst entwickelte Werkzeuge zur Analyse oder für bestimmte Standardprozesse.

Verwendet Ihr Unternehmen zur Bewältigung bestimmter Aufgaben besonderes Werkzeug, dann drücken Sie dies auch aus. Alles, was vom Branchenstandard abweicht, verstärkt die Besonderheiten und leistet einen Beitrag zur Erhöhung des Mehrwerts der Marke.

010/101 Material

Der Materialwert war über Jahrtausende hinweg der wertbestimmende Faktor und entschied damit über den Grad der Begehrlichkeit. Je seltener das verwendete Material, desto teurer das Produkt. In den Goldsouks der arabischen Halbinsel wird der Preis des Goldschmucks noch heute nach Gewicht ermittelt.

Mit dem Aufkommen besonders raffinierter Handwerkstechniken und später mit der Industrialisierung und der damit ermöglichten Produktion in großen Stückzahlen wurde es notwendig, immer günstigere Materialen zu entwickeln, da die hohen Stückzahlen plötzlich auch Produkte für eine breite Käuferschicht erschwinglich machten, die sich das früher nie hätten leisten können. Dadurch wurden immer neue und billigere Materialien entwickelt. Leder wurde durch Kunststoff abgelöst, Naturwolle durch Polyester, Metalle durch Plastik und Kautschuk durch synthetisches Gummi.

Die Verteuerung der Materialien, die auf dem Grundstoff Öl basieren, die Ökologisierung weiter Teile der Gesellschaft und eine veränderte Haltung hinsichtlich der Anforderungen an die Authentizität von Produkten verändern die Haltung vieler Menschen zu den Fertigerzeugnissen, die sie kaufen. Die Geschichte hinter dem Produkt wird immer interessanter. Wie und aus welchen Materialien ist es gefertigt? Sind es künstliche oder natürliche, nachwachsende oder limitierte Rohstoffe? Gibt es besondere Anforderungen an die Verarbeitung; ist das verarbeitete Material vielleicht gefährlich?

Die Firma Leitz aus dem hessischen Wetzlar, der Hersteller von mechanischen Fotoapparaten und Objektiven, die unter dem weltberühmten Markennamen Leica vertrieben werden, hat in den Siebzigerjahren ein Objektiv entwickelt, das eine höhere Lichtdurchlässigkeit hat als das menschliche Auge, das berühmte Leica Noctilux 1:1/50 mm. Leica musste dieses Objektiv in Kanada fertigen, da zur Herstellung der Objektive ein Material benutzt wurde, das in Pulverform und damit im Verarbeitungsprozess extrem toxisch ist – Beryllium. Das außerordentlich seltene Element aus der Gruppe der Leichtmetalle wird wegen seiner überragenden Eigenschaften im Motorenbau und für Hochleistungsbremsscheiben, wie zum Beispiel beim Space Shuttle, verwendet und eben auch in der optischen Industrie unter anderem für das Spitzer-Weltraumteleskop eingesetzt.

Um den Einsatz eines so seltenen, teuren und noch dazu gefährlichen Materials (allerdings nur während des Verarbeitungsprozesses) bilden sich natürlich schnell Mythen, und den Produkten, die mit diesem Material hergestellt sind, werden außergewöhnliche Eigenschaften angedichtet. Karbon und Magnesium sind ähnliche Materialien. Von ihnen hat man zwar schon gehört und man weiß auch, dass sie extrem teuer sind, aber der konkrete Gebrauchsnutzen ist allgemein weniger bis gar nicht bekannt. Gerade deshalb können verheißungsvolle «Wunder»-Materialien auf Kunden eine magische Faszination ausüben.

011/101 Verarbeitung

Die Verarbeitungsqualität von Produkten wirkt sich direkt auf deren Nützlichkeit, Haltbarkeit und Zuverlässigkeit aus. Eine sehr gute Verarbeitung unter hohen Qualitätsmaßstäben, mit den am besten geeigneten Maschinen und von dafür ausgebildeten Mitarbeitern durchgeführt, ist die vielfach bewiesene Basis für den Aufbau von Markenbegehrlichkeit. Leider findet dieser so wichtige Wertschöpfungsbestandteil nur allzu häufig hinter den Kulissen statt. Ausgerechnet dort, wo die Qualität eines späteren Endprodukts maßgeblich beeinflusst wird und mitunter die höchsten

Kosten anfallen, kommt kein Kunde hin. Das Verkaufspersonal ist oft nicht in der Lage, das, was hinter den Kulissen passiert, zu kommunizieren, und die Budgets für die Werbung sind häufig zu klein.

Dabei war das Wissen um die Verarbeitung von bestimmten Werkstoffen in früheren Zeiten so bedeutsam, dass es von den jeweiligen Machthabern eifersüchtig gehütet wurde. Der sächsische Kurfürst August der Starke ließ die Mitarbeiter seiner Porzellanmanufaktur auf der Burg zu Meissen festsetzen. Die Bewegungsfreiheit der wertvollen Wissensträger war erheblich eingeschränkt. Noch rabiater gingen die Dogen von Venedig vor, um das Wissen über die Verarbeitung von Glas in ihrer Stadt zu halten. Die Glasmacher, die über einen für die damalige Zeit riesigen Wissens- und Erfahrungsvorsprung verfügten, wurden mit ihren Werkstätten auf der Insel Murano in der Lagune von Venedig untergebracht. Sollten sie die Republik Venedig für eine Reise ins Ausland verlassen wollen, mussten ihre Familien zurückbleiben und dienten den Dogen als Pfand für die Wiederkehr der Meister.

Die Idee des Front Cookings war ein erster Versuch, dem Gast die Leistungen der Küche dramatisiert und inszeniert vor Augen zu führen. Der Gast sollte sich nicht nur mit dem Verzehr des häufig unter großem Aufwand hergestellten Endprodukts beschäftigen, sondern den Herstellungsprozess selbst als Teil des Entertainmentprogramms miterleben können und in die Lage versetzt werden, dessen Wertigkeit besser beurteilen zu können.

Die Restaurantkette Vapiano ist noch einen Schritt weiter gegangen. Sie hat die Idee des Front Cookings mit der Idee des Fast Food gekreuzt. Die italienischen Gerichte von Vapiano werden vor den Augen des Kunden in exakt festgelegten Prozessen in rasender Geschwindigkeit frisch zubereitet. Sogar der Herstellungsprozess der Nudeln wurde in einen klimatisierten Glaskasten in die Mitte des Restaurants verlegt und somit zum Teil der Gesamtinszenierung und gleichzeitiger Leistungsbeweis dafür, was «hausgemacht» wirklich heißt.

Das Prinzip, den Verarbeitungsprozess aus dem Keller zu holen, funktioniert aber auch in anderen Branchen. Eine Apotheke im fränkischen Fürth nutzt diesen publikumswirksamen Effekt auf ihre ganz eigene Art. In einer Zeit, wo der ehrbare Beruf des Apothekers immer mehr zum Händler und Verkäufer mutiert, stellt die ABF-Apotheke das, was eine Apotheke ausmacht, nämlich die Qualifikation, die Fähigkeit, Arzneien in ihrem Labor selbst herzustellen, in den Mittelpunkt. Das Labor zur Arzneimittelherstellung befindet sich im Schaufenster neben dem Eingang. Dadurch sieht jeder Kunde sofort, was ein Apotheker wirklich macht und was ihn vom Medikamenten-Discounter unterscheidet.

012/101 Rezepturen

Anziehend wirken Geschichten immer dann, wenn sie sich dem Zuhörer nicht vollständig auflösen, wenn sie einen Rest für sich behalten, Raum für Spekulation bieten. Rezepturen, die einen Teil nicht preisgeben, wirken deshalb anziehend. Die berühmteste Geheimrezeptur der Welt ist zweifellos die von Coca-Cola. Jeder Koch, Bäcker oder Metzger von Rang hat sein Geheimrezept, das manchmal über Generationen weitergegeben wird.

Geheimrezepte verkaufen sich aber auch außerhalb von Küche und Keller gut. Bücher mit Geheimrezepten für Glück, Erfolg und Steuersparen stehen regelmäßig in den Bestsellerlisten. Das Mythische des Geheimen in Kombination mit dem (scheinbar) Bewiesenen des Rezepts scheint eine extrem attraktive Kombination zu sein.

Geben Sie also nicht alles preis. Bewahren Sie sich etwas Geheimnisvolles, indem Sie immer nur einen Teil Ihres Rezepts, Ihrer Geschichte oder Ihres Produktionsprozesses verraten. In die Produktionshallen des österreichischen Unternehmens Swarovski dürfen nur die dort unmittelbar Beschäftigten und die Mitglieder der

Unternehmerfamilie. Nicht mal das Top-Management des Familienkonzerns hat je einen Fuß in die Hallen gesetzt, in denen die berühmten Swarovski-Kristalle hergestellt und geschliffen werden.

013/101 Sinn für Details

Viele Markenhersteller sehen die größte Bedrohung ihrer Marken in den Plagiaten. Markenfälschungen schaden einer Marke doppelt: Sie reduzieren ihren Marktanteil und durch die geringere Qualität können Fälschungen auch den guten Ruf einer Marke ernsthaft schädigen. Allerdings erleichtern viele Markenhersteller den Fälschern ihr kriminelles Handwerk erheblich, indem sie ihren Produkten jede raffinierte Komplexität nehmen, sie immer einfacher machen und sie jener Feinheiten berauben, die sie eigentlich erst zu etwas Besonderem machen. Die am meisten gefälschten Markenprodukte sind durch zahlreiche Optimierungs- und Rationalisierungsprozesse so simpel geworden, dass sie extrem leicht und ohne großen Aufwand zu kopieren sind. Den besten Schutz vor Plagiaten bietet deshalb die präzise Ausarbeitung der sinnlich wahrnehmbaren Bestandteile einer Marke.

Je mehr legale und illegale Wettbewerber eine Marke hat und je härter der Wettbewerb, desto dichter und origninärer muss die Marke geführt werden. An der Oberfläche ist alles gleich. Unterschiede offenbaren sich nur in Details. Detailarbeit ist daher das Entscheidende, aber auch das Anstrengende in der Markenführung.

014/101 Standort

Nokia verursachte 2007 einen riesigen Pressewirbel, als das Unternehmen bekannt gab, seine Produktion von Bochum in Nordrhein-Westfalen nach Rumänien zu verlagern. Mitarbeiter demonstrierten tagelang vor dem Werk. Die Gewerkschaften und Politiker bis hoch zum Ministerpräsidenten schalteten sich ein, und die Nachrichten berichteten tagelang von diesem Ereignis.

Nürnberg 2006: Der schwedische Großkonzern Electrolux beschloss, das Stammwerk seiner Marke AEG in Nürnberg zu schließen. Die Folge waren tagelange Großdemonstrationen, Nachtwachen, Solidaritätserklärungen der Politiker mit den Mitarbeitern, und das alles sorgfältig notiert, verdichtet und aufbereitet von der Presse.

In Burladingen, Baden-Württemberg, sitzt das Unternehmen von Wolfgang Grupp. Grupp wird auch der König von Burladingen genannt – und in der Tat, viel trennt ihn nicht mehr von einem Herrscher absolutistischer Prägung. Am auffälligsten ist die Art seiner pfauenhaften Selbstdarstellung und sein scheinbar unzeitgemäßes Verhalten, das ihm schon so manchen Auftritt in einer Fernsehtalkshow eingetragen hat. Der König von Burladingen trägt auffällig geschneiderte Maßanzüge, lässt sich in einer Luxuslimousine durch den kleinen schwäbischen Ort chauffieren und wohnt in einem riesigen Haus gleich neben seiner Fabrik.

Grupp mag sonderlich erscheinen und damit auch anecken, aber die Produkte seines Textilunternehmens, die unter dem Markennamen Trigema vertrieben werden, lässt er komplett an seinem Standort in Deutschland fertigen. In der Textilindustrie, die zu einer der globalisiertesten Branchen der Welt gehört, ist dies eine absolute Besonderheit. Darauf ist er stolz und darüber redet er den ganzen Tag und positioniert damit seine Marke. Weder das Design noch die Funktionalität stechen aus dem Einerlei in der Sportbekleidung hervor, aber sein Bekenntnis zu seiner Herkunft, seinem Erbe, seinem Standort und seinen Mitarbeitern machen aus Grupp und aus Trigema ein besonderes Unternehmen.

Daun ist ein kleiner Ort im Hunsrück. Weit weg von den Zentren der Republik. Dort und an drei Standorten in Ostdeutschland fertigt die Firma Technisat Unterhaltungselektronik. Ja, Sie haben richtig gelesen: Das sind die Maschinchen, deren Herstellung wir bereits seit den Siebzigerjahren teilweise oder komplett nach Asien verlagert haben. Technisat ist stolz darauf, das letzte Unternehmen zu sein, das seine Produkte noch in Deutschland fertigt. Diese Tatsache wird auch ständig und überall betont. Arbeitsplätze und Wertschöpfung bleiben im Lande, und das ist für nicht wenige Menschen ein Grund, ein Produkt dieser Marke zu kaufen.

015/101 Verpackung

Bei einem französischen Nähmaschinenhersteller entdeckte ein Mitarbeiter von Hans-Peter Wild 1966 einen Beutel, der klein, leicht, unzerbrechlich und isolierend war und die Produkte darin haltbar machte und geradezu ideal für die Abfüllung von Getränken geeignet. Keiner der Kunden von Wild, allesamt renommierte Fruchtsafthersteller, wollte diesen damals revolutionären neuen Beutel haben. Also machte er sich selbst daran, ein Produkt herzustellen und in diesen Beuteln auf den Markt zu bringen. Ohne diese neuartige Verpackung, die ein absolut einzigartiges haptisches Erlebnis vermittelte, wäre die Marke Capri-Sonne vielleicht niemals erfolgreich geworden. Heute werden unter dieser Marke und in diesem Beutel weltweit über 5,5 Milliarden Einheiten verkauft.

Bei Herstellern von schnelldrehenden Konsumgütern ist es mittlerweile zu einer Art Grundgesetz geworden, dass die Verpackung genauso wichtig ist wie der Inhalt.

Wo Verkostungen oder Produkttests nicht mehr möglich oder unbezahlbar geworden sind und weit und breit kein geschultes Verkaufspersonal zu finden ist, das dem interessierten Kunden das Produkt erklärt, muss diese Aufgabe mehr und mehr die Verpackung übernehmen. Die Verpackung dient schon lange nicht mehr ausschließlich dem Schutz des Inhalts, sondern ist inzwischen häufig zum entscheidenden Kaufgrund geworden. In der Kosmetikindustrie übersteigt der Wert der Verpackung den des eigentlichen Produkts bereits um ein Vielfaches. Im Uhren- und Schmuckbereich werden die oftmals schon sehr edlen, aber auch häufig sehr kleinen und auf den flüchtigen Blick unscheinbaren Produkte, mit teilweise riesigen Verpackungen, die als Bühne für den großen Auftritt fungieren, ausgestattet.

Der in Wien ansässige Pralinenhersteller Altmann & Kühne zelebriert die Kunst der Verpackung schon seit über 100 Jahren nahezu unverändert an seinen unvergleichlich aufwendig von den Wiener Werkstätten gestalteten Konfektverpackungen. Hier finden sich Pralinen in kleinen Miniatur-Kommoden, Nähkästchen genauso wie in winzigen Hut- und Reisekoffern und filigranen Schatzkästchen.

Im Bereich der Industriemarken ist der rote Koffer von Hilti zu der Ikone einer Premiummarke geworden. Die Begehrlichkeit, die diese Verpackung erzeugt, ist so hoch, dass sich Hilti gezwungen sah, dafür spezielle Diebstahlsicherungssysteme zu entwickeln.

Die Bedeutung von Verpackung auch für Produkte jenseits von Nahrungs- und Genussmitteln erkannt und in größter Perfektion umgesetzt hat allerdings ein anderer: Steve Jobs, der Chef des iPod-Erfinders Apple. Mit seiner «Unpacking-Philosophy» hebt er das Thema Verpackung in eine vollkommen andere Sphäre. Sie wird zum integralen Bestandteil des Markenerlebnisses, das Apple vermitteln möchte.

Um seinen Kunden gleich ganz zu Anfang die Unterschiede zur Konkurrenz zu dramatisieren, die sich im Hard- und Software-Design scheinbar immer noch an Computer-Nerds wendet, folgt der gesamte Prozess vom Öffnen der Verpackung bis zur Inbetriebnahme des Apple-Produkts mit allen notwendigen Anschlüssen und Vorab-Informationen einer detailliert durchgeplanten Dramaturgie. Der Kunde wird damit, ohne es zu wissen, Hauptakteur bei der Inszenierung der Marke Apple. Er verführt sich quasi selbst, während er sein neues iMac-Notebook, sein iPhone oder seinen iPod auspackt. Mit diesem «familiarization ritual», so die Überzeugung von Steve Jobs, wird der Abstand zur Konkurrenz vergrößert, und dem Kunden wird dann, wenn er seine Neuerwerbung hoffnungsfroh und gespannt auspackt – also im Augenblick seiner größten Aufmerksamkeit – auch das stärkste Markenerlebnis vermittelt.

016/101 Qualität

Peter Schwartz schreibt in seinem wunderbaren Buch über Szenariotechnik «The Art of the Long View»: «Qualität wird gerade in schlechten Zeiten immer wichtiger. Die Leute können es sich nicht mehr leisten, Produkte zu kaufen, die schnell kaputtgehen. Es geht nicht mehr darum, wie viel man kauft, sondern wie gut die Dinge sind. Sogar in Krisenzeiten finden sich immer noch genug Menschen, die langlebige und damit am Ende billigere Qualitätsprodukte zu einem höheren Preis kaufen wollen.»

Es klingt fast zu banal, darauf hinweisen zu müssen, denn der Begriff «Qualität» ist sicher der am meisten strapazierte und der am schnellsten über Bord geworfene, wenn es an die Preisverhandlung geht. Keine andere Möglichkeit, Marken attraktiver zu machen, ist gleichzeitig so häufig benutzt und verraten worden, wie der Qualitätsbegriff.

Dienstleistungsqualität und Qualitätsprodukte zu erzeugen, ob im B2B- oder B2C-Bereich, kostet Geld und sie müssen deshalb auch teurer sein als vergleichbare Leistungen minderer Qualität. Punkt. Wer etwas anderes behauptet, hat vor lauter Mittelmäßigkeit noch nicht einmal eine Ahnung davon, was wirkliche Qualität ist.

Qualität kommt von Könnerschaft, und Könnerschaft ist das kostbarste Gut, das rohstoffarme Industrienationen haben. Wer schon einmal Wohnungen oder Büroräume in England renovieren musste, weiß ganz plötzlich die gute alte deutsche Handwerksrolle und die damit verbunden hohen Anforderungen an Handwerksberufe zu schätzen.

Echte Könnerschaft, die sich in Qualität umsetzt, wird in immer unübersichtlicheren und zunehmend chaotischen, globalisierten Märkten eine Renaissance erleben. Egal ob Handwerksberufe, Landwirte, Gastronomiemitarbeiter, Pflegekräfte, Ärzte oder Facharbeiter – echte, bewiesene Könnerschaft wird wieder den Abstand zum globalisierten Mittelmaß herstellen, um für hervorragende Leistungen eine hervorragende Entlohnung zu bekommen.

Im erfolgreichsten österreichischen Dokumentarfilm aller Zeiten «We feed the World» von Erwin Wagenhofer gibt es eine Szene, in der ein Händler auf dem Fischmarkt von Marseille die Qualität eines Fisches, den er quer in die Kamera hält und dessen nicht mehr wirklich frischer Körper schlaff nach unten hängt, mit folgenden Worten beschreibt: «Den kann man nicht mehr essen, den kann man nur noch verkaufen.»

017/101 Größe

Size does matter. Keine Frage, Größe wirkt anziehend. Größe bietet Sicherheit und Erfahrung, egal ob für Arbeitsplätze oder Aufbau von Vertrauen. Der Mensch fühlt sich versorgt und beschützt, wenn er sich mit etwas ganz Großem einlässt. Die Masse geht hin, wo die Masse hingeht. Die größten Investmentfonds sammeln immer mehr Geld ein als die kleineren, vielleicht besseren Fonds. Sie wären ja nicht so groß geworden, wenn sie nicht gut wären. So lautet die simple und oft zutreffende Begründung, warum man seine Lebensversicherung bei der größten Versicherung abschließt, seinen Urlaub bei der größten Reisebürokette bucht und sein Fahrzeug bei der größten Mietwagenorganisation leiht.

Größe suggeriert Erfahrung, Möglichkeiten, Einkaufsmacht und damit ein gutes Preis-/Leistungsverhältnis.

Also zeigen und betonen Sie Größe. Was tun, wenn Sie nicht der Größte sind? Suchen Sie sich eine Nische, in der Sie es sind. Als Zweitgrößter sind Sie der erste Verlierer.

018/101 Spezialisierung

Spezialisten konzentrieren sich auf weniges, um über sich hinaus zu wachsen; dadurch ist der Spezialist dem Generalisten immer überlegen. Der Spezialist erzielt immer die höheren Profite. Spezialisten sind weniger anfällig gegenüber konjunkturellen Schwankungen. Spezialisten sind weltweit gesucht. Spezialisten gewinnen leicht neue Kunden. Spezialisten werden aus dem Meer der Austauschbarkeit immer herausragen. Spezialisten sind begehrt. Alles bekannte Tatsachen. Warum werden so wenige Marken als Spezialisten positioniert?

Gier frisst Hirn

Das Hauptproblem ist die Gier. Wenn man einmal eine Marke erfolgreich am Markt mit einer Spezialkompetenz platzieren konnte, wird sofort überlegt, wie sich mehr daraus machen lässt. Es werden umfangreiche Marktanalysen in Auftrag gegeben, neue Zielgruppen definiert und neue Produkte entwickelt, um das Sortiment abzurunden. Vor lauter Erweiterung vergisst man, den Fokus weiterzuentwickeln. Die Konkurrenz schläft nicht und will natürlich den Spezialisten übertrumpfen. Wenn dieser es dem Wettbewerb möglichst einfach machen möchte, sollte er sich auf seine Ausdehnung konzentrieren und damit seinen Fokus aufgeben. Bei manchen Markensystemen mag das funktionieren.

Bei vielen jedoch führt eine Ausweitung lediglich zum Verlust der erworbenen Daseinsberechtigung. Sie werden austauschbar. Ein klassisches Beispiel liefert der Smart von Daimler. Angefangen hat das Ganze mit einem völlig neuen Mobilitätskonzept. Ein findiger Schweizer, der Uhrenunternehmer und Swatch-Lancierer Nicolas Hayek, hatte beobachtet, dass die meisten Autos, insbesondere im Stadtverkehr, nur mit ein oder zwei Personen besetzt sind. Warum nicht ein kleines, verbrauchsarmes, ungeheuer praktisches und günstig herzustellendes Lifestyle-Auto entwickeln und auf den Markt bringen? Der Smart war geboren – zudem das erste Autokonzept mit Hybrid-Antrieb. Nur war es zu früh. Was passierte daraufhin?

Statt das Grundkonzept zu verbessern und sich die nötige Zeit zu geben, ein so neues Konzept auch greifen zu lassen, wurde die Rettung wie so oft ebenso im Einsparen wie in der Erweiterung gesucht, wie das Automobilproduzenten halt gelernt haben; sie können ja nichts anderes. Also machte Mercedes aus dem Hybrid-Andtrieb einen normalen Benziner, und aus dem kleinen Wagen wurde ein Smart-Viertürer gelauncht. Diesen konnte man aber nicht selber bauen, darum baute ihn Mitsubishi. Eine Schweizer Mobilitätsidee, von einem deutschen Automobilkonzern weiterentwickelt und von Japanern produziert. Ergebnis: Keiner wollte es haben. Wozu noch ein langweiliger Kompaktklassen-Viertürer. Man gab aber nicht auf.

Nächste Stufe: ein Roadster. Wieder zweitürig, aber dafür herrlich unpraktisch, funktionierte aber auch nicht. Nächster Versuch: Dann doch wieder zurück zum Smart-Urmodell, aber diesmal ohne Dach und ohne Windschutzscheibe. Nett. Raten Sie mal, wie erfolgreich …

Zum Glück kam es nicht mehr dazu, dass die Offroad-Version des Smart auch noch auf den Markt geworfen wurde. Was ist übrig geblieben aus diesem milliardenschweren Abenteuer? Der Ur-Smart, der dann auch gerade zum richtigen Zeitpunkt Anfang 2008 in den USA eingeführt wurde, als der Preis für eine Gallone Benzin erstmals die magische Preismarke von 4 US-Dollar übersprang. Ergebnis: Das Smart-Konzept hat bei den amerikanischen Autokäufern dermaßen gut funktioniert, dass eine Warteliste existiert und die durchschnittliche Wartezeit rund vier Monate beträgt, und das in einem Land, in dem ein Autokäufer normalerweise in das Geschäft geht, sich ein Fahrzeug aussucht und es sofort mitnimmt.

Weniger ist mehr
Spezialist kann man nur sein, wenn man die Fähigkeit besitzt, zu verzichten und sich voll und ganz auf sein Kerngeschäft konzentriert. Leichter gesagt als getan. Zu groß sind die Verlockungen, den Wettbewerb nachzuahmen, dessen Erfolgsprodukte zu kopieren. Für Dienstleister fehlen sogar die Investitionshürden, um Konzepte des Wettbewerbs zu übernehmen. Jeder macht alles und jeder gibt vor, alles zu können. Dabei verlieren immer mehr Unternehmen, ob klein oder groß, aus dem Auge, was sie eigentlich wirklich können. Das endet dann in den üblichen Pauschalismen, die alles andere als anziehend wirken.

Machen Sie doch mal die Probe aufs Exempel bei Ihrer Werbeagentur und fragen Sie sie, was sie wirklich besser kann als alle anderen. Was sie unterscheidet und was sie nicht kann. Sie werden schnell merken, dass Sie von dem Dienstleister, der vorgibt, Sie bei Ihrem Marketing zu unterstützen, keine befriedigende Antwort bekommen.

019/101 Nachvollziehbarkeit
Woher kommen eigentlich die Zutaten, die Produkte, oder wie und unter welchen Umständen werden diese gefertigt?

Als man noch den Handwerker kannte, der den Schuh hergestellt oder den Koch, der die Mahlzeit gekocht, den Bäcker, der das Brot gebacken oder das Huhn, welches das dazugehörige Ei gelegt hatte, war man noch Herrscher der Wertschöpfungskette. Weil das immer so war, hat man sich daran gewöhnt und es als Selbstverständlichkeit angesehen.

Zunehmende Arbeitsteilung, verbunden mit der Globalisierung, machen dieser Illusion ein Ende. Ein Beispiel aus Griechenland: Den Fisch, den man Touristen dort in den Restaurants anbietet oder auf den Fischmärkten verkauft, kommt schon lange nicht mehr aus der Ost-Ägäis. Die ist bereits biologisch tot. Da schwimmt kein

Fisch mehr. Den holen sich die Griechen hinter dem Rücken ihrer Touristen in der Nacht per Luftfracht aus Finnland.

Nachvollziehbarkeit und Transparenz in der Leistungserbringung und offene Kommunikation mit den Kunden können im hyperglobalisierten Raum echte Wettbewerbsvorteile schaffen.

Kapitel IV **Das Verhalten**

020/101 Verantwortung

Hersteller von Markenartikeln geraten zunehmend in Verruf. Sie geben zu viel Geld für Werbung aus und unterscheiden sich zu wenig von der Qualität der Handelsmarken, die sie oft auch noch selbst produzieren. Sie sind schlicht zu teuer und zocken ihre Kunden ab.

Der Handel sieht sich als Retter des kleinen Mannes, der sich die teuren Markenartikel nicht mehr leisten kann und kontert mit eigenen Marken oder Billigmarken, die zwar keiner kennt, aber die deshalb auch viel billiger angeboten werden können als die klassische Markenware.

Andererseits geraten gerade diese scheinbaren Markenartikel immer häufiger in Konflikt mit der Realität. Zu oft werden von Einkäufern des Handels rein preisorientierte Entscheidungen getroffen, die entweder größere Spannen für den Händler zulassen oder besonders günstig auf den Markt geworfen werden können. Qualität oder gar Nachhaltigkeit sind allzu oft nur Nebensache; was zählt, ist der Preis.

Dabei steht der Einkäufer des Handels noch in besonderer Verantwortung gegenüber seinen Kunden. Denn diese haben oft keine Wahl und vertrauen den Einkaufsentscheidungen ihrer Handelskette. Sie werden zunehmend unkritischer und machen sich keine großen Gedanken über die Qualität, wenn sie auf ein günstiges Angebot treffen. Zunehmend häufiger kommt es vor, dass dieses Vertrauen auf eine harte Probe gestellt wird – seien es gesundheitsgefährdende Inhaltsstoffe von Bonbons aus chinesischer Produktion, gepanschte italienische Rotweine aus der Toskana, Gammelkäse, der zu «frischem» Mozzarella umgearbeitet wird, oder Fleischprodukte, die in manchen Supermärkten nach Ablauf ihres Verfalldatums einfach wieder neu verpackt und etikettiert werden. Durch das Fortschreiten der Globalisierung und den damit einhergehenden Verwerfungen werden diese Vorkommnisse eher noch häufiger auftreten.

Um schnell ein gutes Geschäft zu machen, werden viele Entscheider entweder skrupelloser oder sie überblicken selbst nicht mehr die Situation und fallen auf immer raffiniertere Betrüger herein. Der Dumme ist auf jeden Fall immer derjenige, der am Ende der Kette steht. Darum heißt der Kunde im Fachjargon auch Endkunde.

Die Last dieser Verantwortung kennen viele Familienunternehmer sehr gut, vom kleinen Weingut mit ein paar hunderttausend Euro Umsatz bis hin zum Familienbetrieb mit mehreren hundert Millionen Umsatz und Tausenden von Mitarbeitern.

Marke bedeutet in erster Linie, Verantwortung zu übernehmen für das Versprechen, das man gibt. Wenn Produktionswege kaum noch zurückverfolgbar sind, wenn Zutaten auf verschlungenen Pfaden ihren Weg ins Endprodukt finden, wenn Waren mit verbotenen, gesundheitsgefährdenden Inhaltsstoffen trotz Verbot ins Land und in die Regale gelangen, wenn der Kunde am Ende der Kette keine Möglichkeit mehr hat, selbst festzustellen, ob das, was er kauft, auch dem entspricht, was er erwartet, und die Politik sich zwischen nationalstaatlichen Regeln und EU-Regeln vollkommen verstrickt, dann wird es wieder sehr attraktiv werden, dass ein Unternehmer Verantwortung für das übernimmt, was er da tut und mit seinem Namen dafür geradesteht.

021/101 Individualität

Der Mensch hört nichts lieber als seinen Namen. Manche Fünf-Sterne-Hotels googlen die Namen ihrer Gäste, um besser auf ihre Wünsche eingehen zu können und ihren Status wie auch ihr Multiplikationspotenzial zu nutzen.

Man sollte glauben, das wäre selbstverständlich. Ist es aber nicht. Individualität wird immer mehr skaliert. Im Massengeschäft ist individuelle Zuwendung nur noch ein Deckmantel für den Einsatz von IT-gestützten Techniken, mit geringsten Kosten Massengeschäft zu betreiben.

Die Menschen bekommen zwar immer mehr Post, aber zählen Sie mal die Briefe, die nur für Sie geschrieben wurden. Rechnungen, Werbebriefe, Hinweise und sogar Einladungen zu privaten Veranstaltungen bestehen inzwischen aus mehr oder weniger guten Textbausteinen. Kein persönliches Wort mehr, nichts Handgeschriebenes.

Selbst am Telefon wird zunehmend mit Textbausteinen gearbeitet. Eingeübte, überlange Begrüßungstexte, Standardfloskeln, um Aufmerksamkeit zu bekommen, und Höflichkeitsfloskeln, die häufig gar nicht höflich gemeint sind. Es wird immer mehr kommuniziert, aber wird auch mehr kommuniziert?

Versuchen Sie sich mal zu erinnern, wann Sie Ihren letzten handgeschriebenen Brief erhalten haben. Wenn Sie 100 000 Menschen mit einem Brief wirtschaftlich erreichen wollen, wird Ihnen nichts anderes übrig bleiben, als effiziente und dafür anonymere Techniken zu nutzen. Erstaunlicherweise bedienen sich aber auch Unternehmen völlig gedankenlos dieser Massentechnologien, obwohl sie nur ein paar Dutzend Briefe an ihre wichtigsten Kunden schreiben wollen. Natürlich behandelt der Adressat solche Schreiben, die wie Massenbriefe daherkommen mit der gleichen Ignoranz wie jedes x-beliebige Werbebriefchen.

Brennen Sie sich und Ihre Marke in das Gedächtnis Ihres Kunden ein und machen Sie sich unvergesslich, indem Sie Ihre Kunden so individuell wie möglich behandeln. Wenn Sie ihm das Gefühl geben, kein Teil der Masse mehr zu sein und stattdessen seinen unauslöschbaren Drang nach Individualität befriedigen, wird er es Ihnen mit lebenslanger Treue bedanken. Womit wir beim Thema wären.

022/101 Brennen

Wenn Du willst, dass Deine Leute ein Schiff bauen,
dann gib ihnen nicht nur Hammer und Nägel,
sondern lehre sie die Sehnsucht nach dem weiten Meer.

nach Antoine de Saint-Exupéry

Menschen, die das, was sie tun, gerne tun, sind selten. Menschen, die für das, was sie tun, brennen, sind noch viel seltener und deshalb umso ansteckender. Wenn der Kunde spürt, da sitzt jemand, der sein Produkt liebt und es im Grunde nur ungern hergibt, steigert das unweigerlich sein Interesse.

In technokratisch dominierten Gesellschaften und Managementstrukturen entscheiden meist Kennziffern und rational begründete Indikatoren über die Struktur und den Ablauf von Verkaufsprozessen. Bei Fusionen werden munter Verkaufsteams getauscht oder langjährige Verkäufer plötzlich mit neuen Marken konfrontiert, nur weil es so gerade in die Portfoliostrategie passt. Genau dort entstehen nach Fusionen die größten Verluste.

Selbst die besten Verkäufer können nicht irgendetwas verkaufen. Sie sind deshalb so gut, weil sie sich an ihr Produkt gewöhnt haben, es zu 100 Prozent kennen und wissen, was ihre Kunden erwarten. In Wahrheit ist ein Anbahnungs- und Verkaufsprozess eine schon fast intime Interaktion zwischen Menschen. In seinem großartigen Buch «Closing» beschreibt der Autor James W. Pickens die Closing-Falle, die dazu führen soll, ein Geschäft auch zu Ende zu bringen und einen Abschluss zur beiderseitigen Zufriedenheit zu erreichen.

Die Grundlage der sechs Seiten der Closing-Falle bildet die Beharrlichkeit des Verkäufers. Dranbleiben am Kunden und nicht aufgeben, auch wenn es länger dauert. Brennen heißt nicht nur, für sein Produkt oder seine Marke zu brennen, sondern auch für eine Gelegenheit und den Willen, seinem Kunden etwas Gutes zu tun. Eingerahmt wird die Closing-Falle durch die Faktoren Produktkenntnis, Glaubwürdigkeit, Aufrichtigkeit und Mitgefühl. Zugeschlagen wird sie aber mit der Fähigkeit des Verkäufers, seinen Kunden zu begeistern. Nur mit einem letzten Schuss Begeisterung wird ein Geschäft perfekt. Menschen wollen begeistert werden und sehnen sich nach der damit verbundenen Inspiration.

Auffällig an der Closing-Falle ist: Außer Produktkenntnis und Beharrlichkeit sind alle anderen für den Abschluss des Verkaufsprozesses notwendigen Faktoren emotionaler Natur. Aufrichtigkeit, Glaubwürdigkeit, Mitgefühl und Beigeisterung kann man nicht erreichen, indem man sie in eine PowerPoint-Präsentation einbaut. Man muss die Produkte oder Dienstleistungen lieben, die man verkauft, und man muss seine Kunden lieben. Spürt das der Kunde, kann er sich der damit erzeugten Attraktivität kaum entziehen.

023/101 Humor

Der russische Schriftsteller Anton Pawlowitsch Tschechow sagte einmal: «Am liebsten erinnern sich Frauen an die Männer, mit denen sie lachen konnten.» Humor macht attraktiv. Menschen lachen gerne. Der, der die Scherze macht, sticht heraus. Wenn sie subtil und treffsicher sind, umso mehr. Marken, die sich selbst nicht allzu ernst nehmen, die ihren Betrachter bei seinen Vorurteilen und geheimen Gedanken packen und auf überraschende, provokative Weise mit ihren eigenen Vorzügen in Verbindung bringen, wirken anziehend. Besonders deutlich wird dieser Wirkungsmechanismus bei einer ganz bestimmten Klientel: den Kreativen in der Werbung.

Diese versuchen regelmäßig, durch ihre TV-Werbespots das umgebende Unterhaltungsprogramm in Sachen Witzigkeit und Humor zu übertrumpfen. Hier herrscht die feste Überzeugung, je mehr die Leute lachen, desto attraktiver die Botschaft. Jedoch stellt sich bei manchen Auswüchsen schon die Frage, wer hier eigentlich attraktiver werden soll. Die Marke, für die geworben werden soll – und die das bezahlt – oder der Kreative beziehungsweise die Werbeagentur, die sich das Ganze ausgedacht hat.

024/101 Ethik

Ob im Umgang mit Mitarbeitern, bei der Beschaffung von Rohstoffen oder in der Herstellung der Produkte – nach welchen Leitlinien und ethischen Grundsätzen ein Unternehmen sein Geschäft betreibt, interessiert die Kunden mehr als früher. Vermutlich wird dieses Interesse in Zukunft eher zu- statt abnehmen. Besonders dann, wenn ein Unternehmen aufgrund der Möglichkeiten des Internets oder der Globalisierung eine marktbeherrschende Stellung einnimmt, wird die Frage nach Moral und Ethik immer häufiger gestellt. Große Unternehmen tragen mehr Verantwortung als kleine, und diese Verantwortung wird auch zunehmend eingefordert. Das haben zuletzt Banken erfahren müssen, die ihren Kunden ohne Skrupel Schrottanleihen und Anteile an faulen Kreditportfolios verkauft haben. Spektakuläre Gerichtsurteile haben nicht nur das Gerechtigkeitsempfinden der Öffentlichkeit bestätigt, sondern den Marken der betroffenen Bankhäuser ein zweites Mal großen Schaden zugefügt. Denn diese Unternehmen haben leichtfertig das verspielt, was im Geldgeschäft schon immer die größte Bedeutung hatte, das Vertrauen der Kunden.

In Zeiten des Internets kann man sich nicht mehr hinter einer beeindruckenden Fassade verstecken. Das Handeln und die ethischen Grundsätze eines Unternehmens werden immer stärker zu einem Aktivposten in der Markenkommunikation. Das mussten Nike und Adidas bereits in den Neunzigerjahren bitter erfahren, als herauskam, dass sie es mit der Verhinderung von Kinderarbeit in ihren asiatischen Produktionsstätten nicht so genau nahmen.

«Don't be evil», lautet das Motto von Google. Das «Gedächtnis des Internets» und die weltgrößte Suchmaschine hat sich bereits zur Gründung diese Maxime gegeben und versucht demonstrativ danach zu leben. Das wird immer schwerer, denn je stärker die Macht von Google zunimmt, desto mehr steht das Handeln des Unternehmens auf dem Prüfstand. Die allzu bereitwillige Kooperation der Suchmaschine mit den totalitären Machthabern in China wird ihr von vielen Nutzern immer noch angekreidet. Ein anderes Monopolunternehmen weiß bereits, was das heißt, wenn man immer nur nach Machtgrundsätzen agiert. Microsoft hat erst nach zehn Jahren und vielen öffentlichkeitswirksam verlorenen Prozessen eingesehen, dass glaubwürdig vertretene, ethische Handlungsmaßstäbe durchaus dazu beitragen können, eine Marke attraktiver zu machen.

025/101 Umwelt

Klar, Umwelt ist wichtig, werden Sie jetzt denken. Dennoch sehen viele Unternehmen Umweltauflagen und umweltbewusstes Verhalten immer noch als notwendiges Übel an, anstatt es progressiv zu nutzen.

In unserer Zeit stellt sich nicht mehr so sehr die Frage, ob man etwas für die Umwelt tut oder sich ökologisch verhält; dieses Kriterium wird immer mehr zu einer *Muss*-Anforderung. Damit kann man keine zusätzliche Attraktivität mehr aufbauen.

Vielmehr geht es darum, wie konsequent man das tut, und vor allem, wie man diese Konsequenz inszeniert. Umweltengagement und umweltgerechtes Verhalten an überraschenden Beweisen festzumachen, sorgt für Anziehungskraft und das nicht mehr nur bei besonders ökologisch eingestellten Kunden, sondern vor allem bei breiten Schichten der Bevölkerung, die sich durch ihre Kaufentscheidungen ein gutes Gewissen verschaffen wollen. Ökologie und Umwelt durch Kaufentscheidungen zu unterstützen, wird der große

Treiber der Zukunft sein und nicht mehr nur das direkte, persönliche Engagement oder Spenden.

Ein schönes Beispiel, die eigenen Markenwerte auf überraschende Weise zu betonen und gleichzeitig für ein kleines, ungewöhnliches Aha-Erlebnis zu sorgen, ist der Hang Tag der amerikanischen Outdoor-Marke North Face.

Ein Hang Tag ist ein Anhänger, meist aus Papier oder leichtem Karton, direkt am Produkt, der gerade bei Funktionsbekleidung zusätzliche Informationen zum Produkt und seine Eigenschaften bereithält. Hang Tags werden immer wichtiger, um das, was im Produkt drinsteckt und im Geschäft nicht ohne Weiteres ersichtlich ist, zu kommunizieren und damit den Wert des Produkts zu steigern.

North Face hat ein «Eco-Friendly Hang Tag Program» gestartet, indem es seine Hang Tags nur noch aus 100 Prozent recyceltem Papier produzieren lässt und es mit aus Sojapflanzen gewonnener Tinte bedruckt. Der Clou liegt darin, dass die Hälfte der gesamten Kommunikationsfläche des Hang Tags dazu benutzt wird, nicht das Programm selbst, sondern die Ergebnisse aus diesem Programm zu kommunizieren. Die Ergebnisse des «Eco-Friendly Hang Tag Program» von North Face im Jahr 2007 waren: 4068 nicht gefällte Bäume, 756 902 Gallonen gespartes Öl und 3,476 Millionen Tonnen weniger Abgase.

026/101 Lokale Verantwortung

Lokale Verantwortung und Engagement für Menschen, Mitarbeiter, Kultur und Sport kann die Reputation der Unternehmensmarke und der Produktmarken nachhaltig erhöhen. Bereits in der Frühzeit der Industrialisierung übernahmen kluge Unternehmer eine über das reine Arbeitsverhältnis hinausgehende Fürsorge für ihre Mitarbeiter und deren Familien. Natürlich nicht ganz uneigennützig. Ein Mitarbeiter, der sich nicht ständig Sorgen um Heim und Familie oder seine Rente machen muss, ist produktiver. So entstanden die

Werkssiedlungen um die Fabriken herum, es wurden Kindergärten und Schulen finanziert und gebaut und später Kultureinrichtungen und noch später Sportanlagen. Es entstanden Werksorchester wie der Bergwerks-Chor der Ruhrkohle AG und Sportmannschaften, von denen heute viele an der Spitze stehen, wie zum Beispiel Bayer Leverkusen.

Heute erweitern Engagements im Umwelt- und Sozialbereich die Betätigungsfelder vieler Unternehmen in ihrem unmittelbaren Umfeld. Man kann es kaum glauben, aber McDonald's gehört zu den engagiertesten Unternehmen in ihrer «Local Community», kommen doch die meisten Mitarbeiter und Kunden aus dem direkten lokalen Einzugsgebiet jedes Restaurants. Was ein ernst gemeintes und nachhaltig betriebenes lokales Engagement bewirken kann, zeigte sich eindrucksvoll während der gewalttätigen Unruhen in Los Angeles 1992. Auf den Fotoaufnahmen teils komplett verwüsteter Stadtteile ragte eine Aufnahme eindrucksvoll heraus. Sie zeigt ein völlig unbeschädigtes McDonald's-Restaurant inmitten von Ruinen. Das Restaurant wurde als Teil der Gemeinde angesehen, für die es sich über Jahre hinweg engagiert hatte.

027/101 Regeln brechen
Grundlage vieler großer Markenerfolge ist der klassische Regelbruch nach dem Motto «Wenn alle nach Westen gehen, liegt die Lösung vielleicht im Osten». Der Mut, die Dinge wider dem Mainstream anzugehen, fasziniert Menschen.

Alle Hersteller von PCs und Laptops waren ausschließlich auf den Firmenmarkt fokussiert – bis Apple kam und sich auf den Privatmarkt konzentrierte. Alkoholfreie Getränke erfüllen den Zweck, den Durst zu löschen, bis Red Bull kam und ein alkoholfreies Getränk mit Zusatzversprechen auf den Markt brachte. Joghurt war ein Milchprodukt, bis Danone Actimel auf den Markt brachte und den Joghurt mit Funktionalität erweiterte. Sportschuhe waren für den Sport, bis Nike ihre Funktion umdeutete und sie zum Teil des täglichen Lifestyles machte. Uhren waren aus Gold und eine Anschaffung für's Leben, bis die Swatch mit einer Uhr auf den Markt kam, die aus Plastik war und die man nicht einmal reparieren konnte. Auf Möbel musste man wochenlang warten, bis IKEA kam. Und SAP ersetzte die bis dahin übliche, individuell programmierte Unternehmenssoftware durch Standardlösungen.

Ein erfolgreicher Regelbruch ignoriert scheinbare Branchenregeln und konzentriert sich kompromisslos auf die Kundenwünsche. Ein Problem wird gelöst, indem man vollkommen neu denkt, anstatt Gegebenes zu akzeptieren.

028/101 Entschlossenheit
Wer in übersättigten und von Konsumüberdruss geprägten Märkten heute noch etwas erfolgreich verkaufen will, kommt mit Opportunismus und dem daraus resultierenden Mittelmaß nicht mehr weiter. Ein bisschen hier, ein bisschen da wird keinen wirklichen Erfolg mehr nach sich ziehen. Kunden wollen gerade in Krisenzeiten Haltung und Position spüren. Immer wichtiger wird die Frage, wofür ein Mensch, ein Unternehmen und eine Marke stehen, um deren Attraktivität zu beurteilen. Die glaubwürdig repräsentierten Wertesysteme werden von potenziellen Kunden immer stärker als Entscheidungsrichtlinie herangezogen, um mangelndes Wissen zu kompensieren.

Mit welcher Entschlossenheit in dieser Situation eine bestimmte Position besetzt oder ein bestimmtes Ziel verfolgt wird, hat maßgebliche Auswirkung auf die Motivation der Mitarbeiter, dieses Ziel als ihr eigenes zu übernehmen und danach zu handeln, und das hat bei Dienstleistungsunternehmen essenziellen Einfluss auf deren Geschäftserfolg.

Mit großer Entschlossenheit handelnde Unternehmen und Marken wirken in all dem Opportunismus auch anziehend auf Kunden und andere Anspruchsgruppen. Gesättigte Märkte werden enger und die Spielräume schrumpfen. Ausgedrückte Entschlossenheit erleichtert Entscheidungen und gibt Sicherheit beim Kauf. Man weiß sehr genau, warum man etwas möchte oder warum nicht. Entschlossenes Handeln, verbunden mit einer visionären Zielsetzung multipliziert diesen Effekt. Wer will man sein und wer nicht? Dies wird für viele Marken die erfolgsentscheidende Frage für die Zukunft.

029/101 Kooperationen

Manche behaupten, das Image eines Mannes wird umso attraktiver, je attraktiver die Frau ist, mit der er sich umgibt (das gilt selbstverständlich auch umgekehrt). Die gleiche Mechanik funktioniert übrigens auch mit Kindern und Hunden, wie mir stolze Väter und Hundebesitzer berichteten. Wollen Sie mit Frauen ins Gespräch kommen? Schaffen Sie sich einen chicen (süßen) Hund an!

Man sieht: Immer dann, wenn man sich mit etwas umgibt, das etwas attraktiver ist als man selbst, strahlt das entstehende Potenzialgefälle auf einen selbst positiv ab und erhöht die eigene Attraktivität (Wie kommt so ein Mann nur zu so einem hübschen Hund?).

Suchen Sie sich Marken als Kooperationspartner, deren Werte und Positionierung zu Ihrer Marke passen, damit die Kooperation auch glaubwürdig ist. Entwickeln Sie gemeinsam neue Produkte oder Lösungen, deren Mehrwert den Abstand zu Ihren beiden Wettbewerbern vergrößern, und erhöhen Sie wechselseitig Ihre Markenattraktivität bei den anvisierten Käufergruppen. Diese Mechanik ist keineswegs nur auf Marken der Premium- und Luxusgüterindustrie beschränkt. Denn was heute Luxus ist, ist morgen bereits ein Massenmarkt, und deshalb ist es lehrreich, einen Blick auf erfolgreiche Markenkooperationen in der Luxusindustrie zu werfen:
- *Apple und Nike:* Der Laufschuh mit eingebautem Chip, der die Lauffrequenz direkt auf einen iPod nano überträgt und so Lauf-

analysen während und nach dem Training ermöglicht, kommt von Nike.

- *Louis Vuitton und Takashi Murakami:* Hier verbünden sich einer der Top-20-Künstler dieser Welt, noch dazu als Epigone Andy Warhols mit einem ausgeprägten Marketingtalent ausgestattet, und der Erfinder des Luxus-Reisegepäcks, mit dem genialen Creative Director Marc Jacobs an der Spitze. Durch die außergewöhnlichen und selbstähnlichen Entwürfe des Künstlers Murakami, mit seinen lachenden Comicgesichtern, für den Gepäckhersteller hat Louis Vuitton sein zunehmend traditionelles und überaltertes Image abgestreift und wurde damit auch bei den Töchtern seiner Stammkundinnen zum Must-have-Accessoire.
- *Lexus und Mark Levinson:* Lexus, die Nummer-Eins-Luxusautomarke in den USA, wollte bei der standesgemäßen High-Fi-Ausstattung seiner Fahrzeuge weder zu den üblichen High-End-Zulieferern wie Bose oder B&O gehen noch seine Markenkompetenz überstrapazieren oder ein System unter eigenem Namen entwickeln lassen. Fündig geworden ist man in einer Nische, in der Audio-Welt, bei den Super-High-End-Herstellern. Der Star dieser Zunft repräsentiert in den USA die Marke Mark Levinson. Lexus ist die erste und bisher einzige Automarke, mit der Mark Levinson, die ansonsten nur zentnerschwere Audio-Geräte für sechsstellige Dollarbeträge fertigt, eine Kooperation für Auto Hifi eingegangen ist.
- *Ladurée und Séphora:* Selbst auf den ersten Blick etwas ungewöhnliche Marken-Kooperationen machen Sinn, wenn die Werte und die Positionierung der beteiligten Marken zusammenpassen. Wenn sich zum Beispiel der Pariser Chocolatier und Bisquit-Bäcker Ladurée mit der Kosmetik- und Schönheitsmarke Séphora (Teil von LVMH, der größte Luxusgüterkonzern der Welt) zusammentut, stellen sich Fragen. Schokolade und

Kosmetik? Bisquit und Schönheit? Passt das zusammen? Ja, wenn es auf gemeinsamen Werten wie Sinnlichkeit und Exklusivität basiert. Deshalb gibt es jetzt Parfüms mit Mandelaromen und Seife in der berühmten Ladurée-«Macaron»-Form.

030/101 Ingredient Branding

Eine Ingredienz ist eine Zutat oder Komponente. Unter Ingredient Branding versteht man die Behandlung einer Zutat für ein Endprodukt wie eine Marke. Diese Zutat kann in der Regel nicht separat gekauft werden. Theoretisch kann jeder Lieferant, der Teile eines späteren Endprodukts liefert, zu einer Ingredient Brand werden, indem er mit der Begehrlichkeit bei den Kunden seiner Kunden argumentiert und so eine stärkere Machtposition gegenüber seinem direkten Kunden aufbaut. Es gibt viele Kennzeichen, die eine normale Zutat oder Komponente zu einer Ingredient Brand werden lassen. Die zwei wichtigsten sind:

1. *Fokus auf die Bedürfnisse des indirekten Kunden:* Erfolgreiche Ingredient Brands haben in ihrem Wirkungsfeld ein besseres Verständnis der Endkundenwünsche als ihr direkter Kunde. Sie beschäftigen sich intensiv mit diesen Wünschen und stellen sie in den Mittelpunkt ihrer Anstrengungen. Da sie sich als Spezialist auf diesem Gebiet – im Gegensatz zu ihrem direkten Kunden – auch stärker darauf fokussieren können, entwickeln sie fast zwangsläufig bessere Lösungen.
2. *Übernahme von Verantwortung gegenüber dem indirekten Kunden:* Die Übernahme von Verantwortung ist der Schlüssel zum Erfolg mit Ingredient Brands und gleichzeitig der Hauptgrund für ihr Scheitern. Ingredient Brands werden nur wirksam, wenn sie jemandem gegenüber, mit dem sie nicht in direkter Geschäftsverbindung stehen, Verantwortung für die Qualität und die Funktionsweise des Produkts übernehmen und das sogar garantieren.

Das Verhalten

Zum Ingredient Branding gehören immer zwei: der Hersteller der Zutat und dessen Kunde, der die «Branding»-Maßnahmen seines Lieferanten aus eigenem Interesse unterstützen muss. Und das macht er nur, wenn er darin einen echten Mehrwert für sich sieht.

Jeder Koch, der einzelne Markenzutaten seiner Gerichte besonders herausstellt, wie zum Beispiel Valrhona-Schokolade (später dazu mehr), Balik-Lachs (auch eine Marke) oder Parma-Schinken (eine Gattungsmarke), betreibt Ingredient Branding, um damit die Attraktivität und Qualitätsanmutung seiner Dienstleistung zu verstärken.

Klassicherweise werden Ingredient Brands von Lieferanten entwickelt. Der Vorreiter vieler Ingredient Brands war der Chemiehersteller Du Pont. Jeder kennt Marken wie Trevira, Lycra, Nylon oder Teflon. Es sind alles Marken, die Du Pont gehören, aber nur als Bestandteil eines von anderen Herstellern produzierten Endprodukts gekauft werden können. Kein Endkunde erhält eine dieser Markenprodukte direkt bei Du Pont. Perfektioniert hat das System der Ingredient Brands aber ein früherer Angestellter von Du Pont: Bill Gore. Die weltweit bekannteste seiner vielen Ingredient Brands für die unterschiedlichsten Anwendungsgebiete ist GORE-TEX.

GORE-TEX ist der Prototyp einer Ingredient Brand, die alle Kriterien erfüllt. Sie ist auf die Steigerung des Nutzens beim Endkunden fokussiert. Sie steht in andauerndem Kontakt zu Händlern wie auch zu den Endkunden, obwohl sie zu beiden Kundengruppen keine Geschäftsbeziehung hat. Sie betreibt extensives Branding und Werbung gegenüber dem Endkunden. Und sie steht ihm gegenüber für die Qualität ihrer Produkte ein mit einer direkten Garantie. Das Markenversprechen «Guaranteed to keep you dry» prangt gut sichtbar auf jedem GORE-TEX-Logo und damit überall dort, wo sich die Marke zu erkennen gibt. Der Kunde kann die Marke beim Wort nehmen, nicht den Hersteller, von dem er das Produkt über den

Handel erworben hat. GORE-TEX steht dafür gerade, dass alles funktioniert, obwohl GORE-TEX nur eine von vielen Komponenten (zum Beispiel einer Bergsteigerjacke) darstellt. Dafür kontrolliert Gore auch jeden Arbeitsschritt bei der Herstellung der Produkte durch seine Kunden, zertifiziert deren Fabriken und definiert genaue Anleitungen, wie produziert werden muss. Auch hier wieder: Die Leistung entscheidet darüber, ob eine Marke wirkt.

Das Ergebnis dieser Anstrengungen ist deutlich: Bei einer Jacke mit GORE-TEX und dem gleichen Modell ohne diese Funktionsmembran kann der Preisunterschied leicht bei über 100 Prozent liegen. Raten Sie mal, was sich besser verkauft ...

Es gibt auch einen anderen Weg, eine Marke innerhalb einer Marke herauszubilden, die dann quasi als Attraktivitätsverstärker fungiert, und zwar dann, wenn die Marke eigene Ingredient Brands entwickelt. Ein Beispiel, das diese Technik deutlich macht, ist das «Heavenly Bed».

In den 90er-Jahren des letzten Jahrhunderts begann sich in der Luxushotellerie ein Trend abzuzeichnen, der aus den gestiegenen Ansprüchen der Gäste nach besserem und erholsameren Schlaf entstanden ist. Gestiegene Mobilität aufgrund der wachsenden Globalisierung und verbunden mit der Volkskrankheit Nummer eins Rückenleiden führten zu immer rigoroseren Beschwerden über zu schlechte, veraltete, durchgelegene Hotelbetten. Die Hoteliers besannen sich wieder auf ihre Kernkompetenz und begannen eigene Bettkonzepte zu entwickeln, um einen Wettbewerbsvorteil aufzubauen und somit neue Gäste gewinnen zu können. Die erste Hotelgruppe, die ein solches State-of-the-Art-Bett zur Marktreife führte, war die Fünf-Sterne-Kette Westin. Das Ergebnis bescherte ihren Gästen einen nie gekannten Schlafkomfort: «Zehn Lagen aus verschiedensten, atmungsaktiven, anschmiegsamen Stoffen auf einer der besten jemals entwickelten Matratzen der Welt», wie es amerikanisch unbescheiden heißt.

Um dieser Spitzenleistung die nötige Aufmerksamkeit zu verschaffen, musste eine eigene Marke entwickelt werden: «Heavenly Bed» war geboren. Und nun, da es sowohl Westin als auch der Gast benennen konnte, entstand natürlich sehr bald der Wunsch bei den Gästen, die so wunderbar auf diesem neuen Bett geschlafen hatten, das Bett auch mit nach Hause zu nehmen. Ergebnis: Das «Heavenly Bed» gehört heute zu den bestverkauften Bettenmarken der USA.

031/101 Öffentlich anerkannte Reputation

Viele können sich noch an ihre Schulzeit erinnern, als die Lehrer zu Beginn des neuen Schuljahres vor die Klasse traten und in Form einer detaillierten Einkaufsliste kundtaten, was der Schüler für das nun kommende Jahr benötigt, um am Unterricht erfolgreich mitwirken zu können. Das reichte von der genauen Anzahl und Farbgebung der Buntstifte über Hefte und farbige Schutzeinbände bis hin zu diversen Büchern und Wörterbüchern, Taschenrechnern für den Mathematikunterricht und den Wassermalfarbkasten mit 24 Farben (mehr sollten es aber nicht sein) für den Kunstunterricht. In extremen Fällen wurde auch die Marke des Schreiblernfüllers vorgeschrieben – Pelikan in vorwiegend katholischen Regionen, Geha in den evangelischen. Bisweilen wurden auch Schul- und Lernbegleitheftabonnements empfohlen, um das im Unterricht Erlernte oder Verpasste zuhause weiter vertiefen zu können.

Für die Eltern waren diese «Empfehlungen» natürlich eine exakte Einkaufsvorgabe, wurden akribisch befolgt und führten zu einer wahren Einkaufsorgie. Der nur teilweise benutzte 24er-Wassermalfarbkasten (meist waren nur die Farben rot, blau, grün sowie schwarz und braun etwas angegriffen) vom älteren Bruder war natürlich für den Schüler tabu, genauso wie das Buntstiftetui vom Vorjahr, in dem meist der hautfarbene Buntstift fehlte. Die Schreibfeder des Füllers war verbogen, die Ersatzpatronen nicht mehr auffindbar und das Laubholzsägeset vom Kunstunterricht aus dem letzten Jahr wurde während der Sommerferien zweckentfremdet. Die gesamte PBS-Branche (Papier, Büro, Schreibwaren) bestreitet mit diesem «Back to School»-Geschäft den Hauptteil ihres Jahresumsatzes.

An diesem Beispiel lässt sich sehr gut erkennen, welche Anziehungskraft eine öffentlich ausgesprochene Empfehlung enwtickeln kann; zum einen die Empfehlung an sich, die von einer Respektsperson kommen muss, aber vor allem der Druck der Öffentlichkeit, den vorgegebenen Standard einzuhalten. Man möchte nicht nur die gegebenen Empfehlungen umsetzen (Patentanten und Großeltern haben nur auf diese Gelegenheit gewartet), um den Schüler in eine materialtechnisch gute Ausgangsposition für das folgende Schuljahr zu bringen, sondern man möchte auch den Erfüllungsgrad der gesamten Klasse wenn möglich übertreffen, um keinen Statusverlust zu riskieren.

Richtig spannend wird es, wenn eine direkte Beziehung zwischen Leistungen und dem verwendetem Produkt nachgewiesen wird. Zumindest in punkto Material und Technik möchte man gleiche Ausgangsbedingungen schaffen. Nicht nur in der Schule, sondern auch im späteren Leben bewirkt die öffentliche Verwendung und Benutzung von Marken durch Personen des öffentlichen Interesses meist ein direktes Ansteigen deren Attraktivität auf das umgebende Umfeld. Die Diskussion während der Olympischen Spiele 2008 in Peking zu den Gewinner-Schwimmanzügen hat das eindrucksvoll bewiesen. Die Schwimmanzüge des Teamsponsors Adidas konnten technologisch und in Sachen Ergebnis nicht mit den Schwimmanzügen des Konkurrenten Speedo mithalten. Dieser Umstand wurde vor, während und nach der Berichterstattung zu den Wettkämpfen und deren Ergebnissen auch immer wieder betont. Fazit: Stimmt die Leistung nicht, können teure Sponsoringbemühungen komplett nach hinten losgehen, weil die ganze Welt jetzt weiß, dass adidas keine brauchbaren Schwimmanzüge herstellen kann.

Das Verhalten

Eine ganz eigene und traditionelle Art der öffentlichen Anerkennung ist die des Hoflieferanten. Auf den ersten Blick mag dieser Status etwas anachronistisch wirken, aber letztendlich geht es in der Markenarbeit immer um den nachhaltigen Aufbau von positiven Vorurteilen. Die Summe aller positiven Vorurteile nennt man Vertrauen, und wer kann dieses Vertrauen besser dokumentieren als ein Königshaus, das gesellschaftlich zu den ersten Instanzen eines Landes gehört und aufgrund des Verlustes realer Macht mehr zum moralisch stilistischen Epizentrum einer Nation avanciert ist.

Der Titel des Hoflieferanten steht an der Spitze öffentlich anerkannter Reputation. Je nach Königshaus wird er mehr oder weniger streng vergeben, was seiner Wirkung keinen Abbruch tut. Im Vereinigten Königreich wird der Titel des Hoflieferanten seit 1150 vergeben. Etwa 800 Lieferanten dürfen sich in Großbritannien mit diesem Titel schmücken. In den Niederlanden sind es etwa 345 Lieferanten, die den Titel Hoflieferant einmal bekommen und dann auch für mindestens 25 Jahre führen dürfen.

Selbst ausländischen Unternehmen ist es möglich, diesen auserwählten Status zu erreichen. Natürlich werden es die Schweizer mit Schokolade schwer haben, in Belgien zum Hoflieferanten gekürt zu werden, aber Mercedes-Benz hat Ähnliches mit seinen Luxusautomobilen geschafft, genauso wie der Küchengeräte-Hersteller Rational aus Bayern im englischen Königshaus.

Der Titel des Hoflieferanten vereint alle Werte und Wertvorstellungen, die sich der gewöhnliche Konsument wünscht: höchste Qualität, Tradition, handwerkliche Perfektion mit einem Hauch Noblesse und Prestige. Um in den Niederlanden zum Hoflieferanten zu avancieren, müssen Unternehmen mindestens 100 Jahre alt sein. In England verlangt Prinz Charles den Nachweis einer nachhaltigen Umweltpolitik, ehe ein Unternehmen sein Siegel bekommt, und ebenfalls in Großbritannien verlieren zwischen 20 und 40 Unternehmen pro Jahr den begehrten Titel wieder, weil die Qualität nicht mehr stimmt oder das Produkt schlichtweg nicht mehr benötigt wird.

Das Phänomen des Hoflieferanten zeigt sehr schön, dass Kunden für jede Hilfe dankbar sind, die das Risiko von Kaufentscheidungen reduziert. Dabei geht es nicht nur um den Ausschluss von funktionalen Mängeln, sondern immer mehr auch um Mängel im soziokulturellen Kontext. Der Prestige- und Statuswert eines Produkts kann den funktionalen Nutzen um ein Vielfaches übersteigen. Bei gewissen Produkten nimmt man sogar einen Funktionsnachteil in Kauf, wenn der Statusnutzen nur hoch genug ist. Dazu gehört zum Beispiel Silberbesteck, das gegenüber der Edelstahl-Variante nur Nachteile hat, aber rund zehnmal teurer ist. Edelsportwagen aus Italien oder England sind reparaturanfällig, unzuverlässig und übertuert, aber sie verstrahlen ein Flair, das von den Meistern der Pannenstatistik aus Japan wohl nie erreicht werden wird.

Wenn Marken ihr Renommee noch dazu auf öffentlich ausgedrücktes Wohlwollen stützen können, werden sie sich gegenüber dem Billig- und Mimikrywettbewerb locker behaupten können, sei es nun die einfache Kundenreferenz im B2B-Bereich oder der offizielle Titel des Hoflieferanten. Dazwischen gibt es noch viele Möglichkeiten, das Risiko seiner Kunden zu reduzieren, indem man dafür sorgt, dass die Marke in der Öffentlichkeit markant sichtbar ist und sich ihre Nutzer gerne zu ihr bekennen.

032/101 Reklamationen

Reklamationen sind einmalige Chancen zur Kundenbindung und -gewinnung. Kein Kunde beschwert sich wirklich gern (den üblichen Bodensatz, der das scheinbar als Hobby betreibt, einmal ausgenommen). Deshalb werden erwiesenermaßen viele berechtigte Beschwerden erst gar nicht vorgetragen.

Bleiben wir noch kurz beim Begriff Berechtigung stehen: Jede Beschwerde ist berechtigt, sonst würde sie nicht geäußert werden.

Das Verhalten

Erwartungen wurden nicht erfüllt oder wurden sogar enttäuscht. Diskussionen zur Berechtigung sollten durch Maßnahmen zu deren sofortiger Behebung ersetzt werden. Stattdessen ertragen viele Kunden lieber still und leise das Übel, bevor sie sich und andere dem Stress der Rechtfertigung und gegebenenfalls einer argumentativen Niederlage aussetzen. Der Einzelne fühlt sich einem großen, oft anonymen Unternehmen grundsätzlich unterlegen. Das Risiko des Kunden besteht darin, sein Gesicht zu verlieren, sich vielleicht sogar zu blamieren, sich aber auf jeden Fall zu exponieren. Das hat zur (gefühlten) Folge, dass ein oft simpler Reklamationsgrund die große Gefahr persönlicher Schmach in sich birgt. Deshalb sagen viele lieber nichts und schwören sich, nicht nur in Zukunft das Produkt oder die Dienstleistung nicht mehr in Anspruch zu nehmen, sondern auch noch negativ über die Marke zu reden – und das alles wegen einer oft geringen Ursache.

Wie sieht das Risiko des betroffenen Unternehmens aus? Geht man nicht offen und pro-aktiv mit Reklamationen um – egal ob berechtigt oder nicht –, riskiert die Marke nicht nur, einen Kunden zu verlieren, sondern auch die Beschädigung ihres Rufs. Wenn die Ursache für die Reklamation auch noch systemischen Charakter hat und diese Ursache aufgrund der mangelnden Aufmerksamkeit für Reklamationen im Unternehmen nicht registriert wird, dann potenzieren sich die negativen Auswirkungen, multiplizieren sich irgendwann über die Medien und können die Reputation einer ganzen Marke zerstören. Die damit verbundenen negativen Vorurteile bleiben an der Marke kleben und sind durch keinerlei Marketingmaßnahmen wieder wegzubekommen. Die Bahn, die Telekom, Banken oder Energieversorger sind nur ein paar Beispiele für einen völlig verfehlten Umgang mit Reklamationen.

Verglichen damit hält sich der Aufwand zur pro-aktiven und kundenfreundlichen Erledigung von Reklamationen in Grenzen. Dabei könnte man einem Kunden, der das hohe persönliche Risiko einer Reklamation eingeht, durch eine bevorzugte und zügige Bearbeitung das außergewöhnliche Gefühl vermitteln, er sei dem Unternehmen wichtig und wertvoll. Durch eine offensive und im Sinne des Kunden behobene Reklamation erlebt er das seltene Gefühl, im Mittelpunkt zu stehen und ernst genommen zu werden. Diese Markenerfahrung stiftet Kunden geradezu an, ihren Freunden, Kollegen und Bekannten darüber zu berichten und damit die Marke weiterzuempfehlen.

Bei der weltgrößten Fastfood-Kette, McDonald's, gilt der Grundsatz: Jeder Reklamation des Kunden, egal aus welchem Grund, ob berechtigt oder nicht, wird sofort und ohne Diskussion entsprochen. Das Einzige, was zählt, ist ein 100 Prozent zufriedener Kunde – nur der kommt wieder und redet positiv über die Marke.

Was im Großen funktioniert, klappt auch im Kleinen. Das Hotel Schindlerhof des Hoteliers Klaus Kobjoll ist nicht nur mit Auszeichnungen überhäuft und zählt seit Jahren zu den besten Seminarhotels in Deutschland; es nimmt die Befindlichkeiten seiner Gäste wirklich ernst. Auf die Anmerkung, die Suppe habe zu viel Salz, wurde dem Gast nicht nur ein kostenloser Dessertteller serviert, drei Tage später lag überraschend ein handsigniertes Buch von Klaus Kobjoll im Briefkasten zusammen mit einem Entschuldigungsbrief. Die Adresse des Gastes hatte man vom Anbieter der Kreditkarte, mit der der Gast seine Rechnung beglichen hatte.

033/101 Vertrauen

Vertrauen ist der höchste Grad der Zuwendung, die eine Marke von ihren Kunden erwarten darf. Das gilt für die Talente, die für die Erbringung der Markenleistung verantwortlich sind (Mitarbeiter genannt), genauso wie für die Kunden. Wenn ein Unternehmen will, dass seine Mitarbeiter und Kunden seiner Marke vertrauen, muss es sich auch fragen, ob es denn seinen Mitarbeitern und Kunden vertraut.

Wann haben Sie zum letzten Mal das Erlebnis gehabt, dass Ihnen jemand vertraut und Ihnen deshalb ohne Sicherheit etwas mitgibt, Zugang gewährt, eine Zahlung gestundet oder unbürokratisch Hilfe leistet? Überraschend und unerwartet. Wie haben Sie sich danach verhalten? Sie haben einerseits alles getan, um dieses Vertrauen nicht zu enttäuschen, und haben, weil so etwas selten geworden ist, das Ihnen entgegengebrachte Vertrauen umso mehr geschätzt und genossen. So gewinnt man Stammkunden.

034/101 Langsamkeit
Langsamkeit soll die Begehrlichkeit erhöhen? Es muss doch alles schneller gehen! Man will nicht mehr warten! Ich will mein Erlebnis hier und jetzt. Sofort und alles und bitte schnell!

Nicht nur die weltberühmten TV-Spots über Jack Daniel's Tennesee Whiskey sprechen die Sehnsucht der Menschen nach Langsamkeit und Kontemplation als Ausgleich zum hektischen Alltag an. Im US-Bundesstaat Kentucky produzieren neun Brennereien den weltberühmten Bourbon. Die langsamste davon heißt Maker's Mark. Ihr Gründer, Bill Samuels, wollte den Whiskey von seinem Saufimage befreien und setzte auf Qualität und Geschmack. Dazu wird unter anderem das Eichenholz der Fässer, in denen der Whiskey sechs Jahre lang lagert, angekohlt, um den Zucker im Holz zu karamellisieren, damit dieser dem Bourbon Geschmack und Farbe verleiht. Mrs. Samuels war der Ansicht, dass dieses Qualitätsverständnis auch auf der Flasche seinen Ausdruck finden sollte und beschloss, den Kopf jeder Flasche von Hand in blutrotes Wachs zu tauchen. Sie kreierte damit die langsamste Produktionslinie der Branche.

Auch bei Kaffee wirkt sich Langsamkeit entscheidend auf die Produktgüte aus. Eine Kaffeebohne ist eigentlich erst dann durchgeröstet und kann ihr gesamtes Aroma entfalten, wenn sie mindestens 20 Minuten bei nicht zu großer Hitze geröstet wird. Allerdings wird bei allen großen gängigen Kaffeesorten die Hochtemperaturröstung nach maximal drei Minuten beendet.

035/101 Anerkennung

Vergleicht man die einschlägigen Studien zum Thema, wie man Mitarbeiter dazu motiviert, Spitzenleistungen zu erbringen, kommt man zu der Erkenntnis, dass es nicht die Höhe des Gehalts ist, das dauerhaft motiviert. Es sind auch nicht allgemeine Vergünstigungen wie Urlaubstage oder das firmeneigene Fitnessstudio. Es ist die Anerkennung individueller Leistung, wobei diese Anerkennung oft nicht einmal materiell erfolgen muss. Aufrichtiges Anerkennen individueller Leistungen sorgt für Selbstbewusstsein, Sinn und – macht abhängig. Man giert geradezu nach der nächsten Belobigung. Man möchte auch den zwischenzeitlich gewachsenen Maßstäben gerecht werden beziehungsweise sie übertreffen. Dieses Gefühl, bedeutsam zu sein, gebraucht zu werden, vielleicht sogar unersetzlich zu sein, verlangt nach Wiederholung, nach Steigerung.

Interessanterweise funktioniert das identische Prinzip auch bei Ihren Kunden. Ihre Kunden sind sich zumindest latent dessen bewusst, was sie für Ihr Unternehmen leisten: langjährige Treue, eine Empfehlung, die zu neuen Kunden führt, ehrlich gemeinte Kritik an Ihren Produkten und Leistungen oder einfach nur die Liebe zu Ihrer Marke. Ihre Kunden erwarten dafür nicht einmal eine Anerkennung. Diese oft lebenslange Beziehung wird auch nur infrage gestellt, wenn gegen sie von Ihrer Seite dagegen verstoßen wird, indem Sie zum Beispiel neue Kunden bevorzugt behandeln.

Was passiert aber, wenn eine Marke die Leistungen ihrer Kunden anerkennt und das vielleicht sogar öffentlich? Die Marke GORE-TEX feierte kürzlich ihr 25-jähriges Bestehen in Europa, indem sie ihre Kunden, die seit Anfang an ununterbrochen dabei waren, auf die Bühne holte und sie für ihre Treue auszeichnete. Diese Wertschätzung ist ein unglaublich starkes Signal in Richtung

Kunden, aber vor allem in Richtung der Noch-nicht-Kunden, die so etwas von ihrem Lieferanten noch nie erfahren haben.

Was im B2B-Bereich natürlich ganz ausgezeichnet funktionieren kann, klappt also auch im Privatkundengeschäft. Im Tourismus sind die Gästenadeln weit verbreitet. Ab zehn Jahren Treue zu seinem Ferienort bekommt man farbige Nadeln angesteckt. Meistens geht es bei Bronze los und steigert sich über Silber und Gold bis zu Gold mit Diamanten für besonders langjährige Treue. Erwiesenermaßen steigert sich die Treue mit der Nadel. Wer Bronze hat, möchte auch die Goldene und ist bereit, dafür Jahrzehnte seines Urlauberlebens zu investieren.

Entwickeln Sie eine Methodik, die Leistungen Ihrer Kunden anzuerkennen. Am besten öffentlich. Sie drücken damit nicht nur Ihre Wertschätzung aus, sondern Sie demonstrieren auch Wissen und Interesse an Ihren Kunden; denn zur Anerkennung gehört das Wissen, seit wann jemand Kunde bei Ihnen ist und was er sonst noch für Sie geleistet hat. Zeichnen Sie diese Leistungen aus, drücken Sie Ihren Dank aus und machen Sie diese Kunden zu den besten Botschaftern, die Ihre Marke je hatte.

036/101 Nein sagen
Jedes aus vollem Herzen und mit Überzeugung und Inbrunst vorgetragene Nein wirkt stärker als zehn halbherzige, unsichere Ja's. Nein ist das mit Abstand wichtigste Wort, um in kürzester Zeit Attraktivität aufzubauen.

Nur – warum wird es gerade im Verkauf so wenig genutzt? Warum scheuen sich Verkäufer davor, ein klares Nein zu platzieren, wenn der Kunde etwas verlangt, was nicht nur außerhalb der Kernkompetenz der Marke liegt, sondern auch noch Gefahr läuft, die selbst gesteckten Regeln und den Charakter der Marke zu verletzten?

Betonen Sie zu Anfang einer Kundenpräsentation, auf einem Imageprospekt oder in einer Anzeige, was Sie nicht machen. Damit heben Sie indirekt, aber wirkungsvoller hervor, was Sie können, ohne es andauernd selbst zu betonen. Nur ein Nein zeigt Haltung. Nur ein Nein zeigt Ihrem Kunden Grenzen auf und weckt seine Neugier, denn es muss schon ein sich und seiner Stärken bewusster Verkäufer vor ihm sitzen, der sich zu einem klaren Nein durchringen kann. Sie werden sofort merken, wie der Respekt Ihres Gegenübers steigt und damit Ihre Anziehungskraft. Denn wer sich traut, ein Nein zu äußern, hat bestimmt noch etwas Besseres in der Hinterhand.

037/101 Authentizität

Auf den großen internationalen Automobilmessen zeigt sich, was Sache ist. Da wird ordentlich hingelangt. Think Big ist angesagt. Keine Kosten und Mühen werden gescheut, um allen zu zeigen, wo es langgeht und wer vorne ist. Insbesondere deutsche Hersteller brüsten sich und zeigen ihre Stärken, wo immer es geht. Die Messestände verwandeln sich zu Kathedralen der zeitgenössischen Architektur. Die Offside-Veranstaltungsorte sind vom Feinsten, die Hotels haben immer fünf Sterne. Die Messehostessen haben Model-Qualität, und die PR-Rummel drum herum schlagen jedes Treffen internationaler Regierungschefs. Auch die Verpflegung an den Messeständen toppt jedes Sterne-Restaurant. Auf den vergleichsweise wenigen Quadratmetern der Messestände können so gut wie alle kulinarischen Gelüste befriedigt werden. Landestypisches gibt es genauso wie Edles und in Vorstandsnähe durchaus mit Gourmetcharakter.

Nur der renditestärkste Automobilhersteller der Welt fällt da etwas aus dem Rahmen. Am Messestand der Firma Porsche aus Zuffenhausen bei Stuttgart (Schwaben) gibt es natürlich auch etwas zu essen, nur nicht vielleicht das, was man von einer Marke wie Porsche auf den ersten Blick erwartet, auf den zweiten Blick den Werten dieser Marke allerdings mehr entspricht. Bei Porsche gibt es als

Messe-Verpflegungshighlight nämlich Kartoffelsalat: Kartoffelsalat aus Kartoffeln vom Kartoffelacker des Vorstandsvorsitzenden, der diesen als Ausgleich zu den Anstrengungen des Managerdaseins selbst bestellt.

Kapitel V **Der Stil**

038/101 Eigener Stil

Normiertes, orchestriertes Verhalten führt zu Anziehungskraft, wie im vorhergehenden Kapitel beschrieben. Das äußere Pendant zum Verhalten ist der Stil, den eine Marke pflegt. Hat eine Marke einen eigenen, differenzierenden Stil entwickelt, wirkt sie damit auf den Markt ein und beeinflusst ihn mitunter quer durch viele Marktsegmente.

Auf der anderen Seite steht eine Welt, die sich nach Orientierung und stimulierender Inspiration geradezu sehnt. Zu viel Auswahl gepaart mit zu viel Opportunismus und zu wenig Verführungskunst hinterlässt riesige unbearbeitete Marktpotenziale.

Die überwältigende Renaissance der Farbe Weiß. Die distinktive Farbe (schwarz war Standard) der Kopfhörerkabel der Apple-iPods wurde schnell zum subtilen Code der stolzen iPod-Besitzer, die ihren MP3-Player normalerweise verdeckt am Körper tragen. Aufgrund dieser Tatsache wählten die Apple-Designer diese Farbe. Sie wollten schlicht auf den ersten Blick erkennen, wer alles mit Apple-Produkten herumläuft. Diese stilistische Besonderheit wurde vom Markt gierig aufgesogen und mit Bedeutung versehen: Seht her, ich trage andere Kopfhörer, weil ich anders bin!

Individualismus-Unterstützung pur. Irgendwann war der Zusammenhang zwischen der Farbe der Kopfhörer und der Marke, an denen sie hingen, jedem klar, und die Bedeutung des Stilelements Farbe Weiss begann sich zu multiplizieren. Dann löste sie sich vom Produkt und der Marke und diffundierte in völlig andere Marktsegmente. Die Zulassungszahlen weißer Autos schossen in die Höhe (kurz nachdem die Polizei auf silberfarbene Fahrzeuge ausgewichen ist, weil die alten weißen Fahrzeuge sich aufgrund der Farbe so schlecht wiederverkauften …), Designer erschufen vollkommen in weiß eingerichtete Hotelzimmer, ganze Redaktionen von Lifestyleblättchen wurden komplett in weiß ausgestattet. Die Bedeutung blieb: Seht her, ich arbeite in einem anderen Büro, weil ich anders bin!

Stil verändert Verhaltensweisen. Er ermöglicht den Menschen, Leistungen der richtigen Marke zuzuordnen. Deshalb sorgt Stil auch für den nötigen Abstand zur Konkurrenz. Dadurch wird es möglich, die Markenleistung differenzierter darzustellen und aufgrund der geringeren Vergleichbarkeit mit dem Wettbewerb höhere Preise zu erzielen, denn Stil ist Geld.

Stil ist nicht zu verwechseln mit Design. Der Stil einer Marke regelt das Grundsätzliche im Auftritt, der sich – ähnlich wie die Markenwerte – kaum ändert und wenn, dann unbemerkt. Design ist kurzlebiger, sein Detaillierungsgrad ist wesentlich feiner. Designer nehmen Trends auf und verarbeiten sie. Sie sorgen dafür, dass eine Marke aktuell bleibt und sich stetig wandelt. Stil ist die Antipode zum Design. Stil sorgt für Berechenbarkeit im Auftritt und für dessen Kontinuität. Deshalb bleibt der Stil einer Marke auch im Hintergrund, wirkt eher subtil und drängt sich keinesfalls auf. Dafür muss er distinktiv sein, das ist seine Hauptfunktion – die Erkennbarkeit und Durchsetzungskraft der Marke in allen Situationen sicher zu stellen. Dabei kommt es nicht auf Kreativität (also Abweichung von der Norm) an, sondern ausschließlich auf deren Einhaltung. Es geht schließlich um Geld, viel Geld.

Unter den Top-Ten der wertvollsten Marken der Welt befindet sich Coca-Cola. Wenn Sie Menschen fragen, woran sie die Marke Coca-Cola erkennen, dann werden Ihnen nur die wesentlichsten, stilprägenden Markenstilelemente genannt. Rot, Schriftzug, Flaschenform und Geschmack. Das war's. Wie gesagt, hier geht es um eine Multimilliarden-Marke. Oder Google: Bunt, Schriftzug (sechs Buchstaben), klares Layout und ansonsten viel Nichts. Mercedes-Benz: Stern, (silber-)grau, Schrift. Red Bull: Stiere, blau/silber, Dosenform, Dietrich Mateschitz, «Verleiht Flügel» und die Zeichentrickspots. Toblerone: Dreieck, rot.

Es sind die wenigen, konsequent durchgezogenen Elemente, die eine Marke prägen und wieder erkennbar machen. Was denken Sie, welche Antwort Sie erhalten, wenn Sie Testpersonen fragen, ob ihnen diese Stilmerkmale gefallen? Sie bekommen wahrscheinlich keine. Warum? Weil sich darüber noch nie jemand Gedanken gemacht hat. Stil steht jenseits von Geschmack.

039/101 Stilmerkmale aufbauen und durchhalten
Um mit dem eigenen Markenstil die maximale Begehrlichkeit zu erreichen, geht es nicht um die Anzahl der Stilelemente, sondern um ihre Durchsetzung. Stil ist Ausdruck eines Willens, deshalb muss dieser eindeutig sein. Eine Farbe, eine Form, eine typische Schrift ergeben eine Marken-Stilistik, die anzieht, weil sie abgrenzt. Diese spezifische Charakteristik muss auch durchgehalten werden, wenn einzelne Stilelemente eine zeitlang mal nicht so angesagt sind.

Stellen Sie sich vor, Louis Vuitton hätte sein typisches Muster geändert, als das Muster und die Farbe Braun komplett aus der Mode waren ... Nivea hätte das typische Blau seiner Dose geändert, weil der Wettbewerb gerade mit Rosa erfolgreich ist ... Kärcher ändert sein typisches Gelb, weil eine Marktforschungsstudie sagt, Dunkelgrün werde mehr Kompetenz für Reinigungsgeräte zugesprochen ...

Wahrer Stil lässt sich nicht durch Resonanzen beeinflussen. Er zieht Menschen an, denn er beeinflusst selbst – durch seine Entschlossenheit und Ausdauer in einer opportunistischen Welt.

040/101 Hohe Dichte im Auftritt
Ein Kunstwerk ist dann fertig, wenn man nichts mehr weglassen kann.

Bei «Marken-Kunstwerken» wird das am deutlichsten, wenn man diese anhand ihrer Messeauftritte einmal genauer unter die Lupe nimmt.

Die vorherrschenden Stilmerkmale einer prall gefüllten Messehalle sind erstmal Chaos und Wirrwarr. Wenn man dieses durchschritten hat, was ist hängen geblieben? Messestände, die bis auf den letzten Quadratzentimeter optimal ausgenutzt wurden? Die witzigen Botschaften oder die meist nicht ganz so witzigen Live-Performances?

Erinnern Sie sich an Ihre letzten Besuche auf einer Messe. Hängen geblieben ist das mögliche Minimum. Der Messestand, der komplett in Rot gestaltet war. Vom Boden bis zur Decke. Der komplett weiße Stand oder der, bei dem alles rund war und keine 90°-Winkel entdeckt werden konnten. Der Messeauftritt der Marke mit dem vielen Licht oder der aus grob gezimmertem Naturholz. Wir nennen solche Markenauftritte stildicht. Wenn diese Stilmerkmale mit dem Stil der Marken, für die sie arbeiten, auch noch übereinstimmen, dann funktioniert das Spiel perfekt. Minimaler Mitteleinsatz für die maximale Wirkung. Deshalb ist weniger mehr.

041/101 Stildichte

Menschen verbinden mit Marken sofort immer besondere Stilmerkmale, die sie diesen Marken zuweisen wollen. Das hilft ihnen einerseits, Marken sofort zu erkennen, und andererseits, sich an die Werte dieser Marken zu erinnern. Manche Menschen können allein am Klang eines Motors die jeweilige Automarke erkennen. Sobald dieser Erkenntnisprozess abgeschlossen ist, werden sofort die damit verbunden Werte der Marke assoziiert. Das charakteristische Röhren eines Porschemotors wird sofort mit Sportlichkeit und Unabhängigkeit verbunden, das sanfte Schnurren eines großvolumigen Mercedes-Ottomotors mit der Gelassenheit und Sicherheit der Oberklasse und das fast unhörbare Surren eines Toyota-Hybridmotors mit Ökologie und Sparsamkeit.

Je schneller und eindeutiger eine Marke aufgrund ihrer stilistischen Merkmale zu identifizieren ist, desto größer ihr Vorsprung zu ihren Wettbewerbern im Kampf um Preis und Leistung. Denn die so identifizierten Markenwerte kommen auf den Leistungsvorsprung, den das Produkt der Marke verleiht, noch obendrauf und verschieben damit das Preis-/Leistungsverhältnis zugunsten der Marke.

Wir haben insgesamt elf Kategorien identifiziert (siehe Kapitel 1), die den Stil einer Marke aufgrund ihrer visuellen, aber auch non-visuellen Eigenschaften eindeutig und distinktiv beschreiben können (wie die Beispiele oben). Je kompromissloser man sich bei der Führung einer Marke an die ausgewählten Stilkategorien hält, desto größer der Abstand zum Wettbewerb und desto größer der Mehrwert, der durch die Marke erzeugt wird.

Große Marken sind deshalb groß, weil sie sich der Bedeutung ihres eigenen Stils bewusster sind als andere Marken, die ihr Heil in der ständigen, kreativen Abweichung suchen.

Wie das trotz guter Vorsätze und professioneller Designer in einem Desaster enden kann, zeigt ein Beispiel von British Airways aus den 90er-Jahren. Damals hatte British Airways im Zuge eines Corporate-Design-Projekts auch über die Umgestaltung ihrer Flugzeugbemalung nachgedacht. Das Unternehmen zeichnete sich aufgrund seiner eigenen Geschichte und der Geschichte des British Empire durch eine hohe Vielfalt aus. Die angeflogenen Destinationen, die Mitarbeiter der Fluglinie, die aus vielen Nationen und Kulturen stammen, ebenso wie die unterschiedlichsten Reisenden und ihre Bedürfnisse wurden als Beweise für die Vielfältigkeit der Marke angeführt. Hinzu kam das unter dem damaligen britischen Premierminister Tony Blair ausgerufene Schlagwort «Cool Britannia», um der Dienstleistungs- und insbesondere der Kreativbranche die nötige Unterstützung der Regierung anzuzeigen. Dadurch sollten den kreativen Leistungen der britischen Volkswirtschaft besondere Aufmerksamkeit zukommen.

Das alles führte zu dem Entschluss, die Heckflossen der BA-Flugzeuge als Projektionsflächen für die Vielfältigkeit der Marke heranzuziehen. Sehr schnell sah man auf den internationalen Flughäfen die kunterbunten und mit allen möglichen Motiven beklebten Heckflossen der BA-Maschinen. Der Union-Jack und das klassische blaurote Markendesign von British Airways musste sich auf den Rumpf der Maschinen beschränken.

Diese demonstrative Vielfalt schädigte jedoch die Spannkraft der Marke erheblich. Zuerst reagierten die Parlamentarier (und nicht nur die der Opposition) auf die Verunglimpfung eines Nationalsymbols. Flugkapitäne und Flugbegleiter reagierten verständnislos. Andere Fluggesellschaften machten sich lustig über Airline Kunterbunt, und viele Motive führten zu teilweise erhitzten Diskussionen unter den Passagieren. Nur der eigentliche Zweck eines Markendesigns, die Leistungen einer Marke sofort, eindeutig und ohne Umwege mit Ihrer Erscheinung zu verknüpfen – dieser Zweck ging in der Diskussion völlig unter. Nach kürzester Zeit wurde dieser misslungene Versuch, den Stil einer Marke zu überdehnen, eingestellt, und man kehrte zurück zur einheitlichen Heckflossenbemalung mit dem charakteristischen British-Airways-Design. Wie großartig und anziehend das wirkt, kann man täglich auf den großen BA-Drehkreuzen bewundern, wenn sich zehn oder zwanzig British-Airways-Maschinen an einem Terminal befinden. Dieser überwältigende Stildruck zeigt deutlich, was eine hohe Dichte im Auftritt bewirken kann.

042/101 Stildruck

Sie kennen das sicher noch von der Schule und jetzt von Ihren schulpflichtigen Kindern: Wenn's alle haben, braucht man's auch, egal ob man es wirklich braucht.

Das funktioniert auch im Erwachsenenalter – todsicher. Die Schuhe oder die Handtasche, die alle Freundinnen haben, braucht man auch. Wenn alle gerade nach Marrakesch fahren, muss man doch auch mal dorthin. Alle haben diesen oder jenen Aktienfond, und alle waren schon im neuesten Restaurant der Stadt – trotz aller Individualität, auf die wir so großen Wert legen. Zu viel Individualität möchten wir uns dann doch lieber nicht zumuten.

Deshalb machen Sie in der richtigen Gruppe richtig Druck. Wirken Sie mit ihrem dichten Markenstil stark auf eine möglichst kleine Gruppe von Multiplikatoren ein und warten Sie ab, was passiert.

Scheichs scheint dieses Prinzip äußerst bewusst zu sein. Ich hatte kürzlich in Berlin die Chance zu beobachten, wie ein Mitglied eines arabischen Königshauses zu reisen pflegt. Der gesamte Pariser Platz war gesperrt, und zwar für die Fahrzeuge des Prinzen und seiner Entourage. Zu den über 60 schwarzen S-Klasse-Limousinen kamen noch rund 20 ebenfalls schwarze Kleinbusse. Ob man wollte oder nicht, der visuelle Beweis für Macht und Einfluss wirkte beeindruckend.

043/101 Symmetrie

«Symmetrie bindet Masse.»
Alexander Deichsel

Bereits in der Antike galt die Symmetrie als das Idealmaß des Wahren, Schönen und Guten. Symmetrie zieht an, weil sie die Schönheit der Welt am idealsten verkörpert, sowohl in der Natur als auch künstlich geschaffene Symmetrie wie in der Architektur. Schönheit und Symmetrie sind eng miteinander verbunden. Alles was symmetrisch ist, empfindet der Mensch als schön. Symmetrische Gebilde ergeben ein Bild von Einheit und Vollkommenheit. Jedes Teil hat seinen Platz, nichts ist zufällig. Ihre besondere Anordnung hat zur Folge, dass der Betrachter sich nicht im Detail verliert, sondern schnell das «große Ganze» erfassen kann. Das Grundprinzip der Symmetrie, die Gleichheit der Teile in einer symmetrischen Anordnung, vermittelt dem Betrachter ein Gefühl für Ordnung und Harmonie. Alles hat seinen Platz und kann mühelos erfasst werden.

Die Anziehungskräfte der Symmetrie zu nutzen, um Marken begehrlicher zu machen, sind vielfältig.

Das fängt bei der Gestaltung von Markenzeichen an und zieht sich durch von Verpackungs- und Produktgestaltung, dem Graphic Design bis hin zur Innenarchitektur der Showrooms und Messestände und der Architektur der Firmengebäude. Die «Gesichter» von Fahrzeugen, Motorrädern und Flugzeugen sollen solide wirken und Vertrauen einflößen. Deshalb sind sie streng symmetrisch gestaltet.

Interessant ist, dass Gebäude, die konsequent nach symmetrischen Gesichtspunkten gestaltet wurden, die stärksten Tourismusmagnete darstellen: Die Nummer-eins-Touristenziele in Österreich, Deutschland, Frankreich, Ägypten und England sind Schloss Schönbrunn, das Brandenburger Tor, Schloss Versailles und der Eiffelturm, die Pyramiden von Gizeh, die Londoner Tower Bridge und der Buckingham Palace – alles rein symmetrische Bauwerke. Die Golden Gate Bridge, das Weiße Haus, das Empire State Building und der Rockefeller Centre in New York sind es ebenfalls. Diese Anmutung setzt sich im Graphic Design von Markenzeichen fort. Rein symmetrische Logos bevölkern in überdurchschnittlicher Menge die Hitlisten der wertvollsten Marken der Welt. Vom Stern von Mercedes-Benz über das Lucky-Strike-Logo vom großartigen Raymond Loewy bis zum Logo der Deutschen Bank und der UBS, dem größten Vermögensverwalter der Welt. Nicht zuletzt wäre da noch die älteste noch aktive Marke der Welt, die katholische Kirche. Sie setzt seit Jahrtausenden in ihrem sehr ganzheitlichen Marketing auf die Kraft der Symmetrie – von der Gestaltung der wichtigsten Markenzeichen wie zum Beispiel dem frühchristlichen Fisch oder dem Kreuz bis hin zum Großteil der Architektur und der liturgischen Gegenstände.

044/101 Asymmetrie

Während die Symmetrie ein Ideal repräsentiert, ist die Asymmetrie gekennzeichnet durch die Ungleichheit der Teile und damit der realen Welt viel näher als die Symmetrie.

Asymmetrien pointieren die Symmetrie und verleihen ihr etwas Unvergessliches. Asymmetrien erhöhen die Attraktivität des Durchschnitts. Gesichter mit Schönheitsflecken oder kleinen Narben werden bei psychologischen Untersuchungen häufig als attraktiver eingestuft. Bauwerke mit kleinen asymmetrischen «Widerhaken» brennen sich schneller in das kollektive Gedächtnis ein.

Asymmetrien ziehen an, weil sie eben nicht perfekt sind, sondern ihre Spannung lange aufrecht erhalten.

045/101 Goldener Schnitt

Zwei Strecken stehen im Verhältnis des Goldenen Schnitts, wenn sich die größere zur kleineren Strecke verhält wie die Summe aus beiden zur größeren.

Der Goldene Schnitt bildet die Verbindung von Symmetrie und Asymmetrie ab. Gleichheit und Ungleichheit finden im Goldenen Schnitt ihre schon in der Antike praktizierte Vermählung. Menschen empfinden Objekte, die nach den Prinzipien des Goldenen Schnitts gestaltet wurden als besonders harmonisch und schön.

Die Proportionen des Goldenen Schnitts werden interessanterweise in allen Kulturen dieser Welt als besonders schön, als geradezu göttlicher Ausdruck von Harmonie empfunden. Er überbrückt die scheinbar unvereinbaren Gegensätze von Symmetrie und Asymmetrie und kommt in von Menschen geschaffenen Ausdrucksformen sowie in der Natur in scheinbar allen Erscheinungsweisen vor.

Die jahrtausendelange Anwendung der Prinzipien des Goldenen Schnitts in der Kunst, im Handwerk und der Architektur haben unser Auge geschult und definieren das Maß für Schönheit. In jedem nachhaltig wirksamen Ausdruck von Marken finden sich die Gestaltungsprinzipien des Goldenen Schnitts wieder, egal ob es sich um den VW Käfer, den Porsche 911 oder Henry Fords Tin Lizzy handelt. Die Coca-Cola-Flasche, die Marlboro-Zigarettenpackung, American-Express-Kreditkarten und die Maße der meisten Geldscheine sind nach den Regeln des Goldenen Schnitts entstanden.

Dass das, was der Mensch als schön empfindet, nicht unbedingt rein subjektiv oder kulturhistorisch begründet sein muss, sondern durchaus auch streng objektiven Maßstäben standhalten kann, erkennt man daran, dass der Goldene Schnitt auch in der strengen Logik der Mathematik, der objektivsten und unbeirrbarsten aller Wissenschaften, seinen Ausdruck findet.

In der berühmtem Fibonacci-Folge und dem ihr zugrunde liegenden Additions- und Bezugsgesetzes geht kein Element verloren, sondern ist stets Teil des Ganzen. Für die beiden ersten Zahlen werden die Werte null und eins vorgegeben. Jede weitere Zahl ist die Summe ihrer beiden Vorgänger. Daraus ergibt sich die Folge zu: 0, 1, 1, 2, 3, 5, 8, 13, 21, 34, 55, 89, 144, 233, 377, 610, 987, 1597, 2584, 4181, 6765, 10 946, 17 711, 28 657, 46 368, 75 025, 121 393, 196 418, 317 811, 514 229, 832 040, 1 346 269, 2 178 309, 3 524 578, 5 702 887 …

Ihre Anwendung findet die Fibonacci-Folge in der Natur. In seinem 1917 erschienen Buch «On Growth and Form» beschreibt D'Arcy Wentworth Thompson, dass viele Pflanzen in ihrem Bauplan Spiralen aufweisen, deren Anzahl durch Fibonacci-Zahlen gegeben sind, wie beispielsweise bei den Samen in Blütenständen. Dadurch erzielt die Pflanze die beste Lichtausbeute und vermeidet, dass ein Blatt genau senkrecht über dem anderen steht und sich so die übereinander stehenden Blätter maximalen Schatten machen könnten.

Kapitel VI **Die Verknappung**

046/101 Das Prinzip der Verknappung

Verknappung ist das, was jedem Gesprächspartner zuerst einfällt, wenn man über die Erhöhung der Anziehungskraft von Marken diskutiert. Jeder hat schon die Erfahrung gemacht, dass die Begehrlichkeit von Produkten in dem Maße steigt, je knapper sie werden. Sogar Grundstoffe wie Wasser werden plötzlich heiß begehrt und teuer, je knapper sie sind. Hotelzimmer werden überteuert, wenn Messezeit ist, Wohnungspreise potenzieren sich, wenn die Zuwanderung einsetzt. Selbst der am demokratischsten verteilte Rohstoff, die Zeit, wird kostbarer, je knapper sie wird. Interessant dabei ist, dass Verknappung natürlich oder künstlichen Ursprungs sein kann, aber immer zum selben Ergebnis führt – erhöhte Begehrlichkeit.

Psychologen kennen den Reaktanz-Test. Der funktioniert zum Beispiel ganz prima mit Buntstiften bei Kindern im Vorschulalter: Legen Sie einem Testkind ein 20er-Set Farbstifte auf den Tisch und sagen Sie ihm, es könne alle Farbstifte haben – nur nicht den Grünen! Was passiert? Genau: Es will unbedingt den grünen Stift. Dieser Test funktioniert übrigens mit allen Farben und in jedem Alter!

Es scheint ein urmenschlicher Trieb zu sein, möglichst viel von dem zu bekommen, was alle haben wollen und von dem es scheinbar nur wenig gibt. Was andere nicht haben oder sich nicht leisten können, erhöht diesen Trieb nur noch. Das gilt sowohl für materielle wie für immaterielle Leistungen. Standen über Jahrhunderte aufgrund begrenzter Fördermöglichkeiten Rohstoffe wie Gold und andere Edelmetalle und Mineralien an der Spitze der Knappheiten, so ist dies seit dem zwanzigsten Jahrhundert immer mehr das Know-how, das knapp ist und um das gekämpft wird. Was nutzt einem die schönste Goldader, wenn man nicht weiß, wie man rankommt? Oder das tollste Patent, wenn man nicht weiß, wie man es vermarkten soll?

Erstaunlicherweise gibt es selbst in den westlichen Überflussgesellschaften immer mehr Knappheiten. Abgesehen von der Tatsache, dass viele Rohstoffe langsam zur Neige gehen (oder wir glauben, dass sie zur Neige gehen), gibt es Knappheiten in Bereichen, die dafür eigentlich gar nicht prädestiniert sind. Berufstätige Mütter wissen von einer Kinderfrauen-Knappheit zu berichten, DINKs (Double Income, No Kids) von einer akuten Zugehfrau-Knappheit und Menschen mit pflegebedürftigen Familienangehörigen spüren eine ausgesprochen starke Pflegekräfte-Knappheit.

Shopping Maniacs kennen selbst eine Knappheit bei sogenannten It-Bags, jede Saison neu aufgelegte Luxus-Handtaschen (natürlich in streng limitierter Auflage), die scheinbar schon ausverkauft sind, bevor sie überhaupt in die Geschäfte gelangen.

Dieses Verknappungsprinzip erprobte erstmals die beinahe dem sicheren Markentod geweihte italienische Luxusmarke Fendi mit der offiziell ersten It-Bag «Baguette». Die Methode hatte und hat offensichtlich Erfolg.

Trotz des unbestrittenen Wirkungsmechanismus' können die meisten Markenverantwortlichen das Erfolgsprinzip der Verknappung nicht für sich selbst anwenden. Außer obskuren «Limited Editions» kommt dabei nicht viel heraus. Die meisten dieser halbherzigen Versuche verschwinden schnell wieder in der Belanglosigkeit oder schaden der Marke eher, weil Nachvollziehbarkeit und Glaubwürdigkeit fehlen.

Mir ist bei den vielen Diskussionen zum Thema auch immer wieder aufgefallen, dass die anerkannt hochwirksame Methode der Verknappung zu oft zu eindimensional und zu oberflächlich konzipiert wird. Verknappung, soll sie glaubwürdig sein und die Attraktivität des gesamten Markensystems auf Dauer erhöhen, muss ganzheitlich durchdacht und langfristig geplant und angegangen werden.

Aufgrund der überragenden Bedeutung der Verknappung für die Erhöhung der Markenattraktivität sollen nachfolgend möglichst viele Dimensionen dieses Grundprinzips angesprochen und ihre Wirkungsweise erläutert werden. Unabhängig davon bin ich mir sicher, dass es noch viele hochspannende Verknappungsansätze gibt, die hier keine Erwähnung finden. Ich bin deshalb für Hinweise über erprobte und hier nicht erwähnte Verknappungsmechanismen meiner Leser sehr dankbar.

047/101 Verkaufssystem
Die Art und Weise wie ein Produkt verkauft wird, beeinflusst seit jeher seine Attraktivität. Der Verkäufer ist nicht einfach ein Glied in der Wertschöpfungskette, sondern Co-Produzent der Marke. Gute Verkäufer wissen das und verhalten sich entsprechend. Wenn man sich dessen bewusst geworden ist, ist es umso erstaunlicher, welchen Niedergang der Handel, dessen Kernkompetenz ja gerade im Verkauf besteht, erlebt hat. Der Großhandel existiert branchenübergreifend so gut wie nicht mehr. Er hat sich durch zu viel Passivität und falscher Ausrichtung seiner Struktur – weg vom Kunden, hin zum Lieferanten – praktisch selbst überflüssig gemacht. Und er wurde nahtlos ersetzt durch IT-Technologie und die Integration der Wertschöpfungskette im Einflussbereich der ehemaligen Lieferanten und Kunden.

Das gleiche Schicksal droht dem Einzelhandel – wir haben das Problem am Beispiel des Sportfachhandels bereits angedeutet. In vielen Branchen hat der Facheinzelhandel seine Daseinsberechtigung bereits eingebüßt. Wo ist zum Beispiel der kompetente Spielwarenfachhandel geblieben? Wo der Raumausstatter, der eine Dekorationsphilosophie hat? Der Bäckermeister, der noch selbst bäckt? Wo der Fachhändler für Tischkultur? Wo der Elektronikfachhandel, der sich nicht mit einer Aneinanderreihung von Sonderangeboten über Wasser hält, sondern durch Einkaufskompetenz und, noch wichtiger, als Partner seiner Marken und einer ausgeprägten Verkaufs- und Servicekompetenz? Wo ist das Handelssystem mit spürbarer Lust an der Andersartigkeit anstelle der seelenlosen Konsumabgabestellen an den ausgefransten Rändern unserer Städte?

Die Verknappung

Ein Beispiel aus Österreich zeigt, dass es zeitgemäße, spannende Handelskonzepte geben kann, die nicht nur groß sind, sondern stark. Die Lebensmittelmarktkette von Jürgen Sutterlüty hat sich in einem der am stärksten umkämpften Märkte Europas zum Lebensmittelhändler mit dem größten regionalen Produktsortiment der Welt entwickelt. Fast 50 Prozent aller dort verkauften Produkte kommen ganz oder zum erheblichen Teil aus dem «Ländle», wie die Vorarlberger ihr kleines Bundesland nennen, oder den angrenzenden Regionen Deutschlands und der Schweiz. Mit diesem Konzept gewinnt er nicht nur als vergleichsweise kleiner Händler erfolgreich Marktanteile gegen die großen Wettbewerber, sondern leistet auch einen erheblichen Beitrag zur bäuerlichen Vielfalt und Kultur im gesamten Bodenseeraum.

Als Co-Produzent der Marke kann das Verkaufssystem einen wesentlichen Beitrag zur Begehrlichkeit der Marke leisten. Aber Monobrand-Stores sind nicht wirklich die Lösung für alle Probleme der Hersteller im Umgang mit ihren Handelsstrukturen. Benetton hat das in der 90er-Jahren mit dem grandiosen Scheitern seiner «Playlife»-Stores eindrucksvoll vorgeführt.

Die erste Frage, die jeden Markenhersteller interessieren muss: Hat man überhaupt ein Verkaufssystem? Kennt man dessen unverzichtbaren Schwerpunkt und dessen Grenzen? Darf ein Hersteller von hochwertigen Profi-Elektrowerkzeugen beispielsweise an Baumärkte verkaufen – und wenn ja, unter welchen Bedingungen? Darf einer der innovativsten Hersteller aus der Süßwarenindustrie seine Ware größtenteils über Discounter losschlagen? Darf einer der technisch einfallsreichsten Skihersteller der Welt noch an den Sportfachhandel verkaufen, der gar nicht mehr über die nötigen Fachkräfte verfügt, um die Innovationen, die zu jeder Saison im Regal liegen, auch erklären und verkaufen können?

Verkaufen ist aufgrund der Konsolidierung einerseits und der Vielfalt der Möglichkeiten andererseits zu opportunitätsgetrieben.

Man verkauft an alle, die kaufen wollen – aber Opportunismus ist Gift für Marken. Marken bilden sich ausschließlich durch absichtsvolles Handeln, und das gilt insbesondere bei der Frage, *wer* die Leistungen einer Marke *wie* weiterverkaufen soll.

Sich zu einem Verkaufssystem zu bekennen und damit allen mitwirkenden Händlern, Kunden und nicht zuletzt den eigenen Mitarbeitern die Klarheit und Sicherheit zu geben, die in einer multioptionalen Welt so dringend gebraucht werden, ist eine der Chancen mit der daraus entstehenden Verknappung, die Loyalität aller Beteiligten dramatisch zu erhöhen, da die Marke damit auch in ihrer Vermarktung berechenbar geworden ist. Man weiß, wo und wie man sie bekommt und wo nicht.

048/101 Anzahl Verkaufspunkte

Die gleichzeitig einfachste und bewährteste Methode, die Attraktivität einer Marke mit vertrieblichen Mitteln zu erhöhen, ist die Begrenzung der Verkaufspunkte. Was nicht überall zu haben ist, erscheint einfach wertvoller. Das sogenannte Over Exposure, also die Überpräsenz von Marken, ist eines der Hauptprobleme von Massenmarken. Man kann sein Produkt gerne an viele Menschen verkaufen, aber dann bitte nicht zu auffällig und lautstark, wenn man die Attraktivität hoch halten möchte. Selbst bei Produkten des täglichen Bedarfs kann eine subjektiv erlebte Exklusivität hilfreich sein, um die Preise oben zu halten. Eine Marke, die überall in Massen verfügbar ist, verliert schnell die selektive Wahrnehmung ihrer Konsumenten. Was immer da ist, wird schnell unsichtbar.

Der Reiz des Neuen ist ein weiterer wichtiger Wahrnehmungsfilter. Das Neue besetzt erst den Platz in der Wahrnehmung und dann den im Verkaufsregal. Wie reagiert die so angegriffene Marke? Richtig: erst durch Preis-Promotions, dann durch dauerhaft niedrige Preise; die könnten aber nur ertragreich angeboten werden, wenn gleichzeitig das Abverkaufsvolumen erhöht würde.

Das geht aber oft nicht, da die Marke ja nicht mehr sichtbar ist und sie keine Präferenz mehr besitzt. Der Teufelskreis beginnt, da die Preise für das abgesetzte Volumen bereits zu niedrig sind. Geld für Werbung fehlt, denn es muss ja alles in den Vertrieb gesteckt werden, dem wiederum nichts anderes übrig bleibt, als es dem Handel in Form von offenen oder verdeckten Rabatten weiterzureichen.

Wie kann man diesen Teufelskreis frühzeitig verhindern? Natürlich steigt die Attraktivität der Marke und damit ihre Wahrnehmungspräferenz nicht, indem man lediglich die Distribution ausdünnt, da muss schon auch an Produkt- und Verpackungsleistung hart gearbeitet werden. Aber weniger und auch bessere Verkaufspunkte helfen eindeutig bei der Zurückgewinnung der verloren gegangenen Anziehungskraft.

Im Luxusmarkenbereich wird dieser Ursache-/Wirkungszusammenhang systembedingt am deutlichsten. Je teurer eine Marke werden soll, desto seltener muss sie verfügbar sein. Durchschnitt, Mittelmaß und Vergleichbarkeit sind die Todfeinde eines «Marken-Upgrades». Fokussierung auf die besten Vertriebsmitarbeiter, die besten Distributeure und die besten Importeure oder Niederlassungen sind die entscheidenden Voraussetzungen dafür, die Marke im Verkauf wieder in den Griff zu bekommen. Weniger Verkaufspunkte können einfach besser gemanagt werden. Das Markenerlebnis für den Kunden wird eindeutiger, differenzierter und ganzheitlicher.

Nespresso wäre ohne ein für schnell drehende Konsumgüter extrem eng gehaltenes Distributionsnetz nicht in der Lage gewesen, ein Preispremium von über 1000 Prozent im Vergleich zu normalem Bohnenkaffee im 500-Gramm-Pack aufzubauen. Nur eigene Verkaufsstellen, die Nespresso-Boutiquen, ein Internet-Shop und vergleichsweise wenige Händler sind in der Lage, den Premiumanspruch von Nespresso bis zum Kunden zu transportieren. Perfektes

Shopdesign, erstklassig geschultes Verkaufspersonal und ausgezeichnete Standorte sind eben nicht überall zu haben. Zudem muss dieses Niveau über sehr lange Zeit gehalten werden, wenn der Return on Investment gewährleistet bleiben soll. Je enger das Vertriebsnetz im Vergleich zum Wettbewerb, desto einfacher und kostengünstiger ist dies zu realisieren.

Was im Konsumgüterbereich funktioniert, klappt auch im B2B-Bereich. Der Spezialist für Befestigungstechnik, Hilti aus Liechtenstein, realisiert in einem äußerst schwierigen und volatilen Marktumfeld zweistellige Preis-Premiums unter anderem dadurch, dass er ausschließlich selbst verkauft. Das geschieht traditionell über eine eigene Vertriebsmannschaft, die die Probleme ihrer Kunden am Bau genauestens kennt und somit auch erster Ideengeber im Konzern ist, und seit ein paar Jahren ist das Unternehmen auch sehr erfolgreich mit eigenen Verkaufsgeschäften. So lässt sich die gesamte Kompetenz aus dem Konzern demonstrieren und Preisverhau jeglicher Art vermeiden.

Auch wenn es erstmal paradox erscheinen mag, aber auch für expandierende Einzelhändler ist dieses Prinzip sehr gut anwendbar. Statt Filialen zu eröffnen oder Franchiselizenzen zu vergeben und das Risiko einzugehen, die Performance, die einen erst erfolgreich gemacht hat, einzubüßen, weil man sie nicht auf andere Standorte und Mitarbeiter übertragen konnte, bietet es sich geradezu an, die Anziehungskräfte einer gut geführten Marke zu nutzen, indem man sich eben nicht ausdehnt, sondern im wahrsten Sinne des Wortes die Kunden anzieht.

Colette Paris hat dies beispielsweise erkannt. Das Flair der Stadt, die Tradition der Rue du Faubourg Saint Honoré lässt sich nicht so ohne Weiteres in jede andere beliebige Stadt verpflanzen. Die Marke würde sich ausdehnen und dabei wie jedes System, das physikalischen Kräften unterworfen ist, an Anziehungskraft verlieren. Colette wäre nicht mehr der international führende Style-Leader, sondern wie Käfer in München oder Harrod's in London nur noch ein Schatten seiner selbst. Der einzige Kompromiss war die Entwicklung eines e-Shops, um weiter entfernten Colette-Fans die Gelegenheit zu geben, ihr Geld schnell und bequem los zu werden. Wer Colette in ihrer ganzen Pracht erleben will, muss sich wohl oder übel nach Paris begeben. Mit einem solchen Motiv nach Paris gereist, wird es ziemlich schwer, nichts zu kaufen.

049/101 Zeitliche Verfügbarkeit

Entschuldigung – aber meine älteren Leserinnen und Leser (wozu ich mich durchaus auch schon rechne) erinnern sich noch an die Zeit, als zum Beispiel Lebensmittel nicht nach Vegetationsperioden über den gesamten Globus hinweg angebaut und geerntet wurden, sondern als es von Anfang Mai bis Ende Juni Spargel gab. Erdbeeren gab es nur zwischen Mai und Juli, Äpfel im Herbst und Lebkuchen nur in der Vorweihnachtszeit. Viele Fischarten wie Karpfen und Wels nur in Monaten mit einem «r» und Wild natürlich nur außerhalb der festgelegten Schonzeiten. Da kommen nostalgische Erinnerungen auf, die ich hier gar nicht weiter kommentieren möchte. Das wirklich Interessante dabei: Alle wussten, wann was kommt und haben schon Wochen vorher Vorfreude entwickelt. Als man es dann endlich bekommen konnte, war die Preistoleranz entsprechend ausgeprägt. Man hat schließlich das ganze Jahr darauf gewartet.

In einer Welt, die es einem leicht macht, sich daran zu gewöhnen, dass man alles jederzeit an jedem Ort bekommen kann, fällt es wieder auf, wenn das bei bestimmten Leistungen einmal nicht der Fall ist. Der verwöhnte, abgestumpfte Kunde fragt sofort warum und bekundet damit ein Informationsbedürfnis, was sofort genutzt werden kann. Füllt man dieses Interesse mit einer einleuchtenden Begründung, warum das Produkt nur zu bestimmten Anlässen oder Saisons erhältlich ist, entsteht Begehrlichkeit und Preistoleranz.

Das funktioniert auch im B2B-Markt. Bei nachvollziehbaren

Begründungen, warum bestimmte Produkte und Leistungen nur zeitlich eingeschränkt verfügbar sind, werden Kunden wieder sensibel und entsprechend vorab ordern. Denn was knapp ist, muss gut sein.

Begrenzte zeitliche Verfügbarkeit ist einer der stärksten Attraktivitätstreiber, die wir kennen. Überlegen Sie sich, wie Sie diese Mechanik auf Ihr Angebot und Ihr Geschäftsmodell übertragen können. Bedenken Sie: Immerwährende Verfügbarkeit schafft nur eines – Desinteresse.

050/101 Geografische Verfügbarkeit

In Zeiten der Globalität haben wir uns alle schon daran gewöhnt, alles jederzeit an jedem Ort zu bekommen. Umso auffälliger ist es, wenn etwas nur zu einer bestimmten Jahreszeit an einem bestimmten Ort zu bekommen ist.

Schon immer sendeten Fürstenhöfe und reiche Kaufleute Kundschafter aus, aus dem sich der Begriff Kundschaft entwickelte, um neue Waren zu entdecken, die Prestige oder Marge versprachen. Marco Polo aus Venedig war sicher der berühmteste dieser Kundschafter.

Kundschafter erfüllen gleich zwei Funktionen, die auch aus dem heutigen Marketing-Mix nicht mehr wegzudenken sind. Sie waren gute Kunden, weil sie das, was sie entdeckt hatten, kauften, aber sie berichteten auch ihren Auftraggebern darüber, wo sie was unter welchen Umständen und zu welchem Preis erworben hatten, und betrieben so eine Frühform des heute arg strapazierten Begriffs des Virus-Marketings. Auch der Begriff der Kolonialwaren ist ein Überbleibsel aus den Anfängen der modernen Globalisierung und bezeichnete mit leicht romantisierendem Fernweh die Waren, die man aus den im 18. und 19. Jahrhundert errichteten Kolonien der europäischen Monarchien und Republiken in den Heimmarkt eingeführt hatte.

Bestimmte Produkte nur in einer abgegrenzten Region herzustellen und zu vertreiben, erhöht deren Reiz. Ausgezeichnete Waren, die man nicht sofort und bequem überall bekommen kann, sind immer reizvoll, ganz gleich, ob man sie wirklich braucht oder nicht.

Bei Immobilien und Destinationen, die prinzipiell nicht zu transportieren sind, funktioniert das bereits sehr gut. Wer das Guggenheim-Museum in New York sehen will, muss sich schon dorthin begeben. Gleiches gilt für historische Bauwerke wie den Eiffelturm, das Brandenburger Tor und für zeitgenössische Design-Ikonen wie das Olympia-Stadion von Peking oder das London Eye.

Die Luxusgüterindustrie ist hier wieder einmal Vorreiter. Bestimmte Modelle einer Tasche oder einer Armbanduhr gibt es nur an bestimmten Standorten der Marke. Diese meist limitierten Modelle sind dann auch besonders begehrt. Wer sie haben will, muss hin; der Versand dieser Preziosen ist ausgeschlossen.

Auch viele Hersteller von Konsumgütern verzichten bewusst darauf, ihre Produkte außerhalb ihres Kerngebiets zu vertreiben. So bekommt man die ausgezeichneten Fleischprodukte des Graubündner Metzgers Hatecke so gut wie nur in Graubünden. Den Bregenzer Bergkäse bekommt man überall in Vorarlberg, auch noch vereinzelt in Österreich, aber außerhalb Österreichs ist Schluss. Selbst wenn man ihn ab und zu auch im Ausland vorfindet, den wirklich guten, 18 Monate gereiften Käse findet man nur in Vorarlberg und dort am besten direkt in der Sennerei.

051/101 Qualifikation des Kunden erhöhen

Haben Sie sich schon einmal Gedanken gemacht, warum es manche Marken bis auf die Speisekarten von Gourmetrestaurants schaffen? Aufgrund des ausgeprägten Egos, über das ein Hauben- oder Sternekoch verständlicherweise verfügen muss, ist es extrem schwer, daneben noch weitere Marken zu platzieren. Nichts soll von dem Genius des Meisters hinter dem Herd ablenken. Trotzdem schaffen es bestimmte Marken immer wieder, in den erlauchten Kreis der vom Ego des Meisters geduldeten oder ergänzungswürdigen Marken aufgenommen und sogar im Allerheiligsten, der Speisekarte, erwähnt zu werden.

Wie geht das? Unerreichbar schwer für die allermeisten Lebensmittelmarken – aber dann doch wieder ganz einfach. Am Beispiel einer der am häufigsten auf Speisekarten von Sterne-Restaurants erwähnten Marken lässt sich das anschaulich nachvollziehen – Valrhona.

Valrhona wurde 1924 im Tal der Rhône gegründet. 250 Mitarbeiter produzieren dort pro Jahr rund 3500 Tonnen Schokoladenprodukte. Natürlich produziert Valrhona nur feinste Qualität und sorgt schon bei der Rohstoffbeschaffung für die nötigen Grundlagen. So besitzt Valrhona eigene Kakaoplantagen und bezieht seine Rohstoffe direkt von den Produzenten. Ohne Großhändler dazwischen. Das sichert den Zugriff auf die beste Qualität. 170 Tests pro Woche garantieren höchste Qualität in der Fertigung. Darüber hinaus engagiert sich das französische Unternehmen für die Rettung und den Erhalt von vom Aussterben bedrohter Kakaopflanzen.

Dazu war Valrhona das erste Unternehmen, das die Prozentzahlen des Kakaoanteils auf seinen Verpackungen auslobte sowie Grand-Cru-Schokolade aus sortenreinen Kakaobohnen bester Jahrgänge entwickelt hat und derart feinen Kakao benutzt, das es als erster Chocolatier überhaupt in der Lage war, 70-prozentige Schokolade auf den Markt zu bringen. Die Marke bietet ihre sortenreinen Schokoladeprodukte auch noch mit unterschiedlichen Kakaobuttergraden an, was wichtig für die Weiterverarbeitung ist. All das ist jedoch nur die Grundvoraussetzung.

Seit Langem konzentriert sich Valrhona auf den B2B-Bereich und damit auf die professionellen Patissiers in der Industrie und natürlich auf die Köche. Da ist es nur folgerichtig dafür zu sorgen, dass die Kernklientel immer besser wird und ständig neue Ideen entwickelt, was man alles mit Produkten der Marke Valrhona machen kann.

Das ist das Kernziel des Marketings von Valrhona: seine Kunden immer besser machen. Das passiert zum Beispiel seit 1987 mit der Gründung und dem Sponsoring der «Weltmeistermeisterschaft der Konditoren», der Unterstützung zahlreicher Ausbildungswettbewerbe von Konditorenschulen überall auf der Welt und vor allem der Gründung der «École du Grand Chocolat», wo Professionals durch Trainings, Rezepturen, technische Ratschläge oder auch Veranstaltungen unterstützt werden. Um den Abstand zur Konkurrenz weiter zu vergrößern, wurde 2006 die «Foundation for Taste» gegründet, um Geschmack zu studieren, zu fördern und aufzuwerten.

So schafft man es als Marke auf die Speisekarten internationaler Spitzenrestaurants.

Mittlererweile bekommen sogar Endverbraucher die Möglichkeit, am gesammelten, professionellen Erfahrungsschatz von Valrhona teilzuhaben. In Deutschland und in den USA werden hierzu Schokoladenseminare in Kooperation mit den Ritz-Carlton Hotels ausgerichtet.

052/101 Zugangswissen

Je größer die Überflussgesellschaft mit all ihrer Austauschbarkeit, desto wichtiger wird die Kennerschaft zur eigenen Differenzierung und zur Untermauerung des gesellschaftlichen Status. Wenn alle alles jederzeit an jedem Ort für jeden Preis bekommen können, gewinnen die Erfahrung und das Wissen, das Alltagsprodukte und -dienstleistungen zu etwas Besonderem macht, und die Kenntnis, woher man diese Besonderheiten bekommen kann, immer mehr an Bedeutung. Die Theorie des «Long Tail» von Chris Anderson, dem Chefredakteur des «Wired Magazine», beschreibt, wie man mit Nischenprodukten und Produkten, die kaum gefragt sind, im Internet

Umsatz machen kann. Für alle Dienstleiter, Händler und verwandte Anbieter wird das oft exklusive Wissen, woher man etwas bekommen kann und wer etwas Besonderes herzustellen vermag, der entscheidende Faktor, ihre Kompetenz zu steigern und ihre Differenzierungsbemühungen zu untermauern.

Dabei bieten oft die Bereiche, die nicht im vordergründigen Licht der Öffentlichkeit stehen, spannende Geschäftschancen. Wie werden zum Beispiel hochwertige und extrem teuere Bekleidungsstücke und Accessoires gepflegt? Die Hersteller übertreffen sich an innovativen Materialien, Materialkombinationen und immer raffinierteren Fertigungsmethoden. Aber wie werden die Ergebnisse dieser Bemühungen denn instand gehalten, damit das viele Geld, das man für solch ein hochwertiges Produkt ausgibt, nicht durch eine einzige Wäsche vernichtet wird?

Gwen Whiting und Lindsey Weber haben sich aufgemacht, darauf eine Antwort zu finden und ihre Kompetenz in eine neue Marke zu verdichten. Die beiden Damen haben viel Erfahrung in der Textilindustrie gesammelt und für die besten Luxusmarken der Welt gearbeitet. Die eine war Designerin für die Ralph Lauren Home Collection, die andere Managerin bei Chanel. Mit diesen vielschichtigen Erfahrungen gründeten die beiden die Reinigungs- und Pflegemarke «The Laundress». Vom «Wool & Cashmere Shampoo» bis zum «Signature Detergent» findet man dort alles, um hochwertige Textilien perfekt zu reinigen und zu pflegen.

053/101 Reputation

Bis in die 50er-Jahre war Reputation in den Verkäufermärkten westlicher Industrienationen kein ernst zu nehmendes Thema. Man verließ sich lieber auf die Leistung des Produkts – ein gutes Produkt verkauft sich von selbst. Das war die gängige Meinung. Erst die 80er-Jahre brachten eine Veränderung: Bedingt durch die Globalisierung und daraus resultierende Fusionen und Akquisitionen gewannen plötzlich die weichen Faktoren an Bedeutung. 1983 führte Carl Shapiro Reputation in die moderne Management-Literatur ein, indem er die Korrelation zwischen Qualität und Reputation analysierte. Er fand heraus, dass Reputation eine wichtige Rolle im Kaufprozess spielt, wenn bei Produkten die Qualität nicht offensichtlich erkennbar ist.

Das konsequente Management der eigenen Reputation, sei es als Person wie als Unternehmung, ist in Zeiten, in denen der Kunde sich aufgrund der Komplexität von Produkten, Angeboten, Funktionalitäten und Wirkungsmechanismen keine direkte, fachlich erschlossene Meinung mehr bilden kann, der Schlüssel für Anziehungskraft. Ein guter Leumund sorgt für genau die Entlastung und Sicherheit, die insbesondere bei kollektiv getroffenen Kaufentscheidungen mit hoher Tragweite am Ende die entscheidende Rolle spielen.

054/101 Referenzen

Über sich selbst zu reden ist Werbung. Andere über sich reden zu lassen ist schlau. Wenn diese anderen auch noch anerkannte Ahnung von dem haben, wovon sie reden, umso besser. Langjährige, zufriedene Kunden sind die besten Werbeträger, die sich eine Marke wünschen kann. Sie sind das beste Marketing, das es gibt. Diese Kunden über sich sprechen zu lassen, ist die glaubwürdigste Art – insbesondere im Dienstleistungsbereich –, um das Risiko des Neukunden zu reduzieren. Wann immer es geht, sollten Sie Ihre Kunden über sich sprechen lassen. Sie sollten jede Möglichkeit nutzen, Ihre Kunden dazu anzustiften. Holen Sie sich Aussagen, die Sie als Referenzen nutzen können und setzen Sie diese Aussagen so vielfältig wie irgend möglich ein.

055/101 Volatiles Angebot

Wir sind daran gewöhnt, dass alles jederzeit verfügbar ist. Da fällt es schon auf, wenn das mal nicht so ist, und zwar nicht aufgrund schlechter Logistik oder ungenügender Vorausplanung, sondern ganz einfach deshalb, weil es mal mehr gibt und mal weniger.

Wir kennen den Effekt und das, was er auslöst, noch sehr gut von früher. Wenn beispielsweise unsere Mutter beim wöchentlichen Einkauf den Obstverkäufer gefragt hat, ob es denn wieder etwas von den guten Aprikosen vom letzten Jahr hat. Antwort: «Sind noch nicht reif und süß genug, kommen erst nächste Woche.» Resultat: «Legen Sie mir doch bitte ein Kilo zurück; ich hol's dann ab.» Preisverhandlung? Fehlanzeige. Man war froh, noch etwas abbekommen zu haben.

Oder: «… Von Ihrem bevorzugten Olivenöl haben wir nichts mehr, weil die letzte Ernte nicht unseren Qualitätsmaßstäben entsprochen hat». Ergebnis? Beim nächsten Mal wird gleich etwas mehr mitgenommen.

Warum nutzen Sie nicht mal wieder den Effekt eines schwankenden Angebots und betonen damit Ihre hohen Qualitätsvorstellungen? Überall, wo Frische eine Rolle spielt, geht das wunderbar. Beim internationalen Handel mit Rohstoffen stellt die Volatilität einen wesentlichen Eckpfeiler der Preisbildung dar. Das Angebot bestimmter Qualitätsstufen ist nicht unbegrenzt und schwankt daher, das weiß auch der Kunde und respektiert dies, wenn es ihm in einer nutzbringenden und glaubwürdigen Form kommuniziert wird. Betonen Sie Ihre hohen Qualitätsmaßstäbe und Ihre Kundenorientierung, indem Sie manche Produkte aufgrund von Frische, Beschaffenheit der Grund- und Rohstoffe, fachgerechter Behandlung oder Fertigungstoleranzen in einem vertretbaren Bereich schwanken lassen. Begehrlich ist das, was nicht immer grenzenlos verfügbar ist.

Kapitel VII Die Vermarktung

056/101 Zugehörigkeit

«Wer ein Drinnen will, muss ein Draußen schaffen», sagen Sozialforscher. Es funktioniert immer wieder erstaunlich gut im Zeitalter des materiellen Überflusses, Menschen bei ihren emotionalen Knappheiten zu packen. Eine davon liegt in der Sehnsucht, dazuzugehören. Der Mensch will nicht ausgeschlossen sein. Das fängt bereits in der Vorschule an. Kinder möchten Freundeskreisen (Cliquen) beitreten, im Klassenverband aufgenommen werden und bei der Klassenreise Teil der Gemeinschaft sein. In der Jugend möchte man in die richtigen Clubs (früher Discos) eingelassen werden, was, wie der Begriff «Club» schon andeutet, nicht immer leicht ist.

Dort, wo selbst Clubs starker Konkurrenz ausgeliefert sind, achten Türsteher peinlichst genau darauf, dass die Bildung einer Warteschlange schon möglichst früh am Abend einsetzt, denn die Länge der Warteschlange vor dem Club ist für alle Passanten ein untrügliches Qualitätskennzeichen. Somit sind gute Türsteher weit mehr als Einlassverweigerer, sie sind die besten Verkaufsförderer, die ein Club haben kann. Denn das physikalische Prinzip, dass Masse Masse anzieht, führt dazu, dass eine ohnehin schon lange Warteschlange sehr schnell noch sehr viel länger wird.

Viele kommen gar nicht hinein oder erst nach langer Wartezeit. Wie auch andernorts. Als Student möchte man an die richtige Universität, als Berufsanfänger in die richtige Firma, als Manager in die richtige Flugklasse, und die Farbe der Kreditkarte ist bald wichtiger als das Limit darauf. Um dazuzugehören, nehmen wir allerhand in Kauf.

Diese Sehnsucht lässt sich für die Steigerung der eigenen Attraktivität ausgezeichnet nutzen. Warum muss sich eine Marke immer allen vorbehaltlos anbieten? Warum grenzt man nicht ab, um gleichzeitig einzugrenzen? Das fängt schon innerhalb des eigenen Unternehmens an. Warum müssen immer alle Vertriebsmitarbeiter zur Schulung der neuesten Produkte? Weil man etwas muss, heißt das noch lange nicht,

Die Vermarktung

dass man es auch will. Starke Marken drängen sich nicht auf, sie verführen. Die Markenleistung ist es, die überzeugen muss. Und ganz besonders diejenigen, die andere mit dieser Leistung anstecken sollen. Probieren Sie es mal aus. Führen Sie die nächste Produktvorstellung nicht mehr verpflichtend durch, sondern auf rein freiwilliger Basis – in der Freizeit (!), aber an einem herausragenden Ort, mit einer außergewöhnlichen Inszenierung in einem stimulierenden Ambiente mit Präsentatoren der Extraklasse. Jetzt schaffen Sie ein Drinnen. Das werden Sie in kurzer Zeit merken. Denn die Wissenden werden den Unwissenden den Unterschied spüren lassen. Über mangelndes Interesse an den neuen Produkten Ihrer Marke werden Sie sich für einige Zeit keine Gedanken mehr machen müssen. Ihr Motto muss lauten: «Sich bloß niemandem aufzudrängen». Nicht nachlaufen, sondern verführen! Keiner Ihrer Leute muss etwas, aber alle können, wenn sie sich dafür qualifizieren.

Wichtig ist einzig und alleine Ihre Leistung, wie Sie für die Attraktivität Ihrer Marke arbeiten. Sie steigern die Attraktivität nur, wenn alles, was mit Ihrer Marke in Verbindung steht, überraschend, authentisch und differenzierend ist, möglichst weit weg vom Üblichen und gleichzeitig möglichst nah an der Spezifik Ihrer Marke. Jegliche Kreativität in der Vermittlung Ihrer Leistung muss immer aus dem Kern Ihrer Marke entspringen. In erster Linie geht es nicht darum, ob etwas Ihnen, Ihren Mitarbeitern oder den Kreativen selbst gefällt, sondern einzig und alleine, ob es zu den Werten Ihrer Marke passt und damit auf Ihre Kunden authentisch wirkt.

Also, grenzen Sie mehr ab, statt ein. Das muss nicht so öffentlich wie in der Disco von früher passieren, das kann sehr subtil ablaufen. Zum Beispiel mit den richtigen Codes …

057/101 Codierung

Die 80er-Jahre sind dafür berühmt, dass Marken von ihren Kunden erstmals sehr extrovertiert benutzt wurden, um Zugehörigkeit zu bestimmten Stilgruppen zu zeigen. Dies geschah auf die denkbar einfachste Weise: durch übergroß aufgebrachte Logos. Auf T-Shirts, Sweatshirts, Windjacken, Mützen, Schuhen und allem, was irgendwie eine Fläche bot, um Zugehörigkeit zu demonstrieren. Sogar sein Auto hat man durch Vollbeklebung ganz und gar einer bestimmten Marke verschrieben. Heckscheibenfensterbreite Kenwood- und «Penthouse»-Aufkleber waren da noch die simpelste Form der beginnenden Markenidentifikation. Damals war die Größe des Autoaufklebers noch ein sicheres Kennzeichen für Markenattraktivität.

Reste von derartig extrovertiert dargestelltem Markenbewusstsein finden sich bei uns heute nur noch in abgelegenen, ländlichen Gegenden und in den Problemvierteln mancher Großstädte. Verantwortungsbewusste Markenmanager sollten sich deshalb dort regelmäßig umsehen, um frühzeitig Gegenmaßnahmen einleiten zu können, falls die eigene Marke hier stärker präsent ist als gewünscht. Adidas hat Ende der 80er-Jahre damit Erfahrung gemacht, was es heißt, von den falschen Kunden getragen zu werden, weil man sich am falschen Ort zum falschen Preis verkauft hat.

Umso verwunderlicher ist es, dass Adidas aus diesem Fehler – im Gegensatz zu Puma – nichts gelernt hat und zulässt, dass die Marke wieder übermäßig stark in den unteren Randbereichen der Gesellschaft mit extrem starker Logopräsenz unterwegs ist. Sieht man in den Nachrichten rumänische Autoschmuggler oder vietnamesische Drogendealer, können Sie mit Sicherheit darauf wetten, dass diese Sneaker oder Jacken mit den berühmten drei Streifen tragen. Globalisierung mal ganz anders.

Selbst die Luxuswarenindustrie steckt markentechnisch teilweise noch in der Findungsphase. Wie sonst sind die übergroßen Logos auf den niedlichen kleinen Prêt à porter-Jäckchen von Chanel zu erklären oder riesige Gürtelschnallen, die unter Wohlstandsbäuchen hervorquellen und das Hermès-Logo tragen? Ganz zu schweigen von gigantischen Dolce-&-Gabbana- oder Louis-Vuitton-Markenzeichen auf Unterwäsche und Handtaschen.

Ralph Lauren verfolgt hier eine bemerkenswerte Strategie: Je billiger, basischer und breiter eine Kollektion produziert und vertrieben wird, desto größer das berühmte Logo mit dem Polospieler. Je hochwertiger, teurer und selektiver die Kollektion, desto kleiner beziehungsweise unsichtbarer das Logo. Bei den Spitzenkollektionen «Ralph Lauren Purple Label» und «Black Label» ist das Logo gar nicht mehr vorhanden.

Verleugnet da jemand seine eigene Herkunft? Weit gefehlt. Ralph Lauren hat es nicht umsonst zu einem der größten und erfolgreichsten Lifestyle-Konzerne der Welt gebracht. Die Top-Kollektionen sind für die markenerfahrenen Kunden gemacht, die schon über Jahre und Jahrzehnte bei Ralph Lauren kaufen. Jeder hat mal mit dem Polohemd und dem Polospieler angefangen, viele wurden gemäß ihrer eigenen Statusentwicklung nach oben begleitet und damit stärker an die Marke gebunden. Für Neueinsteiger in die Ralph-Lauren-Welt bietet sich das komplette Sortiment, und sie können anhand des eigenen Geschmacks, Geldbeutels und Wohnorts wählen, mit welcher dieser Teilwelten sie sich am stärksten identifizieren.

Generell gilt: Je erfahrener und souveräner ein Kunde mit der Marke umgeht, desto codierter stellt sich ihm die Marke dar. Die erwünschte Zugehörigkeit stellt sich subtiler her und trennt damit wieder die Wissenden von den Unwissenden. Damit entsteht stilistische Zugehörigkeit, nicht mehr oberflächlich und für jedermann einsehbar, sondern über dechiffrierbare Leistungsabzeichen, im Fall von «Ralph Lauren Purple Label» über die superdezent und versteckt aufgebrachte Farbe Violett. Bei Bottega Veneta ist es das charakteristische Flechtmuster und bei der Mailänder Lederwarenmanufaktur Valextra ist es das – geschützte – Oberflächenmuster des Leders. Einen herkömmlichen Logoauftritt sucht man bei diesen Marken vergebens.

Die Codierung von Markenartikeln im Luxusbereich kann aber noch extremer ausfallen. Die weltgrößte Champagnermarke Moët-Chandon verkauft im Jahr rund 16 Millionen Flaschen Champagner unter ihrer Marke mit ihrem Etikett. Davon produziert sie aber nur drei Millionen Flaschen selbst. Die restlichen 13 Millionen Flaschen werden fertig gerüttelt und gegärt zugekauft und nur noch mit dem eigenen Etikett versehen. Eine einheitliche Markenleistung in Qualität und Geschmack ist dadurch nicht mehr gewährleistet. Natürlich muss dieser Umstand nach EU-Richtlinien deklariert werden, und zwar auf der Vorderseite des Flaschenetiketts. Hierfür wurden insgesamt sieben Codes in Form von zwei Buchstaben festgelegt, die meist winzig klein am Rand des Etiketts zu finden sind.

Wer diese Codes kennt und sie entschlüsseln kann, bekommt die Qualität, die er möchte. Die Codes gehen von R. C. (Récoltant Coopérateur), der größten Gruppe unter den Champagnermarken, die von anderen Häusern produzierten Champagner unter ihrer eigenen Marke verkaufen, bis hin zu R. M. (Récoltant Manipulant), der seinen Champagner vom Weinberg bis in den Keller ausschließlich selbst produziert. Nur mit diesem Code auf dem Flachenetikett ist garantiert, dass der Champagner auch ausschließlich von der Marke hergestellt wurde, die auf dem Etikett steht. Auch hier sind es die feinen Details, die den Wissenden vom Unwissenden unterscheiden und für Zugehörigkeit und damit Anziehungskraft der Marke sorgen.

Codieren Sie Ihre Marke, um genau diese Unterschiede zu erzeugen und Begehrlichkeit aufzubauen. Dies kann auf vielfältigste Weise geschehen.

Lassen Sie mich das an einem Beispiel aufzeigen: Werbegeschenke, die keiner will.

Nachdem das Rauchen etwas aus der Mode gekommen ist, wurden die Streichhölzer als beliebtestes Werbegeschenk vom guten alten Kugelschreiber und allem, was darunter verstanden wird, abgelöst. In Deutschland werden jedes Jahr Millionen von Werbestiften verschenkt. Leider wird diese Chance kaum genutzt, um die Attraktivität der Marke, die daraufgedruckt ist, zu erhöhen. Beim Einkauf wird in der Regel auf Masse gesetzt, und Masse bedingt somit, dass der einzelne Stift billig sein muss. Das endet fast immer in Durchschnitt und Gewöhnlichkeit und ist damit ohne Chance auf Steigerung der Begehrlichkeit.

Was wäre, wenn nur ein Viertel der geplanten Menge bestellt werden würde und damit zum vierfachen Durchschnittspreis? Mit einem Werbekugelschreiber, der viermal so teuer ist wie der Durchschnittsstift, kann man sich angenehm vom Rest absetzen und verleiht seiner Marke etwas mehr Bedeutung. Natürlich bleibt das Problem der Menge. Nein, nicht wirklich. Auch bei Werbegeschenken, insbesondere dann, wenn sie viermal so teuer sind wie der Durchschnitt, greifen die Gesetze der Verknappung. Was nicht jeder haben kann, wird umso begehrter. Teilweise übersteigt der ideelle Wert den materiellen Wert bei Weitem. Weil Sie Ihre Großzügigkeiten nicht mehr wahllos über der Menge ausschütten, werden Ihre Stifte wieder begehrt und damit die Marke, die darauf abgedruckt ist.

058/101 Persönlichkeit

Man kennt das von seinem Lieblingsrestaurant. Man geht immer wieder hin. Das schon seit vielen Jahren. Nicht unbedingt wegen der Lage; es gibt Restaurants, die liegen näher. Nicht unbedingt wegen der Küche, auch hier sind andere oft besser. Das Ambiente ist okay vergessen. Es sind die Menschen, die einen immer wieder anziehen. Sei es der Oberkellner, der Wirt oder seine Frau. Die Persönlichkeiten, die uns kennen und die uns vertraut sind und uns damit viel Entscheidungsdruck nehmen. Den Kellner, der einen seit Jahren bedient, kann man nach einem anstrengenden Tag gedankenverloren fragen, was er empfiehlt und das nimmt man dann auch. Der Kellner weiß ja, was sein Gast mag.

Viele große Marken wurden und werden von Persönlichkeiten mit allen ihren Ecken und Kanten geprägt. Auch das ist ein Privileg der Unternehmer. Manager können eine solch prägende Rolle nur sehr selten einnehmen, obwohl es viele gerne täten. Unternehmer wie Nicolas Hayek, Dietrich Mateschitz, Erich Sixt, Hans Riegel oder Dietmar Hopp haben ihren Marken Charakter und Persönlichkeit gegeben. Ihre Spleens beschäftigen die Medien und sie bieten immer wieder Reibungsflächen, die gerne angenommen werden und über die jeder redet.

Philip Rosenthal aus der gleichnamigen Porzellandynastie hat seine Fabrikgebäude in Selb zu einer Zeit von dem Künstler Friedensreich Hundertwasser bauen lassen, als es das Wort Stararchitekt noch gar nicht gab. Er promovierte in Oxford zum Master of Art und kämpfte im Zweiten Weltkrieg in der französischen Fremdenlegion, war parlamentarischer Staatssekretär und Bundestagsabgeordneter, Kunstprofessor und Motiv für eines der berühmten Portraits von Andy Warhol. Der Facettenreichtum und die Eigenarten des Firmenchefs hatten ihn, sein Unternehmen und seine Marke erst so richtig interessant gemacht. Philip Rosenthal schlief zum Beispiel nur auf Sand aus der Sahara, schwamm noch im Alter von 73 Jahren um die Insel Gran Canaria und machte Schlagzeilen mit spektakulären Erstbesteigungen in den Anden und im Himalaja. Er begann schon in den 50er- und 60er-Jahren in Zusammenarbeit mit herausragenden Designern und Künstlern, die legendäre Rosenthal Studio-Linie aufzubauen und führte bereits 1963 als einer der ersten Unternehmer in Deutschland ein Beteiligungssystem für Mitarbeiter ein. Von der Strahlkraft dieses Mannes kann das gegenwärtig permanent vor dem Konkurs stehende Unternehmen nur träumen.

059/101 Minimalismus

Unter Innenarchitekten gibt es ein einfaches Mittel, aus kleinen Räumen große zu machen: Ein einziges herausragendes Objekt und ansonsten möglichst wenig Möbel drum herum. Das schafft Fokus und Großzügigkeit gleichzeitig. Dadurch wird selbst der kleinste Raum größer und interessanter, denn Räume wirken umso größer, je weniger drinsteht.

Dieser Grundsatz hat die Dekoration vieler beeindruckender Räume über viele Jahrhunderte hinweg geprägt und kann auch Marken zu mehr Anziehungskraft verhelfen. Stellen Sie sich nur den Spiegelsaal von Versailles, vollgestellt mit Möbeln und anderen Dekorationsgegenständen, vor.

Egal ob Messestände, Verkaufsräume, Hausmessen, Websites oder Prospekte, räumen Sie auf und aus. Wenn Sie Ihrem Produkt oder Ihrer Botschaft größere Bedeutung verleihen wollen, fokussieren Sie sich hemmungslos. Ihr überlasteter und gestresster Messe-, Laden- oder Website-Besucher wird es Ihnen danken, wenn Sie ihn einfach, bequem und schnell das zeigen oder mitteilen, weshalb Sie da sind. Je mehr Sie das Umfeld reduzieren, desto wichtiger und bedeutender wird Ihre Markenleistung. Hier wird klar gezeigt, worum es geht und nicht um den heißen Brei herumgeredet. Es wird nicht abgelenkt und nichts vertuscht, nur die pure Leistung Ihrer Marke steht auf der so geschaffenen Bühne. Das zieht die Aufmerksamkeit aller Passanten an. Denn wer wirklich ein wichtiges Anliegen mitzuteilen hat, kommt schnell zum Punkt!

Gleichzeitig zwingt Sie diese Konzentration dazu, Ihrer eigentlichen Botschaft mehr Schärfe und Bedeutung zu geben, denn Sie haben ja nichts anderes. Um erfolgreich zu bestehen, müssen Sie jedes Quäntchen Leistung herausholen; Sie müssen ins Detail gehen, und genau das ist es, was überlegene Marken formt. Oberflächlich kann jedermann Marken führen. Und je mehr das machen, desto interessanter wird es, unter die Oberfläche zu gehen und die Sinne des Publikums und der potenziellen Kunden für die Leistungsdetails der eigenen Marke zu schärfen. Das vergrößert den Abstand zum Wettbewerb auf nachhaltige Weise.

Die Kunst des Weglassens klingt zwar einfach, braucht aber Mut in der Umsetzung. Im Tagesgeschäft wird um jeden Quadratmeter Messestandfläche gekämpft bis zum Umfallen. Jeder Produktmanager will sein Thema platzieren, jeder Vertriebsmitarbeiter will seinen Besprechungsraum noch ein wenig größer haben (dem Komfort der Gäste und der eigenen Bedeutung zuliebe). Jeder Quadratzentimeter Ihres Katalogs oder Prospekts wird unter Dauerfeuer stehen, um dort noch etwas unterzubringen, was ja eventuell jemanden interessieren könnte. Bloß keine Gelegenheit auslassen, jedem, aber wirklich jedem eine eigene Botschaft anzubieten – bis hin zur völligen Belanglosigkeit. Da werden viele «Neins» notwendig sein, um Ihre Kernbotschaft maximal zu verdichten und somit eine anziehungsstarke Differenzierung zum ebenfalls überladenen Wettbewerb herzustellen.

060/101 Anders

«Being different, not better», rief der IKEA-CEO Anders Dahlvig seinen Zuhörern entgegen, als er darüber referieren sollte, warum IKEA so außergewöhnlich erfolgreich ist. Das andauernde Streben danach, besser zu sein wie der Wettbewerb, überfordert oft die Organisation und dauert sehr häufig auch länger, als die Dinge einfach nur anders zu machen. Immer mehr vom Gleichen führt logischerweise zu erhöhter Austauschbarkeit und damit auch zu Gleichgültigkeit, das Gegenteil von Anziehungskraft.

Das einfachste und schnellstwirksamste Gegenmittel heißt Andersartigkeit. Am Beispiel IKEA lässt sich das schön aufzeigen: Alle Möbelhändler haben vergleichsweise kleine Geschäfte, IKEA hat riesengroße Läden. Möbelhändler sind häufig in der Innenstadt anzutreffen, IKEA am Stadtrand. Normale Möbelhändler werben mit unzähligen Prospekten, IKEA mit einem dicken Katalog. Möbelhändler verkaufen Möbel, IKEA verkauft stattdessen komplette Zimmereinrichtungen. Möbelhändler bedienen ihre Kunden, IKEA setzt auf Selbstbedienung. Möbelhändler verkaufen bereits fertig zusammengebaute Möbel oder bauen diese auf, IKEA verkauft zerlegte Ware zum selber zusammenbauen. Möbelhändler beziehen ihre Ware regional oder national, IKEA kauft von Anfang an weltweit ein.

Diese Liste ließe sich noch beliebig fortführen über die Art der Wegführung, die Preisstellung, den Umgang mit Sonderverkäufen und Rabatten, die Nebengeschäfte und so weiter. Entscheidend ist aber die Tatsache, dass IKEA nicht unbedingt bessere Produkte an besseren Orten verkauft oder bessere Mitarbeiter hätte, die Spielregeln sind für alle Marktteilnehmer die gleichen. IKEA macht die Dinge von Anfang an nur überlegt anders, ist damit zum größten Möbelhändler der Welt geworden.

061/101 Bequemlichkeit

Haben Sie die Bedienungsanleitung zu Ihrem Autoradio oder Navigationssystem jemals gelesen? Wissen Sie überhaupt, wo die Anleitung zum Betriebssystem Ihres Computers liegt? Die Menschen werden nicht bequemer, wie es oft heißt. Im Gegenteil, die Anforderungen an sie werden immer vielfältiger und oft auch größer. Einerseits steigt die Vielfalt der Möglichkeiten unaufhörlich an, andererseits nehmen die Hilfestellungen, um die wachsende Vielfalt in den Griff zu kriegen, immer mehr ab. An den Verkaufstheken gibt es kaum noch Bedienungen, die über die nötige Sachkenntnis verfügen. In Baumärkten und Elektronikmärkten kann man heilfroh sein, wenn man jemanden findet, der sich als Verkäufer versteht und verkaufen möchte. Wie es um die Kompetenz von Bankberatern bestellt ist, hat die Finanzkrise nur zu deutlich gezeigt. Deshalb wachsen Geschäftsmodelle der Direktbanken nicht, wie so oft fälschlicherweise behauptet wird, aufgrund von niedrigen Preisen und hohen Zinsen, sondern aufgrund einfachster Konzepte, die bequem von zuhause aus rund um die Uhr genutzt werden können.

Können Sie sich vorstellen, dass es bequem sein könnte, sein Bahnticket am Automaten zu kaufen? Zugegeben – in Deutschland ist es das definitiv nicht. Im Nachbarland Schweiz ist es ein Genuss, am Automaten ein Ticket zu verkaufen. Es geht schneller als an jedem Schalter, und es macht eigentlich Spaß, weil Benutzerführung, Grafik und Geschwindigkeit stimmen.

Der «Ein-Click»-Knopf von Amazon ist die vielleicht perfekteste Art, bequemes Einkaufen im Internet zu ermöglichen. Ich will was und sage es mit einem einzigen Knopfdruck, sonst nichts. Ein paar Tage später habe ich es zuhause. Kein Wunder also, dass es konventionelle Musikhändler und Buchläden zunehmend schwerer haben.

Bequemlichkeit ist auch die Grundlage für den Bio- und Wellness-Boom und der Renaissance von Fasten und Gesundheitsthemen. Abnehmen, ohne zu hungern, mit Spaß gesund werden, sich gesund ernähren und keine Abstriche an Geschmack und Optik zu machen, dass sind die Erfolgstreiber der Zukunft. In der Zwischenzeit gibt es auch schon wieder Tankstellen mit einem Tankwart, und es sollen auch schon vereinzelt Packhilfen an Supermarktkassen gesichtet worden sein. Geschäftsmodelle, die Kosten einsparen wollen, indem sie bei der Bequemlichkeit ihrer Kunden Abstriche machen, werden es schwerer haben.

062/101 Lebensknappheiten ansprechen

Glaube versetzt Berge. Jedes Jahr im August findet in Kitzbühel in Österreich eine bemerkenswerte Veranstaltung statt, die selbst bei den Einheimischen Befremden auslöst: das Hansi-Hinterseer-Wochenende.

Hansi Hinterseer ist etwas gelungen, was nicht vielen gelingt –

die Karriere nach der Karriere. Hinterseer stammt aus einer alten Kitzbüheler Skifahrer-Familie. Sein Vater Ernst Hinterseer gehörte bereits zum Kitzbüheler «Wunderteam» und war unter anderem zusammen mit Toni Sailer Medaillengewinner bei Olympischen Winterspielen in den 50er- und 60er-Jahren.

Hansi trat zunächst in die Fußstapfen des Vaters und wurde Skirennläufer. Auch er gewann zahlreiche Weltcup-Rennen und bei der WM 1974 in St. Moritz eine Silbermedaille. Nach seiner Skifahrer-Karriere wurde er für kurze Zeit Vertreter eines Tiroler Skiproduzenten. Später wurde er durch Zufall von dem Musikproduzenten Jack White entdeckt und startete eine noch erfolgreichere zweite Karriere als Volksmusik-Sänger und Entertainer.

In seinem Heimatort Kitzbühel veranstaltet Hinterseer seit 2001 jedes Jahr im August sein außergewöhnliches Fan-Wochenende. Diese gottesdienstähnliche Fanveranstaltung zieht heute fast soviele Besucher in die Stadt am Wilden Kaiser als das weltberühmte Hahnenkamm-Rennen.

Der Ritus dieses Wochenendes ist im Prinzip immer der gleiche. Eine Wanderung am Donnerstag auf den Hahnenkamm, zu der 2008 unglaubliche 9000 Besucher kamen, endet mit einem Gottesdienst, bei dem der Hansi ministriert. Weil Hansi verkündet, die Natur zu schonen und keinen Abfall wegzuschmeißen, findet sich, nachdem 9000 Menschen über die Berge gewandert sind, dort auch kein Fizzelchen Abfall. Am Freitag gibt's Generalprobe und am Samstagmittag einen Empfang für 10 000 Fans in der Kitzbüheler Innenstadt, bevor am Samstagabend das große Hansi-Hinterseer-Open-Air mit zahlreichen Gaststars steigt, das bereits ein Jahr vorher innerhalb von einer Stunde ausverkauft ist.

Die Hansi-Manie trägt teilweise groteske Züge. An der Straße von Hansis Haus bis zum Stadion, wo das Open-Air stattfindet, befinden sich zahlreiche Hotels und Pensionen. Nur am Hansi-Hinterseer-Wochenende kosten die Zimmer mit Blick zur Straße, wo der König von Kitzbühel zum Stadion fährt, mehr als die Zimmer mit dem berühmten Alpenpanorama-Blick in die Kitzbüheler Berge.

Was macht Hansi Hinterseer so anziehend? Was lässt jedes Jahr Tausende von Menschen zu ihm in die Kitzbüheler Alpen pilgern?

Es ist nicht die Musik, nicht die großartige Show, nicht die malerische Stadt, nicht die beeindruckende Alpenlandschaft rund um Kitzbühel, und es sind auch nicht die Gast-Stars. Es ist die konsequente Ansprache der emotionalen Lebensknappheiten seiner Fans.

Bedürfnisse können von jedem erkannt werden, der mit seinen Kunden einigermaßen vertraut und bereit ist, sich darauf einzulassen. Das Problem bei Bedürfnissen ist, dass sie von jedem erkannt und auch von jedem befriedigt werden können. Bedürfnisse haben auch eine zeitliche Dimension: Irgendwann sind sie restlos befriedigt oder existieren einfach nicht mehr.

Lebensknappheiten sind da verlässlicher, sie werden nie befriedigt, sie sind unendlich. Die Träume, Hoffnungen, Sehnsüchte und Wünsche der Menschen nähren sich aus sich selbst heraus. Je mehr Träume man sich erfüllt, desto mehr entstehen. Sehnsüchte sind in der Regel unerfüllbar. Für die nachhaltig wirksame Positionierung von Marken sind dies sehr viel verlässlichere und konstantere Fundamente als sich schnell verändernde Bedürfnisse.

Hansi Hinterseer sitzt mit seiner Marke exakt auf den Lebensknappheiten seiner Fans. Er hat die Defizite und Sehnsüchte seiner Fans nach Harmonie, Naturverbundenheit, Zuneigung, Familienglück und Liebe früher und besser erkannt als seine Wettbewerber, und vor allem konzentriert er sich konsequenter auf deren Erfüllung. Die Fans danken es ihm mit einer geradezu messianischen Verehrung, die man als Außenstehender eher bei Kindern im Teenager-Alter erwarten würde als von deren Müttern und auch Vätern.

063/101 Zukunftswille

Wer erinnert sich nicht an die berühmte Rede von John F. Kennedy vom 12. September 1962 an der Rice University in Houston, in der er die Vision beschreibt, dass noch vor Ende des Jahrzehnts ein Amerikaner auf dem Mond landen werde. Nachdem die USA im Wettlauf um Vorsprung in der Zukunft herbe Niederlagen einstecken mussten, weckte Kennedy in seiner Rede in der ganze Nation die Lust auf Zukunft. Der an einem klaren, vorstellbaren und erstrebenswerten Ziel festgemachte Wille, in Zukunft wieder die technologisch vorherrschende Nation zu sein, packte das ganze Land und führte schließlich zum Erfolg. Seitdem verkörpert die Marke NASA den Zukunftswillen der USA.

Ein deutlich ausgedrückter Zukunftswille vereinigt in sich Entschlossenheit, Hoffnung und Zuversicht. Lust auf Zukunft ist in der Lage, die kollektiven Hoffnungen der betroffenen Menschen zu bündeln und in Handlungsenergie umzuwandeln. Das zieht neue Talente an, motiviert Lieferanten, auch ein Stück dazu beizutragen, und vor allem schafft es Wahrnehmungspräferenz bei Kunden und ihren Umfeldern. Wer sagt, dass man die Kraft des berühmten «I have a dream ... » von Martin Luther King mit seiner ganzen Mobilisierungsenergie nicht auch auf Marken übertragen kann? Der Gründer von Virgin, Richard Branson, ist ein Meister in dieser Disziplin. Bereits im Jahr 2004 gründete er mit dem Raumfahrtunternehmen Virgin Galactic die erste Marke für Touristenflüge in den Orbit. Bis Ende des Jahrzehnts will er den ersten Raumflug in 110 km Höhe mit Passagieren durchführen. Buchungen werden seit Juli 2008 angenommen.

064/101 Fokussierung auf bestehende Kunden

Vor lauter Anstrengungen, neue Kunden zu gewinnen, vergisst man oft diejenigen, von denen man lebt. Typisches Beispiel dafür ist der Pay-TV-Sender Premiere. Dort versucht man so verzweifelt, neue

Kunden zu gewinnen, dass man darüber die Kunden vernachlässigt, die man bereits hat. Da werden Abos für Neukunden zum Discountpreis angeboten, und die bestehenden, treuen Altkunden zahlen ein Vielfaches.

Ebenfalls «Experten» in der Kundenbetreuung sind Telefongesellschaften, die versuchen, Neukunden mit Minitarifen zu ködern und ihre Altkunden in den alten, meist teuren Tarifen zu belassen. Dasselbe gilt für Banken, die Neukunden für ihre Tagesgeldkonten gewinnen wollen, indem sie nur für diese extra hohe Zinsen anbieten. Die bestehenden Kunden bekommen aber weiterhin den niedrigen Zinssatz. So züchtet man Schnäppchenjäger und reduziert Loyalität und Vertrauen. Wenn ein Stammkunde andauernd fürchten muss, von seiner Bank, seiner Telefongesellschaft oder seinem TV-Anbieter übervorteilt zu werden, so muss er kritischer werden und zwangsläufig reagieren. Ergebnis: Viele Kunden schlagen ihre illoyalen Dienstleister mit ihren eigenen Waffen und werden zu Angebotsnomaden.

Ein Studie von Nielsen in Österreich, wo der Preiskampf unter den Handelsketten besonders hart tobt, hat ergeben, dass die Kunden, die man mühevoll und mit hohen Rabatten in seine Geschäfte gelockt hat, diejenigen sind, die sofort wieder verschwinden, sobald ein anderer Anbieter ein noch günstigeres Angebot macht. Das gesamte Marketing konzentriert sich bei den meisten Anbietern auf das Wachstum durch Neukundengewinnung.

Was ist mit dem Wachstum, das durch eine bessere Altkundenbetreuung entsteht? Das ist billiger, risikoloser und wirkt schneller. Altkunden reklamieren weniger, sie zahlen ihre Rechnung pünktlicher und zuverlässiger, sie tauschen weniger um und können mit vergleichsweise geringem Aufwand effizient zu Zusatzkäufen animiert werden. Das Vertrauen ist ja schon da und hatte genügend Zeit, sich zu bilden. Welches Unternehmen kennt schon das Potenzial, das in bereits vorhandenen Kunden steckt? Wie genau wird dies im Vergleich zu Neukundenprojekten erforscht? Wo gibt es neben «New Business Manager» und «Business Development Manager» noch Manager, die sich um die bessere Nutzung und Weiterentwicklung von bestehenden Kundenkontakten kümmern? Wie steht's um die Incentivierung von Vertriebsleuten? Wie viel Provision bekommen sie für einen neuen Kunden und wie viel dafür, dass sie einem Altkunden zusätzlich etwas verkaufen oder ihn halten? Die «Churnrate», wie es in der Telekom-Industrie genannt wird, also die Kundenabwanderungsrate, wird meistens billigend in Kauf genommen.

Wie selten und deshalb schön ist dann das Gefühl, dass man erlebt, wenn man tatsächlich einmal als bestehender Kunde in den Aufmerksamkeitsfokus gerät: ein Vorabangebot bei limitierter Verfügbarkeit, eine unverhoffte Einladung oder die Bevorzugung dann, wenn es darauf ankommt. So sehr man auch das «Miles and More»-Programm der Lufthansa kritisieren kann, beweist es doch jeden Tag aufs Neue, wie man auch im ohnehin schwierigen Massengeschäft bewirken kann, dass sich ein guter Kunde auch als solcher behandelt fühlt. Man kann einfach nicht widerstehen, wenn sich eine Marke, für deren Produkte und Dienstleistungen man schon viel gezahlt hat, aus eigenem Antrieb kümmert und spüren lässt, wie wichtig man der Marke ist.

065/101 Konzentration auf die Fans
Die höhere Form der Fokussierung auf Bestandskunden ist der Umgang mit den Fans seiner Marke. Fans beschreiben den innersten Teil des Kundenkreises. Hier findet man die besonders treuen und engagierten Kunden. Diese beschäftigen sich besonders intensiv mit ihrer Marke und reden viel und häufig darüber. Seit der Erfindung des Internets sind Fans noch wichtiger geworden, weil sie es sind, die Rezensionen und Blogs bestücken und damit einen wesentlichen Beitrag zur Meinungsbildung über die Marke leisten. Jede

Marke tut deshalb gut daran, ihre Fans zu identifizieren, diese besonders zu pflegen und für die Pflege ihres Markenbildes zu nutzen.

Die Bedeutung von Fans entdeckten zuerst Musiker und Sportvereine. Dort redet man fast nur von den Fans. Obwohl diese nur die Minderheit in den Stadien darstellen, haben sie aber eine umso größere Bedeutung für die Stimmung, die Atmosphäre und die Authentizität bei Sportveranstaltungen. Ohne die meist jugendlichen Fans, die sich am Abend zuvor vor der Konzerthalle anstellen, wäre das Flair und der Mythos eines Popkonzerts schnell verflogen.

Der Hamburger Sportverein hat 50 Meter hinter der Westtribüne seines Stadions mit der «HSV Gemeinschaftsgrabstätte» dafür gesorgt, dass sich die Fans auch bei ihrem Verein beerdigen lassen und so selbst im Tod ihre Treue demonstrieren können. Mit dem Vereinsfriedhof der Boca Juniors aus Buenos Aires gibt es jetzt weltweit schon zweimal die Gelegenheit, als Fan überzeugungsgemäß bestattet zu werden.

066/101 Nährböden nutzen

Trends sind Herausforderung für Marken. Nicht jeder Trend passt zu einer Marke. Deshalb muss wohlüberlegt sein, ob das, was man von Zukunftsforschern hört, auch wirklich zur Marke passt. Tut es dies, so sprechen wir von den Nährböden, die eine Marke besitzt.

Nährböden liegen außerhalb der Beeinflussbarkeit. Sie können nur entdeckt und genutzt werden. Dann aber sind sie die Treiber schlechthin. Sie können die Anziehungskraft von Marken schlagartig potenzieren. Tamiflu von Roche wurde schlagartig zur begehrten Marke, was den Aktienkurs von Roche explodieren ließ, als die Vogelgrippe Europa bedrohte. Sobald der Benzinpreis in den USA die magische Marke von vier Dollar überschreitet, startet das Rennen auf verbrauchsarme Fahrzeuge. Marken wie Toyota und Smart, die Energieeffizienz bereits in ihrem Markenkern gespeichert haben, profitieren überdurchschnittlich stark von diesem Nährboden. Marken wie die von General Motors müssen dafür noch lange arbeiten, um sich derartige Kompetenz anzueignen.

Nährböden lassen sich in vielen Feldern entdecken. Wetter und Klima liefern regelmäßig Nährböden für Pharmazieprodukte, Autozubehör, Kosmetik und Baumaterialien. Die Politik liefert durch Gesetzesänderungen und Liberalisierungen neue Nährböden für Finanz- und Vorsorgeprodukte, Versicherungen und Immobilienfinanzierung. Und gesellschaftliche Veränderungen bei Ernährungsgewohnheiten, Sicherheitsbedürfnissen, Kommunikationsverhalten und der Mobilität liefern Nährböden für unzählige Industrien. Technologische Entwicklungen sowie Branchentrends und Trends aus Kultur und Wirtschaft können Geschäftsmodelle verändern und bei sorgfältiger Beobachtung Unternehmen bei ihrer eigenen Neuerfindung antreiben und unterstützen.

Zukunftsorientierte Unternehmen sollten weniger Zeit damit verbringen, ihre Wettbewerber zu beobachten, sondern die großen Strömungen und Entwicklungen unserer Zeit. Dort liegen die Ursachen und die Chancen, um anziehungskräftige Geschäftsmodelle, Produkte und Dienstleistungen zu erfinden, die die Menschen begeistern.

067/101 Eindeutige Differenzierung
Immer mehr vom Gleichen drückt die Rendite. Irgendwie logisch. Dennoch sind viele Unternehmen zu sehr damit beschäftigt, zu kopieren, statt zu kapieren.

Wenn man immer nur einfache Mahlzeiten zu sich nimmt, hat man irgendwann einmal Lust auf ein aufwendig gekochtes, mehrgängiges Menü. Man möchte etwas Besonderes. Isst man dagegen häufig auf höchstem Niveau in Fünf-Stern-Restaurants, macht einen nichts glücklicher als ein einfaches Gericht mit Käse und Brot. Fährt man immer nur mit dem Auto in den Urlaub, möchte man irgendwann mal eine Flugreise unternehmen. Ist man andauernd mit dem Flugzeug unterwegs, möchte man nicht auch noch in den Urlaub fliegen und würde am liebsten in der Nähe seines Wohnortes Urlaub machen. Lebt man auf dem Land, möchte man zu gerne in die Stadt. Städter dagegen zieht es häufig aufs Land. Der Unterschied zum Gewohnten ist entscheidend – Kontraste machen Menschen glücklich und der Verheißung von Glück können Menschen nicht widerstehen.

Marken werden unwiderstehlich, wenn sie eindeutig unterscheidbar sind. Sie werden verheißungsvoll, wenn sie Glück versprechen, indem sie Kontraste liefern. In der geschickten Kombination mit den vorher beschriebenen Nährböden bildet eine eindeutige Differenzierung eine unschlagbare Kombination, um Marken begehrenswert zu machen.

068/101 Kontinuität

Kreativität entsteht, wenn man von der Norm abweicht. Kontinuität entsteht, wenn man die Norm einhält. Welches Vorgehen zieht die Menschen mehr an?

Vertrautheit erzeugt Vertrauen.

Menschen werden angezogen, weil immer dasselbe und nicht etwa, weil etwas Neues passiert. Das können Rezepturen sein, die unverändert schon seit Jahrzehnten Bestand haben und von der Urgroßmutter übernommen wurden, Fertigungstechniken, die sich seit ihrer Erfindung nur unwesentlich verändert oder Unternehmen, die Generationen überdauert haben. Das Risiko, einen vollkommen neuen Popsong erfolgreich einzuführen, ist ungleich höher, als einen bereits bekannten Song, den die Menschen bereits kennen, zu variieren.

Je schnelllebiger die Zeit, desto attraktiver die Kontinuität. Strahlt sie doch Berechenbarkeit aus, an der man sich festhalten und als Kunde seinen Vertrauensanker auswerfen kann. Bei Familienunternehmen wird der Zusammenhang zwischen Kontinuität und Attraktivität besonders deutlich. Die durchschnittliche Lebensdauer eines Unternehmens liegt bei lediglich 75 Jahren. Das älteste Familienunternehmen der Welt, das japanische Gasthaus Hoshi, existiert seit dem Jahr 717. Die niederländische Familie Nolet führt ihre Wodka-Marke «Ketel One» bereits seit 1691 in der zehnten Generation, was sie auch voller Stolz auf jedem Flaschenetikett zum Ausdruck bringt.

1981 wurde in Bordeaux die «Association les Hénokiens» gegründet, eine Vereinigung der traditionsreichsten Familienunternehmen der Welt. Sie umfasst 38 Mitglieder in Europa und Japan. Damit ein Unternehmen Mitglied werden kann, muss es mindestens zweihundert Jahre alt und durchgängig im Mehrheitsbesitz der Gründerfamilie sein sowie von einem Nachkommen des Gründers geführt werden.

069/101 Geschichten erzählen

In einer Studie haben wir bei Brand:Trust festgestellt, dass man die Preisbereitschaft von Kunden dramatisch erhöhen kann, sobald der Nutzen des Produkts, dessen Herkunft oder Herstellungsart in Form einer beeindruckenden Geschichte dramatisiert wurde. Bei den von uns untersuchten Produkten lag die Preisbereitschaft bei vermittelter Geschichte 94 Prozent über der der Kontrollgruppe, die den Wert der gleichen Produkte, aber ohne Geschichte beziffern sollte.

Ein Produkt muss heute zweimal produziert werden, einmal in der Fabrik und einmal im Kopf des Kunden. Der einfachste und vielseitigste Weg, dieses zu tun, ist mittels einer Geschichte. Diese kann auf dem Produkt aufgedruckt werden, sie kann erzählt werden, verfilmt oder in ein Schlüsselbild gegossen werden. Je besser diese Geschichte, desto höher der Wert des Produkts und damit der Marke, unter der das Produkt verkauft wird. Dabei ist nicht nur der Inhalt der Geschichte für die Wertbildung entscheidend, sondern auch die Art und Weise, wie und wann diese erzählt wird.

Die Krönung des Storytellings besteht zweifellos darin, Geschichten über Ereignisse zu erzählen, die gar nicht stattgefunden haben. Ein Beispiel aus New York: Umfährt man die Südspitze Manhattans mit einem Ausflugsboot, hat man nicht nur viel frische Luft, sondern auch einen unschlagbaren Blick auf die Sehenswürdigkeiten von Manhattan. Wie in Amerika üblich, gibt es auch auf diesem Boot einen freundlichen älteren Herrn, der der internationalen Gästeschar auf seinem Boot erklärt, was sie sehen. Fährt man auf diesem Boot also den Hudson River nach Süden entlang der Piers, an denen Handels- und Kreuzfahrtschiffe aus aller Herren Länder anlegen, kommt man an einem ins Wasser ragenden, vergleichsweise kleinen Holzsteg vorbei. Er sieht verlassen aus, dort hat anscheinend schon lange kein Schiff mehr festgemacht. Das ist an sich nicht sonderlich beeindruckend. Umso beeindruckender die Geschichte, die der Fremdenführer auf dem Boot dazu zu erzählen hat. Denn an diesem Steg hätte die Titanic angelegt, wenn sie damals New York erreicht hätte ...

Auch der berühmte Schlusssatz des Zeitungsredakteurs aus dem Western «The Man Who Shot Liberty Valance» von John Ford bestätigt die Tatsache, dass bei gutem Storytelling häufig nicht nur die Tatsachen entscheidend sind: «When the legend becomes fact, print the legend.»

070/101 Sprache

Eine spezifische Markensprache zu entwickeln, kann die Dichte einer Marke und damit ihre Anziehungskraft spürbar erhöhen. Sprache ist Ausdruck von Bildung, Herkunft und Kultur. Damit ist sie ein hervorragender Vermittler des kulturellen Hintergrunds einer Marke. Sprache kann die Länder, aus denen Marken stammen und zu deren Werten sie eine Deckung aufweist, wunderbar transportieren. Hört man im Ausland schweizerdeutsch und kommt das von einem Bankier, so entsteht sofort das wohlige Gefühl, diskret aufgehoben zu sein. Das österreichische Idiom transportiert sofort Bergsteiger- und Skifahrgefühle. Lebensmittel aus Frankreich mit französischem Akzent zu vermarkten, funktioniert erwiesenermaßen und wertet die Produkte auf. Dasselbe gilt für italienische Marken aus den Bereichen Mode, Design, Lebensmittel und Wein.

Die Anziehungskraft wird auch erhöht, wenn man den Sprachstil, mit dem man mit seinen Kunden verkehrt, den Werten der Marke anpasst. Soll die Marke seriös herüberkommen, müssen auch Stil und Wortwahl seriös sein. Will man das Bildungsbürgertum adressieren, benötigt man einen umfangreicheren Wortschatz als bei Mainstream-Marken. Im B2B-Bereich ist die korrekte, aber nicht übermäßige Benutzung der passenden Fachsprache eine dringende Notwendigkeit. Duze oder sieze ich meine Rezipienten? Spreche ich sie mit Humor an oder verbietet sich das? Diese Fragen sollten beantwortet und dann auch konsequent durchgehalten werden.

Ein Beispiel, wie es nicht geht, liefert der Autovermieter Sixt. Sixt gehört seit Jahrzehnten zu den kreativsten Werbetreibenden und konnte bereits viele Auszeichnungen einheimsen. Nicht zuletzt ist dieser Erfolg und damit das Markenbild stark durch die Art der Ansprache gekennzeichnet. Immer mit Humor, immer mit einem Augenzwinkern, frech und selbstbewusst kommt die Marke daher. Aber nur in der Werbung. Bekommt man von Sixt einen Brief zum Beispiel aufgrund einer Reklamation oder einer Anfrage, ist der verwendete Sprachstil genauso langweilig und austauschbar wie bei einer Behörde. Das durch die Werbung vermittelte Markenbild wird im direkten Kontakt mit den Kunden weder genutzt noch verstärkt, dabei werden in der personalisierten Kommunikation die stärksten Eindrücke vermittelt. Diese prägen die Marke um ein Vielfaches stärker als anonyme Werbung. Um eine konsistente Markenpersönlichkeit aufzubauen, muss die gesamte Kommunikationskette mit einer durchgängigen, spezifischen Markensprache ausgestattet sein. Bei einem Menschen würde auch niemand

Verständnis aufbringen, wenn er plötzlich ohne Grund seinen vertrauten Sprachstil ändert.

071/101 Auszeichnungen

Bei Kaufentscheidungen heißt die Kirche der Deutschen «Stiftung Warentest». Nach einer Studie zum Thema Vertrauen vom Schweizer Gottlieb Duttweiler Institut gehört die Stiftung Warentest zu den Top-Marken, deren Rat man vertrauen kann. Sie steht auf demselben Niveau wie Ärzte.

Begonnen hat der Boom der Auszeichnungen zur Gründerzeit und den damit einhergehenden großen Weltausstellungen in London, Paris, Brüssel und Chicago. Damals wurden Produkte ausgezeichnet, die besonderen Qualitätsanforderungen genügten und die bis dato bekannten Maßstäbe übertrafen. Viele Marken zum Beispiel im Biersegment führen die Medaillen, die sie damals vor über 100 Jahren erworben haben, noch heute voller Stolz auf ihrem Etikett.

Oscars, Goldene Löwen, Bambis, Bären und anderes Getier, Red Dot, IF Award, Beste Bank, ADAC-Pannenstatistik, TV-Tipp, Gutes Spielzeug, Michelin-Sterne, Staatspreise und Käsekaiser – die Liste der Wettbewerbe, Auszeichnungen, Testmethoden und Tester ist unendlich. Sie ist ein deutliches Anzeichen dafür, wie sehr der Kunde Orientierungshilfen bei der Kaufentscheidung braucht. Singapore Airlines ist zum Beispiel die meistprämierte Airline der Welt. Das ist ihre Nummer-eins-Position und das zieht. Wenn alle sagen, jemand ist gut, muss er auch gut genug für mich sein.

Nutzen Sie die Möglichkeiten, sich auszeichnen zu lassen. Das gilt besonders für den Dienstleistungsbereich, wo es besonders wichtig ist, vorab Vertrauen aufzubauen. Beteiligen Sie sich an Wettbewerben, deren Bewertungskategorien und Absichten sich mit Ihren Stärken und Ihrer Markenstrategie decken, und kommunizieren Sie herausragende Ergebnisse konsequent nach innen und außen, denn

Sie geben Mitarbeitern, Einkäufern und Kunden genau die Sicherheit, die alle suchen.

072/101 Prominente bezahlt
Los Angeles: Oscar-Verleihung 2007. George Clooney fährt mit einem Toyota Prius am roten Teppich vor.
Noch Fragen?

073/101 Prominente freiwillig
Um Verwechslungen mit billigen Marketingmaßnahmen wie Sponsoring und Product Placement von vornherein auszuschließen: Wir betrachten in diesem Zusammenhang nur die unbezahlte und selbstbestimmte Nutzung von Markenprodukten durch die betreffende Person. Nur die beispielsweise selbst bezahlte und privat genutzte Fahrzeugmarke eines Prominenten bildet nachhaltige Attraktivität. Die rein medientechnisch motivierten, gesponserten Auftritte (wenn Franz Beckenbauer zum Beispiel anlässlich von Fußball-Meisterschaften Hyundai fährt …) setzen voraus, dass das Publikum über keinerlei eigenes Urteilsvermögen verfügt und zum Konsumvieh mutiert ist, dem man ohnehin alles vormachen kann.

Der zugegeben schmale Grad authentischen Konsums durch Personen oder Institutionen des öffentlichen Interesses oder gar mit einer ausgeprägten Kompetenz für gewisse Produkte zeigt auf, wie wirksam und nachhaltig dann auch die Anziehungskraft der betreffenden Marken gesteigert werden kann.

Dalai Lama, Brad Pitt und Michael Schuhmacher tragen Rolex, unbezahlt und leihweise, obwohl mit Werbeverträgen für die Konkurrenz ausgestattet. Ernest Hemingway hat mit seinen regelmäßigen Besuchen und seinen Hinterlassenschaften in der Bar dem Hotel Ritz in Paris ein unnachahmliches Flair gegeben. John F. Kennedy hat sich mehrfach mit seiner Ray-Ban-Brille ablichten und die

Marke unbezahlt zu einer Ikone seiner Zeit werden lassen, die bis heute nachwirkt.

Für Aufsehen sorgte ein Foto auf der Titelseite von Amerikas größter Tageszeitung «USA Today» mit Britney Spears. Sie wurde dort während der Dreharbeiten für ein Musikvideo mit einer Dose Red Bull in der Hand gezeigt. An sich nichts Besonderes, außer vielleicht für ihren Hauptsponsor – denn der hieß Pepsi Cola.

074/101 Darstellung am POS
In Köln steht Deutschlands größtes Outdoor-Kaufhaus, der Globetrotter Flagship-Store. Die meisten Kunden erleben hier die gefährlichsten Momente ihres Urlaubs. Die Verantwortlichen der Marke Globetrotter versuchen, in ihrem Geschäft ein komplettes Vorerlebnis zu bieten – vom Zeltaufbaukurs, künstlichen See für den Test von Booten und Tauchausrüstungen, Klettertunnel, Regendusche (zum Testen der Wasserdichtigkeit der Bekleidung) und Kältekammer mit arktischen Temperaturen bis hin zu Erlebnistoilette und Impfstation für die Vorbereitung der Expeditionen in die Tropen.

Die weltgrößte Bio-Supermarktkette Wholefoods aus den USA schichtet ihr Obst und Gemüse konsequent in schwarze Regale. Dort kommen die Farben der Früchte besser zur Geltung. Die Wirkung ist dramatisch. Zusammen mit der feinen Wasserbestäubung wirkt das Gemüse frisch wie aus dem Garten und das akkurat geschichtete Obst verführt zum Reinbeißen. Dahinter locken bereits die in Amerika so beliebten Cerealien. Wie bei einer Parade sind die 40 Zylinder aufgereiht und prall gefüllt mit allen nur denkbaren Mischungen. Dazu kommt die größte Auswahl an Erdnüssen zum Selbermahlen – das IKEA-Prinzip auf den Lebensmittelhandel übertragen. Aber nicht nur das. Durch das permanente Mahlen der Erdnüsse entsteht ein unnachahmlich stimulierender Geruch, der die Kunden perfekt auf die darauffolgende Abteilung für Backmischungen, Backzutaten und natürlich frisch und fertig gebackenen

Kuchen vorbereitet. Damit hören die Stimuli aber noch nicht auf. Front Cooking auf den Supermarkt übertragen heißt, aus dem Sortiment heraus vor den Augen der Kunden zu kochen, zum Vor-Ort-essen oder zum Mitnehmen.

Noch konsequenter treibt es Stew Leonards aus Norwalk im US-Bundesstaat Conneticut. Vor den Toren New Yorks wurde ein kompletter Bauerhof mit einem Supermarkt gekreuzt. Draußen grasen die Kühe, drinnen werden in grob gezimmerten Ständen frisch geschnittenes Obst, frisch gepresste Säfte und frisch gebackenes Brot verkauft. Natürlich alles komplett vor- und zubereitet vor den Augen der Kunden. Ein vollständiger Bauernmarkt unter einem Dach von einem Unternehmen perfekt in Szene gesetzt.

Stew Leonards kam 1992 in das «Guinness Buch der Rekorde» mit dem höchsten Quadratmeterumsatz, den jemals ein amerikanisches Lebensmittelgeschäft erzielte.

075/101 Architektur

«Wenn im Mittelalter jemand vom Dorf in die Stadt kam, noch nie ein Gebäude mit mehr als einem Geschoss gesehen hatte, und dann stand er vor dieser mächtigen Kathedrale...», so erklärte der Direktor der Guggenheim-Stiftung, Thomas Krens, die Wirkung von Architektur, die Menschen anzieht. Man spricht in diesem Zusammenhang auch vom «Bilbao-Effekt», wie die trostlose, hauptsächlich durch ETA-Anschläge berühmte Industriestadt im Norden Spaniens durch einen Museumsbau innerhalb kürzester Zeit zum Touristen-Magneten mutierte. Herausragende Architektur mit eigenen Augen zu sehen, zieht Menschen geradezu magisch an, natürlich auch, weil Architektur nicht zum Menschen kommen kann.

Architektur kann aber auch die Wahrnehmung von Marken verändern und ihnen eine neue Bedeutung verleihen. Mit einer Reihe von außergewöhnlichen Bauten von Frank Gehry bis Zaha Hadid hat sich der Bürostuhlhersteller Vitra aus dem verschlafenen Weil am Rhein ein völlig neues Selbstwertgefühl verpasst und ist in die Weltliga der Designmarken aufgestiegen.

Der österreichische Glasschleifer Swarovski hat mithilfe seiner Kristallwelten, die von André Heller konzipiert wurden, nicht nur die zweithäufigst besuchte Touristenattraktion Österreichs geschaffen, sondern sich selbst auch ein neues Selbstverständnis gegeben und befähigt, aus einem markenlosen Commodity-Produkt einen weltweit begehrten Markenartikel zu schaffen. Selbst Sportarten wie der Fußball werden mithilfe von spektakulären Stadionbauten wie dem des FC Bayern in München aus seiner Proletenecke herausgeholt und zu einem funktionierenden Markenartikel umgebaut.

Was in den 70er- und 80er-Jahren international tätige Finanzkonzerne und Airlines mit ihren Wolkenkratzern in den Wirtschaftsmetropolen der Welt vorgemacht hatten, greift nun über auf andere Branchen bis hinein in den Mittelstand. Ob Firmenmuseen, Verwaltungsgebäude oder Flagship-Stores, eine den Werten der Marke entsprechende und verstärkende Architektur kann abstrakte Marken zu mit allen Sinnen erlebbaren Ereignissen machen und die Menschen faszinieren und anziehen.

076/101 Innenarchitektur

In seinem Buch «The Great Good Place» hat Ray Oldenburg 1989 den Begriff des «Third Place» geprägt. Neben den ersten (Wohnung) und zweiten Plätzen (Arbeitsplatz), an denen der Mensch sein Leben hauptsächlich verbringt und in denen er größtenteils isoliert von der Umwelt lebt und arbeitet, sind es nach der Theorie Oldenburgs die «dritten Plätze», die aus einem Einzelwesen erst ein soziales, ein Gemeinwesen machen. Diese Plätze (Kaufhäuser, Shops, Boutiquen, Restaurants, Cafés, Biergärten, Museen, öffentliche Gebäude, Bankfilialen und so weiter) sollten demnach nicht nur funktionalen Charakter haben, sondern den Menschen aus seiner Isolation des ersten und zweiten Platzes befreien helfen und ihm ermöglichen, sich mit anderen Menschen zu verbinden.

Für die Innenarchitektur hatte dieser Denkansatz gravierende Auswirkungen, denn Markenunternehmen entdeckten schnell die Chancen für die Markenbildung, die sich aus der «Third Place»-Idee ergaben. Seitdem hat Innenarchitektur für Marken nicht mehr nur einen monologischen Ansatz, nämlich die Botschaft der Marke zu transportieren, sondern auch einen interaktiven. Die Menschen, die den «Third Place» der Marke besuchen, sollen miteinander vernetzt werden, um so den Gemeinschaftsgedanken, der hinter «Third Place» steht, Wirklichkeit werden lassen. Seitdem finden wir Restaurants in Modeboutiquen, Bars und Lounges in Bankfilialen sowie Theater und Kleinkunst in Warenhäusern.

Die Idee des «Third Place» beeinflusst aber nicht nur die Konzeption dieser Plätze, sondern auch deren Architektur von Stil bis hin zur Materialauswahl. Büros mit Publikumsverkehr werden ausgestattet wie großbürgerliche Wohnzimmer. Hippe Schuhboutiquen findet man auch mal im ersten Stock eines Geschäftshauses, wo man in einer Atmosphäre, die eher an eine 70er-Jahre-Lounge erinnert als an ein Schuhgeschäft, die Marke inhalieren kann. Arztpraxen erinnern, ausgestattet mit Antiquitäten, Teppichen und einem bewusst eingesetzten «Ambient-Licht», eher an Wellnesshotels denn an sterile Mediziner-Architektur.

Der «Third Place» verlangt aber auch den verwendeten Materialien einiges ab. Nicht mehr die dekorative Fassade aus billigen Imitaten steht im Vordergrund, sondern das Echte, Authentische soll Kunden einfangen. Der Vorreiter dieser Idee war zweifellos Ralph Lauren, der bereits in den Achtzigern seine Flagship-Stores mit echten Antiquitäten vom Mobiliar bis zu den Teppichen ausstattete und so zum ersten ganzheitlich auftretenden Lifestyle-Konzern wurde. Starbucks hat die Idee des «Third Place» dankbar aufgegriffen und in seinem Siegeszug rund um die Welt ein Coffeeshop-Erlebnis geschaffen, das man bisher außerhalb Italiens nicht kannte. Kaffeetrinken hatte plötzlich nichts mehr mit den altbackenen Cafés der Großmütter zu tun, sondern war Teil eines internationalen Lebensstils. Obwohl Starbucks in rasend schnellem Tempo einen Shop nach dem anderen eröffnete, sahen die brandneuen Cafés aus, als stünden sie schon eine Ewigkeit. Das Leder der tiefen Clubsessel hatte bereits Patina, als sie frisch ausgepackt wurden. Der Holzboden ist nicht etwa aus billigem und strapazierfähigen Laminat, sondern aus echtem Massivholz. Wie bei Ralph Lauren gibt kein Material vor, etwas zu sein, was es nicht ist.

Die Krönung der «Third Place»-Idee ist jedoch die Metamorphose von McDonald's. Der Inbegriff von Plastik und Künstlichkeit mutiert seit 2004 mit großem Erfolg vom Fastfood-Anbieter zum Lifestyle-Restaurant. Die umgestalteten McDonald's-Outlets mit integriertem Café bieten nicht nur Starbucks die Stirn, sondern machen auch Studentencafés, Eckkneipen und anderen Kaffeehäusern das Leben schwer. Man findet edle Sitzmöbel, mit Echtleder bezogen, eine Lichtstimmung, die nicht mehr an die sterile Neon-Atmosphäre einer Bahnhofshalle erinnert, und eine Innenarchitekturkonzeption, die zum Verweilen einlädt und den Kunden nicht mehr durch den bewussten Verzicht auf Sitzpolster nach der Einnahme seiner Mahlzeit aus dem Restaurant hinaustreibt. Dennoch bleibt McDonald's immer noch McDonald's. Man versucht nicht, jemand zu sein, der man nicht ist. Alles wird behutsam und glaubwürdig verändert, ohne sich dabei selbst zu verlieren.

077/101 Formgebung

Wie entstand eigentlich Design? In vorindustrieller Zeit gab es keine Designer. Das Design eines Produkts ergab sich aus den handwerklichen Notwendigkeiten und wurde damit vom Handwerker gleich «miterledigt». Mit der industriellen Revolution wurde es notwendig, Prototypen zu bauen, bevor ein Produkt in Serie gehen konnte.

Diese Aufgabe übernahmen zumeist Künstler und Architekten, da diese über das räumliche Vorstellungsvermögen verfügten.

Vorhandene Maschinen, Formen und Fertigungstechniken begrenzten die Möglichkeiten für die frühen Designer. Weiterentwicklungen waren möglich und nötig, aber immer im Kontext der eigenen Historie. Form entstand nicht um ihrer selbst willen. Der Designer drängte sich nie in den Vordergrund, Autorendesign war unbekannt, wenngleich die Zeit der frühen Industrialisierung Formgestalter hervorgebracht hat, die es durchaus verdient hätten, stärker im Mittelpunkt des Interesses zu stehen. Im deutschsprachigen Raum war Peter Behrens die maßgebliche Instanz des frühen Industrie- und Grafik-Designs. Der Architekt und Maler war Chefgestalter der AEG und erfand das Corporate Design, indem er vom Briefkopf bis zum Produktdesign für einen ganzheitlichen Auftritt der Marke AEG sorgte. In seinem Architekturbüro arbeitete die gesamte spätere Bauhaus-Prominenz von Walter Gropius über Mies van der Rohe bis hin zu Charles-Edouard Jeanneret, besser bekannt unter seinem Künstlernamen Le Corbusier.

Wurde im Bauhaus das Design noch als revolutionärer Akt verstanden, um Konventionen zu brechen, politische Statements abzugeben und soziale Spannungen durch Schaffung von preiswertem Wohnraum zu überwinden, so nahm die bewusste grafische und dreidimensionale Formgebung nach dem Zweiten Weltkrieg zunehmend die Aufgabe wahr, Produkte und Marken strategisch von Wettbewerbern zu differenzieren. Die Arbeiten von Dieter Rams für Braun und des britischen Designers Jonathan Ive für Apple markieren diese neue Funktion von Design.

Schon der amerikanische Industriedesigner Raymond Loewy sagte: «Hässlichkeit verkauft sich schlecht.» Wie zutreffend dieser Satz ist, wurde in den vergangenen Jahrzehnten tausendfach bewiesen. Mit bewusster Formgebung kann man Produkte besser und teurer verkaufen. Dieser Erfolg des Industrie- und Grafikdesigns hat allerdings auch Auswüchse hervorgebracht, für die verantwortungsvolle Markenmanager ein Sensorium entwickeln sollten.

Designsuperstars wie Philippe Starck, Luigi Colani oder Konstantin Grcic erscheinen als die neuen Heilsbringer für ideenlose Marken. Ein großer Name, der die Unterlassungen der Vergangenheit übertüncht, wird von vielen Markenverantwortlichen als schnell wirkendes Heilmittel verstanden. Meistens laufen diese Versuche der schnellen Markenaufhübschung ins Leere und verbrennen bestenfalls das eingesetzte Geld. Nicht allzu selten schaden diese überstürzten Aktionen auch noch der Marke, und die mit großem Pomp inszenierten neuen Design-Ikonen werden schnell und klanglos wieder vom Markt genommen.

Das Design muss sich immer den Werten einer Marke unterordnen und darf die Marke nicht überstrahlen. Überdesignte Marken werden ihre Attraktivität genauso schnell verlieren, wie sie sie gewonnen haben.

078/101 Originalität

Der deutschen Philosoph Georg Wilhelm Friedrich Hegel befasste sich in seinen Vorlesungen über die Ästhetik mit der Originalität: «Das wahrhafte Kunstwerk muss von dieser schiefen Originalität befreit werden, denn es erweist seine echte Originalität nur dadurch, dass es als die eine eigene Schöpfung eines Geistes erscheint, der nichts von außen her aufliest und zusammenflickt, sondern das Ganze im strengen Zusammenhange aus einem Guss, in einem Tone sich durch sich selber produzieren lässt, wie die Sache sich in sich selbst zusammengeeint hat. Finden sich dagegen die Szenen und Motive nicht durch sich selber, sondern bloß von außen her zueinander, so ist die innere Notwendigkeit ihrer Einigung nicht vorhanden, und sie erscheinen nur als zufällig durch ein drittes, fremdes Subjekt verknüpft.»

Ferran Adrià gilt als zur Zeit bester Koch der Welt und besitzt ein Restaurant in Roses an der spanisch-französischen Grenze. Er hat sein kleines Lokal sechs Monate im Jahr geöffnet und beschäftigt ebensoviel Köche wie das Lokal Sitzplätze hat – 45. Das ergibt pro Saison eine Gesamtsitzplatzkapazität für zirka 15 000 Gäste. Auf diese 15 000 Sitzplätze kommen für jede Saison rund 300 000 Reservierungsanfragen.

Ferran Adrià bringt Hegels Ansichten über die Originalität auf den Punkt, indem er zum Thema Kreativität einmal bemerkt hat: «Kreativität heißt, nicht nachzuahmen.»

079/101 Exklusivität

Etwas zu bekommen, was sonst niemand bekommt, war und ist schon immer eine wirkungsvolle Methode, Menschen zu begeistern. Leider Gottes wird der Begriff Exklusivität heute inflationär benutzt und dient häufig für nichts anderes denn als Deckmantel für anonyme Massenware. Exklusiv ist aber das Gegenteil von gewöhnlich und vereinigt zwei Bedeutungen in sich: Es kennzeichnet etwas von besonders hohem Wert, das Prestige verleiht, und etwas, das nicht jeder bekommen kann.

Die höchste Form der Exklusivität stellen in einer durch Geld demokratisierten Welt allerdings Dinge dar, die jeder haben möchte und die man nicht kaufen kann.

Das demokratischste Gut auf der Welt ist die Zeit. Jeder Mensch hat davon exakt 24 Stunden am Tag. Trotzdem haben manche Menschen mehr Zeit und manche weniger. Manche nutzen ihre Zeit und manche verschwenden sie. Zeit kann man nicht vermehren und man kann sie auch nicht verschenken. Allerdings kann man Einfluss nehmen, wie unsere Mitmenschen ihre Zeit nutzen und damit ihren Nutzen mehren. Dasselbe gilt für Anerkennung, Aufmerksamkeit, Zuneigung und Ehrlichkeit. Das sind die wirklich seltenen Dinge, die nicht mit Geld zu kaufen und die daher exklusiv sind.

Jede Marke, die es schafft, ihren Kunden diese Formen von Exklusivität spüren zu lassen, wird damit ihre Begehrlichkeit dramatisch erhöhen.

080/101 Exotik

Exotische Orte unter Palmen gelten seit jeher in unseren Breiten als Garant für Aufmerksamkeit. Die große Anzahl an Möglichkeiten, jeden Ort der Welt in kurzer Zeit zu einem vergleichsweise günstigen Preis erreichen zu können, hat den tief sitzenden Sehnsüchten, die diese Orte ansprechen, nichts anhaben können. Nur geht es nicht mehr so sehr um Abenteuer und die Lust, Neues, Unbekanntes zu entdecken, sondern mehr um das Gefühl von Freiheit und Stimulation.

Exotische Orte, exotische Genussmittel und exotische Menschen wecken seit der Epoche der Kolonialisierung die Lust, ferne Länder zu entdecken. Alles was angenehm fremdartig ist, was verspricht, uns aus unserem Alltag herauszureißen, ist begehrenswert. Die ZDF-Serie «Traumschiff» funktioniert exakt nach dem Muster des behüteten Abenteuers und ist dadurch zur erfolgreichsten TV-Serie aller Zeiten avanciert.

081/101 Erotik

Von Immanuel Kant stammt der Satz: «Das Mittelmaß scheint das Grundmaß und die Basis der Schönheit, aber noch lange nicht die Schönheit selbst zu sein, weil zu dieser etwas Charakteristisches erfordert wird.»

Wissenschaftler haben versucht herauszufinden, wann ein Mensch etwas anziehend oder gar erotisch findet, indem sie möglichst viele weibliche Gesichter übereinander gelegt und mithilfe einer Computertechnik aus den vielen Gesichtern ein «Durchschnittsgesicht» erzeugt hatten. Die interessante Feststellung dabei: Je mehr Originalgesichter zusammenflossen, desto anziehender wurde das daraus resultierende Durchschnittsgesicht von den Probanden empfunden. Diese Beobachtung bekräftigt die Aussage von Immanuel Kant, wonach solche Gesichter als attraktiv empfunden werden, die dem Durchschnitt entsprechen.

Wie aber kann Anziehungskraft so verstärkt werden, dass sie als erotisch empfunden wird? Kant verlangt nach etwas «Charakteristischem», ohne das der als schön empfundene Durchschnitt dann doch zu glatt wäre und zu schnell vergessen werden könnte. Ein als schön bezeichnetes, weil nahe am Durchschnitt liegendes Gesicht braucht etwas, was ihm Charakter gibt und nicht unbedingt als schön im landläufigen Sinne empfunden werden muss. Bei Cindy Crawford, dem amerikanischen Top-Model und Schönheitsideal, denkt jeder zuerst an das kleine Muttermal (Schönheitsfleck?) oberhalb der Lippe, bei David Bowie sind es die schiefen Zähne und bei Seal die Narben an den Wangen. Dagegen liegt der reizvolle charakteristische Störer bei seiner anscheinend perfekten Ehefrau Heidi Klum eher in der Stimme.

Wie aber lässt sich das offenbar Anziehende, Erotische für die Markenbildung nutzen? Eine Studie der Universität Leuven aus 2008 hat ergeben: «Je mehr Testosteron, desto weniger Preisbewusstsein bei sexuellem Reiz.» Auch Spontankäufe nehmen zu, wenn Männer eine Frau im Bikini oder in Unterwäsche sehen.

Ein wirklich schön anzusehendes Beispiel dafür liefert das amerikanische Modehaus Abercrombie & Fitch. Obwohl schon über 100 Jahre alt, hat sich das Modelabel im 21. Jahrhundert selbst neu erfunden. Es ist nach Calvin Klein die erste amerikanische Modemarke, die in einem immer noch vorherrschenden puritanischen Umfeld bewusst auf Erotik in der Markenbildung setzt, jedoch konsequenter als alle anderen zuvor.

Was bei Calvin Klein in den 80er-Jahren der Aufreger mit den Unterhosen war, sind bei Abercrombie & Fitch die jungen Männer, die mit nacktem Sixpack-Oberkörper den Einlass in die Verkaufsgeschäfte regeln. Abercrombie & Fitch baut seine Marke konsequent mit den Körpern seines Verkaufspersonals, den sogenannten «Brand Reps», auf. Weiblich wie männlich findet man dort nur Idealformen. Niemand zieht das an all seinen Standorten so konsequent durch wie Abercrombie & Fitch. Um die erotische Atmosphäre in den Läden zu verstärken, ohne anzüglich zu wirken, wird nicht nur auf die passende Musik gesetzt, sondern auf ein Lichtkonzept, das noch vor ein paar Jahren als kaufverhindernd eingestuft worden wäre. Die Lichtsetzung passiert nämlich fast ohne Licht. Die Geschäfte sind ausschließlich mit Spots bestückt, die nur ganz enge Lichtkegel abgeben. Es gibt weder Tages- noch flächiges Licht. Alles ist ausschließlich akzentuiert beleuchtet wie in einem Nachtclub. Durchgängig schöne Körper, stimulierende Musik und die vorherrschende Dunkelheit erzeugen eine so ungewöhnliche Atmosphäre, dass die Basics wie Jeans, T-Shirts und Polohemden, die Abercrombie & Fitch fast ausschließlich anbietet, eine komplett andere Wirkung haben als bei der Konkurrenz.

082/101 Wandlungsfähigkeit

Was haben Madonna, Fischer, Nokia und Gerhard Richter gemeinsam?

Madonna gehört in die so häufig zitierte Zielgruppe der *Best Ager* oder 50+. Sie gilt aber immer noch als die Pop-Künstlerin mit dem größten Einfluß und prägt den Stil einer Generation, deren Mutter sie sein könnte.

Fischer ist eigentlich ein Ski- und Tennisschlägerhersteller. Allerdings wird das große Geld nicht mehr in diesen Sportarten gemacht, sondern in der Luft- und Raumfahrtindustrie und als Zulieferer für namhafte Automobilmarken.

Nokia ist mit Abstand Weltmarktführer bei Mobiltelefonen und hat als Produzent für Gummistiefel angefangen.

Gerhard Richter ist der mit Abstand teuerste lebende deutsche

Maler. Seine Bilder erzielen Rekordsummen im zweistelligen Millionen-Euro-Bereich. Er ist inzwischen weit über 70 Jahre alt.

All diese Marken haben gemeinsam, dass sie sich stetig gewandelt haben – ohne sich anzupassen. Sie waren sich ihrer Führungsrolle immer bewusst, haben nie nachgezogen, sondern sind immer voraus gegangen. Richter hat mehrere (!) Generationen von Malern beeinflusst, indem er immer als Erster mit der Zeit gegangen ist. Madonna hat das Gleiche in der Musik gemacht und hat dabei immer geführt – ist nie gefolgt.

Fischer hat seine Fähigkeiten, die das Unternehmen im Ski- und Tennissport gesammelt hat, früher als andere auf vollkommen neue Branchen übertragen und sich damit jetzt, da die ursprünglichen Geschäftsfelder zusammenbrechen, neue, solide Standbeine geschaffen.

Die Erfolgsstory von Nokia ist ja ohnehin bekannt und zeugt von Mut und Entschlossenheit der verantwortlichen Personen.

Sich ohne Not und ohne sich selbst zu verlieren stetig zu wandeln, macht aus Marken Ikonen.

083/101 Lage

Man kann nichts dafür, dass man sie hat, man kann aber etwas dafür, was man daraus macht. Der bekannte Satz über die drei wichtigsten Erfolgsfaktoren einer Immobilie lautet: Lage, Lage, Lage. Dies gilt jedoch nicht nur für Immobilien wie Gebäude, Grundstücke, Tourismusorte, Verkehrknotenpunkte wie Flughäfen und Seehäfen, sondern auch für mobile Produkte.

Kennen Sie Marken wie 10thousand B.C., Waiwera, Finé, Karoo, Tau oder Voss? Dies alles sind Mineralwässer aus exotisch anmutenden Orten: Gletscherwasser aus Kanada, artesisches Wasser aus einer 52° heißen Quelle aus Neuseeland, tausend Jahre altes Wasser aus Japan, Wasser aus einer Steinwüste in Südafrika und mineralienarme, hochreine Wässer aus Wales und Norwegen. Diese

Mineralwassermarken kosten bis zum Fünffachen eines normalen deutschen Mineralwassers.

Geschmacksunterschiede festzustellen, wird den meisten Menschen schwerfallen. Das Hauptverkaufsargument dieser Marken ist neben der Aufmachung die einzigartige Lage des Ortes, aus dem sie kommen.

Altbekannt ist die Tatsache über die Bedeutung der Lage oder des Terroirs auch beim Wein. Ein besonders beeindruckendes Beispiel findet sich in der Pfalz. In der Mittelhaardt hinter dem kleinen Ort Forst liegt die beste Weinlage Deutschlands. Ein etwa vier Hektar großer Weinberg mit dem Namen «Forster Kirchenstück» hebt sich durch sein Mikroklima und seine Bodenbeschaffenheit so stark heraus, dass er bei der ersten Bodenklassifizierung Deutschlands aus dem 19. Jahrhundert, die heute noch gilt, als einziger Weinberg 65 von 65 Punkten bekommen hat. Steht man nun vor diesem eindrucksvollen Stück deutscher Weinkultur, von dem eine Flasche Riesling ab Weingut für rund 60 Euro verkauft wird, und dreht sich auf die gegenüberliegende Seite des kleinen Landwirtschaftsweges, der das sogenannte «Kirchenstück» vom benachbarten «Jesuitengarten» trennt, wird einem bewusst, was Lage bedeuten kann: Eine Flasche Riesling vom «Jesuitengarten» ist ab Weingut bereits für 15 Euro zu haben.

084/101 Herkunft

Eine Untersuchung im Jahr 2007 hatte das Ziel, die stärkste Marke der Schweiz herauszufinden. Erstaunliches Ergebnis: Die stärkste Marke der Schweiz ist die Schweiz selbst. Die Marke Schweiz ist dermaßen gut geführt, dass sie alle anderen Schweizer Marken in den Schatten stellt.

Bei genauerem Hinsehen wird deutlich, warum die Marke Schweiz so stark ist. Sie erfüllt in fast perfekter Weise alle Anforderungen an eine wertorientierte Markenführung (siehe Kapitel I). Sie verfügt zum Beispiel über ein klares und konsequent genutztes Wertesystem; sie hat eine distinktive, eindeutig zuordenbare Stilistik und eine attraktive Positionierung.

Aber die Schweiz ist mit diesen Eigenschaften nicht allein. Südtirol, Tirol, das Bordelais, die Champagne genauso wie Salzburg, Stuttgart und natürlich Nürnberg stehen für klare Kompetenzen, die einen perfekten Resonanzraum für den Aufbau attraktiver Marken abgeben.

Wenn es um technische Produkte und Präzision geht, verankert man die Marke besser in Baden-Württemberg als in Norditalien. Dort wiederum verfügt man über hilfreiche Resonanzen, wenn es um Möbel, Bekleidung oder anspruchsvolle Lebensmittel geht. Für Uhren aus dem Schweizer Jura oder dem sächsischen Glashütte kann man rein aufgrund ihrer Herkunft gleich ein paar Prozent mehr verlangen. Für Schaumwein aus der Champagne gilt das genauso wie für Autos aus Deutschland oder Wein aus der Gegend um Bordeaux.

Egal ob ein Land, eine Region oder eine Stadt – wenn ihre Herkunft zu dem passt, was Sie tun, entlastet das Ihren Kunden bei der Kaufentscheidung, weil er sich auf die Kompetenz und den Ruf Ihres Herkunftsortes verlassen kann. Das steigert Ihre Anziehungskraft und ermöglicht Ihnen sogar, Preisaufschläge durchzusetzen. Selbst wenn Sie diesen Vorteil bereits nutzen, sollten Sie nicht müde werden, diesen weiter zu betonen und auszubauen. Für neu zu gründende Marken gilt: Wählen Sie einen Ort aus, in dem Sie Ihr Unternehmen und/oder Ihre Marke verorten wollen und der das unterstreicht, womit Sie sich von anderen abgrenzen wollen, selbst wenn an diesem Ort schon viele ähnliche Unternehmen sitzen.

085/101 Tiere

Unter Werbern gibt es eine goldene Regel. Wenn man auf dem größten und bedeutendsten Werbefilmfestival der Welt in Cannes eine der begehrten Auszeichnungen gewinnen will: Tiere gehen immer. Je kleiner, desto besser. In der Tat sind unter den Grand-Prix-Gewinnern der letzten zwanzig Jahre auffällig viele Werbefilme, in denen Tiere eine Hauptrolle spielen.

Tiere wecken Beschützer- und Mutterinstinkte, bringen uns zum Lachen, zum Weinen und repräsentieren die Reinheit, Unschuld und Selbstlosigkeit, die wir uns für uns und unsere Mitmenschen oft wünschen. Noch dazu verfügen viele Tierarten über eine liebevoll gepflegte Verortung in der Literatur, wie zum Beispiel Fabeln und Legenden, was dazu geführt hat, dass sie bereits in der Frühzeit der Markenbildung als Symbole für spezifische Leistungen und Zugehörigkeit eingesetzt wurden.

Die Frühchristen hatten als Symbol den Fisch, und im «Physiologus», einem frühchristliches Kompendium der Tiersymbolik, wurden erstmals Metaphern gebildet, die auf wünschenswerte menschliche Eigenschaften abzielten. Schaut man sich Markenzeichen aus dem 19. Jahrhundert an, kann man fast alles entdecken, was die Natur oder die menschliche Phantasie erschaffen kann und was Marken anziehend macht. Salamander, Papageien und Elefanten (Schuhe), Schwäne und Pelikane (Schreibgeräte), Frösche (Schuhpflege und Haushaltsreiniger), Hunde (Schallplatten) Pferde (Banken, Mode, Zigaretten, Whiskey und Autos), Stiere (Sherry, Energy Drinks und Sportwagen) und Löwen (Versicherungen, Autos und Bier). Manchmal ist die Identifizierung mit den attraktiven Eigenschaften einer Tierart so stark, dass der Name der Tierart sogar den Markennamen selbst bildet wie Puma, Bären-Marke, Camel oder Jaguar.

086/101 Kindchenschema

Nicht die Symmetrie, sondern das Kindchenschema beeindruckt die Betrachter, wie Studenten der Universität Regensburg nachwiesen. Männer und Frauen (!) fanden ein gemorphtes Frauengesicht am schönsten, das die Proportionen einer Vierzehnjährigen besaß. Die meisten Versuchspersonen fanden Frauengesichter mit einer zehn- bis fünfzigprozentigen Verzerrung zum Babyface anziehend, nur wenige favorisierten reife Originalfrauen.

Der von Konrad Lorenz 1943 erstmals postulierte Begriff Kindchenschema fasst alle Schlüsselreize zusammen, die ein quasi automatisiert auftretendes Fürsorge- und Kümmerungsverhalten auslösen: ein relativ zum Körper übergroßer Kopf, große Stirnregion und relativ weit darunter liegende Gesichtsmerkmale, in deren Mittelpunkt übergroße, meist dunkle Augen und eine kleine Nase zusammen mit rundlichen Wangen ihren Platz haben.

Dieses Prinzip wird überaus erfolgreich in der Kosmetikindustrie eingesetzt. Durch kosmetische Produkte und Techniken, aber auch mithilfe des Computers werden die Werbegesichter so bearbeitet, dass diese dem Ideal des Kindchenschemas möglichst nahe kommen. Je näher, desto höher die Attraktivität.

Das Prinzip des Kindchenschemas wirkt aber nicht nur mit den Babys der eigenen Art. Die gleichen Reflexe des Sorgens und Kümmerns werden auch von den Nachkommen höherer Tierarten ausgelöst. Wie anziehend das wirkt, kann man an einem Beispiel aus dem Berliner Zoo erkennen. Als dort im März 2007 das Eisbär-Baby Knut erstmals in die Öffentlichkeit trat, entstand ein Medienecho ungekannten Ausmaßes. 500 Journalisten aus dem In- und Ausland berichteten über Knut. Viele TV-Stationen sendeten live aus dem Berliner Zoo. Eine wöchentliche Fernsehserie über Knut in der ARD erreichte einen Marktanteil von 15 Prozent! Dem Berliner Zoo bescherte Knut einen Mehrumsatz von fünf Millionen Euro.

087/101 Miniaturisierung

Der kleinste iPod von Apple, der iPod Nano, ist der beliebteste MP3-Player der Welt. Der Mini von BMW ist ein Verkaufswunder und übertrifft bis heute alle Erwartungen. Der Schreibgerätehersteller Stabilo aus Nürnberg ist Weltmarktführer für Textmarker. Der Stabilo Boss wurde seit seiner Erfindung 1971 über eine Milliarde Mal verkauft. 2002 verkleinerte Stabilo sein Erfolgsprodukt. Der gerade mal halb so große, aber sonst identische Stabilo Boss Mini war die erfolgreichste Produktneueinführung der Marke und verkaufte sich auf Anhieb millionenfach und das zum gleichen Preis wie sein großer Bruder.

Mit seinem Eee PC, der nichts anderes ist als ein verkleinertes Notebook, stürmte der taiwanesische Hersteller Asus die Verkaufshitlisten für tragbare PCs. In Europa liegen die Laptops von Asus bereits auf Platz fünf der meistverkauften Notebooks mit einer von IDC ermittelten Wachstumsrate von 164 Prozent gegenüber der gesamten Computerindustrie, die mit gerade mal knapp 25 Prozent wächst.

Kapitel VIII **Die Kommunikation**

088/101 Publicity

Früher war das Unternehmerleben noch einfach. Das Jahr über hat man fleißig entwickelt, verbessert und getestet, ist dann mit seinen Neuentwicklungen zur Leitmesse der Branche gefahren und hat seine Neuheiten in großem Rahmen voller Stolz der Öffentlichkeit präsentiert. Garniert hat man das Ganze mit einer Fachanzeige im wichtigsten Branchenblatt, und obendrauf gab's noch einen redaktionellen Artikel mit einem Foto vom Chef. So einfach war Marketing – damals.

Das Dilemma, in dem sich viele mittelständische Unternehmen sehen, fängt damit an, dass die Leitmesse nicht mehr existiert beziehungsweise mit einer anderen Messe zusammengelegt wurde und nun dreimal so groß ist. Die Chinesen sind zwischenzeitlich auch ein fester Teil der Aussteller geworden und präsentieren zur gleichen Zeit die kaum unterscheidbaren Kopien der Originale, die man doch gerade erst rechtzeitig zur Messe fertig bekommen hat. Die Hoffnung, dass sich auf das Erscheinen der Fachanzeige irgendetwas rührt oder dass sie irgend jemandem aufgefallen wäre, hat man schon vor Jahren aufgegeben, nur ohne Anzeige gibt's halt auch keinen Artikel mit Foto vom Sohn des Chefs.

Das Bild der Markenleistung eines Unternehmens muss heute ohne Unterbrechung, andauernd und permanent gepflegt und bearbeitet werden. Publicity ist schon lange kein Luxus mehr, den man sich leisten kann, wenn gerade Geld übrig ist oder man dafür Zeit hat. Allerdings liegt die Lösung dieser Aufgabe für die meisten Unternehmen nicht in einer mehr oder weniger kreativen Werbekampagne, mit der die Schlafmützigkeit der Vergangenheit auf einen Schlag beseitigt werden sollte. Dafür ist weder genügend Geld vorhanden, noch die Erfahrung, mit kreativitätsversessenen Agenturen umzugehen, oder eine Unternehmenskultur, die mit dem neu geschaffenen Außenauftritt harmonieren könnte. Deshalb ist solchen Gewaltaktionen häufig nur eine kurze Lebensdauer beschert.

Die Kommunikation

Sehr viel besser wäre es, über ein Instrument nachzudenken, dass man sich leisten kann, das nachhaltig wirkt und ein Markenbild in der Öffentlichkeit im Einklang mit dem Unternehmen erzeugt. Ich rede von ständiger Markenpflege durch PR – nicht im engeren Sinn in Form von obligatorischen Presseinformationen im Rahmen eines Messeauftritts, sondern von proaktiver, kontinuierlicher PR, erbracht durch einen auf die Branche oder das Thema spezialisierten PR-Dienstleister. Dazu gehört neben einer auf Langfristigkeit aufgebauten Kontaktpflege zu Branchenjournalisten auch der Aufbau von Kontakten zur allgemeinen Tages- und Magazinpresse genauso wie die ständige Beobachtung der Kommunikationsaktivitäten des Wettbewerbs und der möglichen meinungsberrschenden Trends und Nährböden, die der eigenen Botschaft mehr Relevanz geben könnten. Hinzu kommt Lobbyarbeit bei Verbänden und Veranstaltern von Seminaren und Kongressen, um ständig die Möglichkeit für Fachvorträge auszuloten und vieles mehr. Ein moderner PR-Dienstleister wartet nicht, bis ihn sein Kunde zwingt, aktiv zu werden, sondern begreift sich als ständiger Begleiter des Kunden und Anwalt seiner Themen und Botschaften.

Marken, die ihr Bild mithilfe der vielen Möglichkeiten der Öffentlichkeitsarbeit konsequent pflegen, sind begehrlicher und vertrauenswürdiger als andere. Das steigert jenseits der tatsächlichen Produkt- oder Dienstleistungsqualität das subjektive Sicherheitsempfinden bei Kaufentscheidern. Vielleicht kennen Sie den berühmten Satz: «Kein IT-Leiter wurde je gefeuert, weil er sich für IBM entschieden hat.» In der globalisierten und komplexen Welt von heute werden überragende Produktfeatures und Einzelleistungen häufig durch das konsequent gepflegte Gesamtbild einer Marke aus dem Rennen geschlagen, denn das «Peace of Mind», das dadurch vermittelt wird, wirkt gerade auf nichtfachliche Entscheider erheblich anziehender als die besten Innovationen.

089/101 Rituale

Im Gegensatz zu dem, was oft behauptet wird, wächst der Weltmarktanteil der römisch-katholischen Kirche, zwar nicht in Westeuropa, aber in Asien und vor allem in Latein- und Südamerika sowie in Afrika.

Deshalb ist es legitim, die Markenführungstechniken der katholischen Kirche als Inspirationsquelle zu nutzen. Die Marke ist schließlich bereits über 2000 Jahre alt und immer noch wachsend.

Eine Technik, die die römische Kirche beherrscht wie keine zweite, ist Attraktivitätsaufbau durch Rituale. Das fängt bereits beim Kirchenkalender und seinen vielen festgesetzten Feiertagen an. Weihnachten, Ostern, Pfingsten, Fronleichnam und, und, und ...

Weiter geht's mit der Liturgie, dem festgeschriebenen Ablauf einer heiligen Messe, der weltweit verbindlich regelt, wann was zu geschehen hat. Das ermöglicht Katholiken überall auf der Welt den Besuch eines Gottesdienstes: Man kennt sich sofort aus, auch wenn man die Sprache nicht versteht. Dank der Rituale ist sofortige Orientierung und Zugehörigkeit zur Kirchengemeinde sichergestellt. Das ist der Hauptvorteil von Ritualen, sie sorgen für Gemeinschaft und Zugehörigkeit über Sprach- und Kulturgrenzen hinweg.

Umso erstaunlicher ist es, dass in der Welt der Marken Rituale und ihre erstaunliche Anziehungskraft durch die Förderung von Gemeinschaftserlebnissen kaum genutzt werden. Hier besteht noch ein riesiges Potenzial, insbesondere für Dienstleister (wie auch die katholische Kirche einer ist), die über kein physisches Produkt verfügen. Hier können klug konzipierte und konsequent eingesetzte Rituale die Anziehungs- und Bindungsenergie einer Marke effizient unterstützen.

Manche Markenartikler lehnen sich sogar ganz bewusst an Rituale aus der Welt der Religionen an. Der amerikanische Eiscremehersteller Ben & Jerry's beispielsweise nutzt den Beerdigungsritus aus dem christlichen Glauben, um sein Sortiment effektvoll zu bereinigen. Wird eine Eiscremesorte aussortiert, weil sie sich überlebt hat oder vom Publikum nicht so angenommen wurde wie gedacht, dann wird sie offiziell und öffentlichkeitswirksam «beerdigt». Für manche scheint die Analogie zum Abschied eines lieb gewonnen Menschen etwas überzogen. Faktisch macht es aber Sinn, ein Produkt, in das über Monate hinweg viel Geld und Liebe investiert wurde, nicht einfach geräuschlos von der Bildfläche verschwinden zu lassen, sondern es bewusst zu tun, um allen Beteiligten zu zeigen, wie sehr man hinter dem Produkt trotz Misserfolg gestanden hat.

Rituale zu initiieren zeugt von Bewusstsein, was man gegenüber seinem eigenen Tun hat. Demonstratives Bewusstsein gibt dem Handeln Bedeutung und zieht die Aufmerksamkeit der Kunden und der Öffentlichkeit ganz automatisch auf sich, da bewusstes und absichtsvolles Handeln immer seltener wird. Ob es die perfekt durchchoreografierten Modenschauen in Mailand, Paris oder London sind, die Abläufe auf Messen mit ihren vielen Nebenveranstaltungen oder die Auftritte und Konzerte internationaler Musik- und Showgrößen – Rituale halten die Komplexität solcher Ereignisse zusammen und geben ihnen einen bedeutungsvollen Rahmen.

Das Schöne ist: Rituale kosten nichts. Jeder kann sie schaffen, im Kleinen wie im Großen. Viele Unternehmen zelebrieren bereits Rituale, ohne sich dessen bewusst zu sein: Weihnachtsfeiern, Jubiläen oder Kundenveranstaltungen. Der Trick ist, diese zu erkennen und sie bewusster zu nutzen, um auf Mitarbeiter, Kunden, Anteilseigner und Öffentlichkeit anziehender zu werden.

090/101 Nummer-eins-Position

Wer war der erste Mann auf dem Mond? Wer der Zweite? Wer flog zuerst über den Atlantik? Wer war der Zweite? Welches ist der höchste Berg Deutschlands? Welcher der zweithöchste? Die größte Stadt Österreichs? Die zweitgrößte?

Der Zweite ist immer der erste Verlierer. Der Erste vereinigt überproportional viel Aufmerksamkeit auf sich, obwohl der Leistungsunterschied oft gar nicht so groß ist. Bei den 100-Meter-Läufern geht es um Hundertstel Sekundenbruchteile, bei den Golfern oder den Tennisspielern um einen einzigen Schlag, der darüber entscheidet, wer die Nummer eins der Welt ist und wer der Loser.

Die Nummer eins ist sexy und jeder möchte mit ihr zu tun haben. Und weil jeder mit ihr zu tun haben möchte, steht das Mehr an Aufmerksamkeit und Profitabilität in einem überproportionalen Verhältnis zu dem Mehr an Leistung, das die Nummer eins erbracht hat. Der Gewinner der Formel-eins-Weltmeisterschaft verdient bei Weitem mehr, als es sein Leistungsvorsprung in Sekunden vor der Nummer zwei rechtfertigen würde. Die glaubwürdige Besetzung einer attraktiven Nummer-eins-Position ist damit essenziell für den Erfolg einer Marke, nur kennen die meisten Marken ihre Nummer-eins-Positionen nicht oder besetzen die falsche. Einige Marken geben sich sogar mit einer Nummer-zwei- oder Nummer-drei-Position zufrieden und kommunizieren das auch noch!

Um im Bewusstsein der relevanten Öffentlichkeit eine Nummer-eins-Position glaubwürdig zu erobern, müssen drei Faktoren erfüllt sein:
1. Ein möglichst relevantes Kriterium in einer
2. möglichst großen Kategorie innerhalb eines
3. möglichst attraktiven Bezugssystems.

Dabei geht es wirklich nicht nur um die Größe. Wenn man nicht die größte Marke seiner Kategorie sein kann, lohnt es sich, über Alternativen nachzudenken. Vielleicht macht Schnelligkeit, Zuverlässigkeit oder das Alter die Marke viel begehrlicher als schiere Größe? Nürnberg besitzt zum Beispiel mit der Akademie der Künste zwar nicht die größte, aber die älteste Kunstakademie im deutschsprachigen Raum.

Was zu besonderer Aufmerksamkeit und Anziehungskraft führt, sind Kriterien, Kategorien und Bezugssysteme, die nicht den gelernten Mustern entsprechen. Apple hat sein neues Notebook MacAir mit der Nummer-eins-Position «Das dünnste Notebook der Welt» am Markt eingeführt: spannend, weil bisher die gelernten Kriterien für Notebooks immer ihr Gewicht und ihre Größe waren, nie wie dünn sie sind. Die Schweizer Espressomaschinenmarke Jura hat jüngst die «schmalste Espressomaschine der Welt» eingeführt. Ein völlig neues Kriterium, das alle Lernmuster durchbricht und neue Relevanzen schafft.

091/101 Erfindungen
Wer hat eigentlich das Heroin erfunden? Im Jahre 1897 wurde es unter der Bezeichnung Diacetylmorphin in den Labors von Bayer entwickelt. Man versprach sich sehr viel von dem neuen Produkt, das anfangs als Hustenlöser und Schmerzmittel vermarktet wurde, bis man die fatale Nebenwirkung des Präparats erkannte. In der Euphorie um das Heroin hätte man fast das Potenzial eines Wirkstoffs übersehen, der nur elf Tage zuvor in den gleichen Labors entdeckt wurde und das man anfänglich für giftig hielt – Acetylsalicylsäure, besser bekannt unter dem Markennamen Aspirin.

Carl Benz hat zusammen mit Gottlieb Daimler das Automobil erfunden, die BASF den ersten synthetische Farbstoff der Welt – Indigo. Carl Zeiss erfand das Mikroskop, Conrad Röntgen entdeckte die nach ihm benannten Strahlen, und Thomas Edison erfand die Glühbirne und das Grammofon und legte damit den Grundstein für General Electric.

Erfindungen sind auch heute noch der wichtigste Baustein für lang anhaltende Erfolgsgeschichten. Man denke nur an Viagra von Pfizer, das Betriebssystem Windows von Microsoft oder die Suchmaschine von Google.

Was passiert aber, wenn die Erfindung schon Jahrzehnte zurückliegt? Wenn es zwischenzeitlich bessere Produkte am Markt gibt oder sich die Verhältnisse so geändert haben das diese Spitzenleistung in den Hintergrund gedrängt wurde? Jetzt zeigt sich, wie gut die Markenführung war. Denn nur das System Marke kann Spitzenleistungen wie eine Erfindung, selbst wenn sie längst überholt ist, im kollektiven Gedächtnis abspeichern. So konserviert lässt sie sich dann noch viele Jahrzehnte als Vertrauensbasis für immer neue Produkte und Konzepte nutzen. Man kann sich auch dann immer auf die Anziehungskraft der Ursprungserfindung verlassen. Und selbst wenn Sie jetzt wissen, dass Bayer das Heroin erfunden hat, lässt das Ihren Respekt vor den Leistungen dieser Marke nicht sinken ...

092/101 Innovationen

Die kleine Schwester der Erfindung ist die Innovation. Unternehmen, die in gesättigten Märkten verkaufen und in Hochlohnländern produzieren, bleibt gar nichts anderes übrig, als permanent innovativ zu sein. Kunden erwarten Innovationen in immer kürzeren Zyklen. Damit wird der Abstand zum Wettbewerb beibehalten oder vergrößert. Den Kopisten wird das Leben schwer gemacht, und es werden teilweise völlig neue Marktsegmente erschaffen, wie das Nintendo mit seiner Wii-Spielkonsole und Apple mit seinem iPhone gerade vormachen.

Will man über die relativ kurze Phase hinaus profitieren, in der die Innovation die Märkte beherrscht, muss man lernen, Innovationen in der Marke dauerhaft abzuspeichern. Zu viele innovationsgetriebene Unternehmen hangeln sich von einer zur nächsten Innovation und vergessen darüber ihre Innovationshistorie zu managen. Eine wahllose Aneinanderreihung von zweifellos hervorragenden Innovationen bringt rein gar nichts, wenn sie nicht auch in der Post-Innovationsphase systematisch gepflegt werden, um die maximale Begehrlichkeit zu erhalten.

Viele Innovationen auf den Markt zu bringen, bedeutet nicht

gleichzeitig Wachstum und Profit, sondern erst einmal nur Kosten, die die Produkte verteuern. Ein besonders krasses Beispiel liefert der Markt für Snowboards. Als innovativste Marke in diesem Bereich gilt die kleine Firma Nitro. Dort arbeitet man ständig an neuen Ideen, wie die Produkte des Hauses noch drehfreudiger, leichter und sicherer gemacht werden können. Nitro-Snowboards gelten deshalb als die Teuersten im Markt. Den Reibach macht aber eine andere Marke, die eher als «Low-Tech», aber dafür als umso «stylisher» gilt. Der US-Hersteller Burton ist der unangefochtene weltweite Marktführer für Snowboards und Zubehör bis hin zur Bekleidung. Jake Burton hat das Snowboard auch nicht erfunden, aber er hat der gesamten Branche das Lebensgefühl gegeben, das die Snowboarder von den Skifahrern unterscheidet, und das scheint wichtiger zu sein, als jede noch so gute technische Innovation.

093/101 Kontinuierliche Verbesserung

Weil wir gerade bei Jake Burton waren: Erfunden hat er das Snowboard zwar nicht, aber er hat es auf dem Weg zu einem Massensportgerät mit entscheidenden Verbesserungen am Bindungssystem erheblich vorangebracht, indem er verstellbare Schlaufen als Riemen und Antirutschflächen auf den damals noch primitiv konstruierten Boards anbrachte.

Permanente Verbesserung oder «Kaizen» scheint eine Domäne japanischer Marken zu sein. In den 60er- und 70er-Jahren des letzten Jahrhunderts galten die Japaner als die größten Kopierer der Welt. Sie ruinierten erst die optische Industrie, dann die elektronische Industrie bei Unterhaltungselektronik genauso wie in der Bürotechnik. Dann machten sie das Gleiche bei der wichtigsten deutschen Industrie, dem Automobilbau. Was man aber lange übersah und Toyota schließlich zur erfolgreichsten Automobilmarke weltweit machte, war die Tatsache, dass die Japaner schnell aufgehört haben, bloße Kopien ihrer westlichen Vorbilder zu produzieren, sondern sie begannen mit der systematischen Verbesserung der Produkte. Kontinuierliche Verbesserung ist für den Kunden manchmal viel attraktiver als eine komplett neue Version oder Erfindung. Jeder kennt das Gefühl, wenn sein Softwarehersteller ein vollständig neues Betriebssystem ankündigt. Da ist keine Vorfreude, da regiert die blanke Angst. Umlernen, Instabilität, unausgereifte Produkte, Kompatibilitätsprobleme und vieles mehr lassen ganz vergessen, dass es vielleicht auch etwas Gutes zu entdecken gibt. Deshalb sind regelmäßige Upgrades, also Innovationen, verpackt und gestaffelt in verdaubaren Portionen, oft sehr viel mehr wert als komplett neu überarbeitete Systeme.

094/101 Verschwiegenheit

Kaum zu glauben, aber wenn Kult und Mythos einer Marke ihre Anziehungskraft stärken sollten, dann gehört Verschwiegenheit zu einer der wirksamsten Anziehungskraftverstärker. Gerade bei mittelständischen und Familienunternehmen ist der Hang zur Nicht-Kommunikation stark ausgeprägt. Hat das Unternehmen dann noch über seine Region oder Branche hinaus eine wesentliche Bedeutung, kann Nicht-Kommunikation für die Attraktivität des Unternehmens und seiner Produkte mehr bewirken als eine lehrbuchmäßige Kommunikationspolitik.

Die Rolex SA ist mit geschätzten 2,5 Milliarden Schweizerfranken Umsatz (rund 1,7 Milliarden Euro) der größte Luxusuhrenhersteller der Welt. Sie befindet sich in Familienbesitz und ist daher nicht veröffentlichungspflichtig. Deshalb gibt es von Rolex so gut wie keine Informationen, nicht zu den Zahlen, nicht zu Strategien oder der Personalpolitik. Nicht einmal die für den Sammlermarkt so wichtige Übersicht aller bisher hergestellten Referenzen (Uhrenmodelle) wird veröffentlicht.

Überall dort, wo Bedeutung und das damit verbundene öffentliche Informationsbedürfnis auf Verschwiegenheit trifft, entsteht ein Spannungsfeld. Je stärker die beiden Pole dieses Potenzialgefälles aufgeladen sind, also je stärker Interesse mit Verschwiegenheit beantwortet wird, desto größer ist die Möglichkeit, zu Kult oder Mythos zu werden. Transparenz ohne Geheimnisse und Unerklärbares erzeugt keinen Kult.

Porsche ist zwar ein börsennotiertes Unternehmen, trotzdem will der Vorstandsvorsitzende zu viel Transparenz unterbinden. Seine öffentlichkeitswirksame Weigerung, die sonst börsenüblichen Quartalsberichte abzugeben, trieb die Analysten fast in den Wahnsinn und verhinderte die Listung des Unternehmens im wichtigsten deutschen Börsenindex, dem DAX, wo es aufgrund seiner Größe und Wirtschaftskraft längst hingehörte. Das hätte auch eine gehörige Steigerung des Unternehmenswertes bewirkt, da Aktien von im DAX notierten Unternehmen von vielen index- oder indexorientierten Fonds nachgekauft hätten müssen, was den Börsenkurs der Porsche AG in die Höhe getrieben hätte.

Wie reagierten die Anteilseigner und die Anleger auf diese wertschädigende Geheimniskrämerei? Euphorisch. Insbesondere bei der Gruppe der selbstständigen Unternehmer und der freien Berufe wie Ärzte und Rechtsanwälte erzeugte die Entscheidung von Porsche Sympathien. Institutionen die Stirn zu bieten, wie es Porsche getan hat und sich nicht alle Informationen von gierigen Analysten herausquetschen zu lassen, traf genau den Nerv dieser Gruppe, die es als Vorstand eines börsennotierten Unternehmens «genauso machen würde wie Porsche». Da diese Gruppe auch noch die Hauptkundengruppe von Porsche-Fahrzeugen darstellt, war die Weigerung von Porsche, Quartalsberichte abzugeben, nichts anderes als perfekte Markenführung auf Basis der Werte der Marke Porsche und ihrer Fans.

095/101 Sponsoring

Rolex ist nicht nur ein sehr verschwiegenes Unternehmen, sondern hat auch das Sportsponsoring erfunden. Hans Wilsdorf, der aus Franken stammende Gründer von Rolex, hatte für seine Erfindung, einer für damalige Verhältnisse absolut wasserdichten Uhr, die berühmte Oyster, dringend eine Möglichkeit gesucht, den Umsatz seiner Ware anzukurbeln. Er fand sie in der Sekretärin Mercedes Gleitze, die sich vorgenommen hat, als erste Frau den Ärmelkanal zu durchschwimmen. Dabei trug sie eine Rolex Oyster am Arm, die ihr zuverlässig anzeigte, wie lange sie während ihres Mammutprojekts schon unterwegs war. Sie schaffte die Durchquerung und erbrachte damit nebenbei den Beweis, dass die Rolex Oyster wirklich wasserdicht ist. Diese Leistung hat Rolex in den Folgejahren bis heute zum Inbegriff der robusten und präzisen Uhr gemacht und im Wesentlichen den Ruf der Marke und ihre Begehrlichkeit begründet.

Heute ist das Sponsoring in viele Disziplinen aufgefächert und zu einem Milliardengeschäft geworden. Aber egal, ob Sponsoring für Kunst und Kultur, soziale Projekte, Umweltaktivitäten oder den Sport: Dort wo sich eine Marke nachhaltig und glaubwürdig zu einem Thema bekennt und dessen Förderung tatkräftig unterstützt, wächst ihre öffentliche Reputation und damit steigt ihre Begehrlichkeit.

096/101 Vorurteile nutzen

Arbeiten Sie niemals gegen Ihre Vorurteile! Viele Marken versuchen verzweifelt gegen negative Vorurteile mithilfe der Werbung anzurennen, anstatt sich ihrer positiven Vorurteile bewusst zu werden und diese in den Mittelpunkt ihrer Kommunikationsbotschaft zu rücken.

Vorurteile, die über Ihre Marke existieren, sind für Ihre Kunden ganz entscheidende Orientierungshilfen im täglichen Entscheidungskampf. Sie haben sich über lange Zeit gebildet und können nicht durch interpretationsoffene «Imagewerbung» in die gewünschte Richtung verändert, sondern nur durch konkrete, eindeutige Leistung behutsam weiterentwickelt werden.

Dennoch begeben sich viele Unternehmen auf den aussichtslosen Weg, die Vorurteilsmuster ihrer Kunden über ihre Marke «gewaltsam» verändern zu wollen.

Ein typisches Beispiel ist das Thema «Verjüngung»: Unsere Marke ist zu alt, und deshalb müssen wir sie durch ein neues Logo und ein freche, frische Imagekampagne verjüngen. Schon prallt geballte Werbekreativität auf über Jahrzehnte gebildete und immer wieder bewiesene Vorurteilsmuster. Was denken Sie, wer am Ende gewinnt?

Konzentrieren Sie sich mit Ihrer Kommunikation nicht auf das, was Sie nicht haben, sondern auf das, was Ihnen als Stärke zugeschrieben wird. Nutzen Sie die positiven Vorurteile, die Ihrer Marke anhaften, verstärken Sie diese und nutzen sie diese Basis, um die Marke langsam mithilfe neuer Leistungen zu verändern. Passen Sie sich dem Klischee an, das über Sie existiert und machen Sie das Beste draus. Wenn sich negative Vorurteile aufgebaut haben, die Sie stören, kommt das nicht von schlechter Kommunikation, sondern von schlechter Leistung. Deshalb können Sie Ihre Vorurteilsmuster auch nie zuerst durch Kommunikation verändern, sondern immer nur durch demonstrierte Spitzenleistung.

097/101 Mund zu Mund

Wie verbreiten sich eigentliche Witze? Warum sind Gerüchte so wirksam und können das Wohl ganzer Unternehmen oder Börsenindizes beeinflussen? Wie können Marken dieses Phänomen nutzen?

Virusmarketing, Buzz-Building oder Mund-zu-Mund-Werbung – wenn es eine Marke schafft, dass Menschen aus eigenem

Antrieb positiv über sie reden, dann stärkt dies ihre Begehrlichkeit. Nur, wann reden Menschen positiv über eine Marke?

Im Zuge des Internets sind dazu viele neue Geschäftsideen aufgekommen. E-Mails oder Werbefilmchen, die weitergeleitet werden, oder die vielen Web-2.0-Social-Community-Plattformen von studiVZ, Facebook, Myspace, LinkedIn und Xing bis hin zu unzähligen Branchen- und Interessengemeinschaften. All diese Geschäftsmodelle und Marketinginitiativen basieren auf der Theorie des «Small world phenomenon», das Stanley Milgram bereits 1967 in einem Artikel für «Psychology Today» beschrieben hat. Die Essenz daraus: Jeder Mensch ist von jedem anderen Menschen auf der Welt durch maximal sechs Grade (oder Menschen) getrennt. Glaubt man das, was viele Wissenschaftler seit den 50er-Jahren erforscht, beschrieben und berechnet haben, darunter die Mathematiker Manfred Kochen und Benoît Mandelbrot, so kann man jeden anderen Menschen auf der Welt mit seiner Botschaft erreichen, wenn sie nur stark genug ist.

Neben der Beschaffenheit einer Nachricht ist für ihre wirksame Verbreitung mindestens ebenso entscheidend, wer sie erzählt und wann er sie erzählt. Ein Witz wird nur dann weitererzählt, wenn der Erzähler einigermaßen sicher sein kann, dass für eine ausreichende Anzahl der Zuhörer der Witz neu ist. Nichts schadet dem eigenen Image mehr als ein alter Witz, über den niemand mehr lacht. Wenn Marken möchten, dass über sie positiv geredet wird, müssen sie dafür sorgen, dass es wenig Wissende und viele Unwissende gibt. Der Wissens- und Erfahrungsvorsprung der Wissenden lässt ein Potenzialgefälle zu den Unwissenden entstehen. Unterschiedliche Potenziale wollen sich immer ausgleichen. Dies ist ein physikalisches Grundgesetz. Treffen Wissende auf Unwissende, gleicht sich das Gefälle aus, indem Kommunikation zu fließen beginnt. Die Menschen beginnen zu reden.

Eine Marke muss also nichts anderes machen, als ein möglichst hohes Potentialgefälle an Wissen und Erfahrung aufzubauen. Sie muss Wissende kreieren und dafür sorgen, dass diese die Spitzenleistungen der Marke kennen, die in den aktuellen gesellschaftlichen Kontext passen. Erzählen interessante Menschen spannende Markengeschichten, die zu den relevanten Themen passen, die die Menschen umtreiben, dann wird die Attraktivität einer Marke durch Mund-zu-Mund-Werbung erhöht.

Kapitel IX **Die Preisfindung**

098/101 Was wird überhaupt verkauft?

Was verkaufen Sie eigentlich wirklich? Verkauft ein Hausgerätehersteller Funktion, Design und Zubehör oder Entlastung, Freizeit und Spaß (an der Hausarbeit)? Verkauft ein Schönheitschirurg größere und vollere Körperteile, gerade Nasen, angelegte Ohren oder soziale Akzeptanz, Selbstbewusstsein und Erfolg? Verkauft ein Hersteller von Rollen für Fließregallager Funktion, Stabilität und Langlebigkeit oder Schnelligkeit, Produktivitätserhöhung und «Peace of mind»? Wer braucht neue Jeans, einen neuen Whisky, elektrische Zahnbürsten oder ein neues Joghurt? Und wer will eine sexy Ausstrahlung, Kontemplation, Schönheit und das Gefühl, sich gesund zu fühlen?

Viel zu oft wird noch die USP verwendet. Diese im Marketing der 80er-Jahre gängige Methode, um die Existenzberechtigung eines neuen Produkts zu definieren, funktioniert immer weniger in total übersättigten und mega-fragmentierten Marktsystemen. Viele Marken wären erfolgreicher, würden sie ihren Nutzen selbst stärker hinterfragen und versuchen, in der heutigen Welt ihren Platz mit genügend Abstand von sich selbst zu bestimmen.

Der Fahrtzeitenrechner der Deutschen Bahn liefert ein schönes Beispiel, worin dieser Denkprozess münden kann. Mit diesem kann man die Fahrtzeiten der Bahn mit den beiden Hauptkonkurrenten Auto und Flugzeug vergleichen. Dadurch wird klar, was die Bahn eigentlich verkauft: nicht Ambiente und Service – es sei denn, man steht auf schlechtes Design, dreckige Bahnhöfe, stinkende Toiletten in den «DB-Lounges» und unverständliche, aber auch extrem lustige Zugdurchsagen in einer Fremdsprache, die entfernt an Englisch erinnert –, sondern minimiertes Zeitrisiko. Mit der Individualität eines eigenen Autos und dem Flair einer Flugreise wird die DB niemals mithalten können, aber auf vielen ihrer modernen Strecken ist sie nicht nur schneller als ihre beiden Wettbewerber, sondern definitiv risikoloser. Selbst wenn man einen Zug verpasst, kann man relativ leicht den nächsten nehmen und verliert vielleicht eine Stunde. Bei einem verpassten Flugzeug kann man in vielen Fällen den gesamten Tag abschreiben, auch wenn man berücksichtigt, dass es auch bei der Bahn immer wieder zu Verspätungen kommt.

Verglichen mit der Unberechenbarkeit des Autoverkehrs auf Deutschlands Autobahnen ist das Zeitrisiko minimal. Das gilt vor allem, wenn man in das Innere einer Stadt möchte oder aus ihr heraus. Bahnhöfe liegen traditionell im Zentrum der Innenstädte, und auf dem Weg dorthin gibt es weder Ampeln noch Pendlerstaus. Zeitersparnis und geringes Risiko, sich zu verspäten, sind die eigentlichen Markenleistungen der DB. Der Fahrtzeitenrechner ist der erste zarte Marketingansatz, diese Spitzenleistung deutlich zu machen und mit neuen positiven Vorurteilen die alten, negativen in den Köpfen der Kunden zu ersetzen.

Das Land der Techniker und Ingenieure argumentiert natürlich auch gerne technisch – und für Ingenieure. Hier wird gerne von Leistungsmerkmalen wie PS, Megahertz, Gigabyte und km/h gesprochen. Eine interessant andere Kommunikation wählte der Unterhaltungselektronikhersteller Bose aus den USA. Um seine High-End-Dolby-Surround-Audioanlage auszuloben, in die man seine komplette CD-Sammlung einspeichern kann und damit bequemen Einzelzugriff auf seine gesamte Musiksammlung hat, wurde in erster Linie nicht mit technischen Merkmalen wie Speicherkapazität, Anzahl der speicherbaren CDs, Prozessorgeschwindigkeit et cetera argumentiert, sondern mit «... dem unbeschreiblichen Gefühl, seine CD-Sammlung völlig neu zu entdecken und Titel zu hören, von denen man gar nicht dachte, dass man sie besitzt». Mit dieser Argumentation verkauft Bose dem Kunden nicht nur ein technisches Produkt, sondern eine vollständig neue Musik-CD-Sammlung.

099/101 Die Magie der Zahlen
Warum haben Sie dieses Buch gekauft? Titel? Titelgestaltung? Bild? Oder wegen der großen Zahl, die so verheißungsvoll klingt? Pure Zahlen ziehen an, denn sie sind präzis, konkret fassbar und rein. Sie geben ein großes und scheinbar konkretes Versprechen. Sie können Träume ad hoc abrufen (Was würden Sie mit 1 000 000 Euro machen?).

Zahlen machen Geschichte und Zukunft fassbar. Zahlen sind die verlässlichste Form, um Spitzenleistung zu demonstrieren und zu kommunizieren. Zahlen sind objektiv und unbestechlich. Zahlen wirken wie Bilder, auch jenseits von Sprachgrenzen und sogar jenseits von Kulturgrenzen, weil sie doch so durch und durch rational sind. Sind sie das wirklich?

Warum ist der 100-Meter-Kurzstreckenlauf bei den Olympischen Spielen die Königsdisziplin? Wegen des Zahlenkorsetts, das alles verdichtet und für jeden Zuschauer, ob im Stadion oder vor dem Fernseher, transparent und nachvollziehbar macht. Wie schnell läuft ein Sportler die 100 Meter? Ergebnis in Sekunden; alles klar, keine unbekannten Spielräume. Deshalb sind Sportarten wie Turnen nicht so populär. Da gibt es Noten. Zwar sind das am Ende auch Zahlen, aber es fehlt der klare Bezugsrahmen, es fehlen die 100 Meter.

Menge und Preis sind die Äquivalente für die Güte eines Geschäfts. Zwei objektive Größen werden in ein Verhältnis gesetzt. Scheinbar geht alles rational und berechenbar zu. Die einzige Variable ist die Feststellung des Preises für eine definierte Menge. Danach richtet sich dann alles Weitere.

Aber Zahlen können ihre betörende Wirkung auch jenseits dieses Verhältnisses entfalten, indem sie selbstreferenziell eingesetzt werden. Dann beziehen sie sich nicht mehr auf eine Gegenleistung, sondern nur noch auf sich selbst und ihre Versprechen. So funktionieren nicht nur Sammlermärkte, die überwiegend durch Irrationalität getrieben sind und sich gerade deshalb das beruhigende Korsett der Zahlen übergestülpt haben. So funktionieren auch die Börsen und die Rohstoffmärkte. Der Boom des Ölpreises 2007/2008 beruhte nicht auf Knappheit des Rohstoffs, sondern auf selbstreferenziellen Zahlen. Der Gegenwert wurde ausgeblendet. Es ging nur noch um sich selbst – um Spekulation.

Ähnlich verhält es sich auch mit Rabatten. Viele Menschen achten nicht mehr auf den Preis, sondern nur noch auf die Höhe des Rabatts – auch wieder selbstreferenziell. Der ursprüngliche Preis ist der Maßstab, nicht die Menge oder der Wert der Leistung. Das wäre anstrengend, weil komplex – wie Turnen.

Damit erschließen sich zwei Möglichkeiten, Menschen mit der Magie der Zahlen anzuziehen: indem eine Zahl in ein Verhältnis zur Leistung gesetzt wird (zum Beispiel Menge) oder durch auf sich selbst bezogene Zahlen (zum Beispiel Rabatt vom Ursprungspreis).

In New York gibt es ein Restaurant, in dem es die teuerste Pizza der Welt gibt – für 1000 Dollar! Eindeutig selbstreferenziell. Gegenwerte wie Geschmack, Zutaten, Größe und so weiter sind sekundär. Die Menschen gehen in erster Linie dorthin, um für die Zahl 1000 eine Pizza zu essen (oder anderen dabei zuzuschauen). An diesem Beispiel wird deutlich, wie wichtig das Design von Zahlen ist, wenn sie selbstreferenziell eingesetzt werden sollen. 999 Dollar klingt wie ein Sonderangebot – das würde der Absicht nicht gerecht werden. Vielleicht läge der normale Kalkulationspreis bei 947,62 Dollar? Das würde auch nicht funktionieren. Warum werden Top-Lose bei einer Auktion nur mit glatten Zahlen zu Rekordergebnissen? 18 000 000 Euro für ein Bild sendet ein anderes Signal in den Markt und die Öffentlichkeit, als 18 154 987,37 Euro. Das Design der Zahl ist wichtiger als der Wert. So entstehen Eckpreise, die ein ganzes Marktsegment über lange Zeit beeinflussen können. Sie kennen vielleicht auch noch den Preis, der für den ersten privaten Raumflug bezahlt wurde (es waren nicht 19 987 654,98 Dollar)!

Das gleiche Prinzip funktioniert natürlich auch in die andere Richtung: 0,99 klingt besser als 0,87. Ein Euro ist ein Benchmark und das nur deshalb, weil es eben ein Euro ist.

Die Zahlen 0 oder 9 wirken geradezu magisch. Dagegen ist die 7 oder 8 nichts. 0 Euro – das ist ein Wort; 0,99 Euro ist auch noch gut. Aber 7 Euro? Da muss schon eine Spitzenleistungsgeschichte dahinter stehen, um mit einer solchen Zahl Menschen anzuziehen (da hilft auch kein 7-jähriges Firmenjubiläum als Grundlage).

Die Magie der Zahlen erstreckt sich natürlich nicht nur auf Preise, sondern kann für alles verwendet werden, was komplex ist, um es fassbarer und damit anziehender zu machen. 1001 Nacht, die ersten 100 Tage einer Regierung, 99 Luftballons, 1000 Steuerspartricks, das 3-Liter-Auto, Agenda 2010, Top-10-Hitparade, 20 000 Meilen unter dem Meer und so weiter ...

100/101 Sekundärmarkt

Geradezu unglaublich mutet an, welchen Einfluss auf die Begehrlichkeit und damit auf die Preisbildung des Primärmarkts der Sekundärmarkt ausüben kann. Sekundärmärkte existieren hauptsächlich bei langlebigen Produkten. Die weltweit größten und bekanntesten Sekundärmärkte finden sich bei Immobilien, Maschinen und Fahrzeugen aller Art, Flugzeuge, Schiffe, Autos oder LKW's. Fast noch größer, genaue Zahlen gibt es nicht, dürfte der weltweite Sekundärmarkt für Waffen sein. Natürlich existieren globale Sekundärmärkte auch bei allem, was sich sammeln lässt. Kunst, Antiquitäten, Uhren und Schmuck, Design, Vintage-Mode und vieles mehr.

Bei vielen Neuwagenkäufern wird die Kaufentscheidung maßgeblich durch den Wiederverkaufswert beeinflusst. Davon profitieren gerade deutsche Marken wie Mercedes, BMW und Porsche. Audi wurde erst in die Weltliga der Premium-Marken aufgenommen, als ihr Flagschiff, der Audi A8, ähnlich hohe Wiederverkaufspreise am Sekundärmarkt durchsetzen konnte wie die S-Klasse von Mercedes.

Der weltweite Hype des Markts für zeitgenössische Kunst und die geradezu unglaublichen Wertsteigerungen, die sich mit frischen Arbeiten einige Zeit lang erzielen ließen, basierte hauptsächlich auf den publikumswirksam inszenierten Versteigerungen der weltweit führenden Auktionshäuser, die diesen Markt zusammen mit einer Handvoll einflussreicher Galeristen vollständig im Griff haben. Kaum kommt ein junger Künstler auf Versteigerungsergebnisse von über 100 000 US-Dollar, zieht er die Aufmerksamkeit der weltweit schätzungsweise 5000 High-End-Sammler auf sich. Dann schießen auch die Preise auf dem Primärmarkt, also direkt ab Galerist, in die Höhe. Die Preisbildung des Primärmarkts bei Künstlern, die weniger als zehn Jahre am Markt sind, wird somit größtenteils von den Ergebnissen am Sekundärmarkt beeinflusst.

Ähnliches gilt für den Uhrenmarkt und dem aktuellen Hype rund um die zur Kultmarke avancierte Marke Rolex. Einfache, nur 30 Jahre alte Uhren aus Edelstahl und einem Chronografenwerk wie die Rolex Daytona, werden zu Preisen gehandelt, die zehnfach über denen vergleichbarer Uhren aus derselben Epoche liegen. Selbst kleinste Abweichungen auf dem Zifferblattaufdruck können den Wert der Uhr, wie zum Beispiel bei der Sea Dweller Double Red (wo nur zwei Zeilen der üblichen Beschriftung in roter Farbe gedruckt sind), locker vervierfachen.

Die Spitze markiert aber die Kooperation von Rolex mit dem französischen, auf professionelles Tiefseetauchen spezialisierten Unternehmen Comex (Compagnie maritime d'expertises). Zusammen hatten diese beiden Unternehmen Anfang der 70er-Jahre begonnen, eine Taucheruhr für große Tiefen zu entwickeln. Comex hatte daraufhin von Rolex einige dieser Uhren als Werbegeschenke an Kunden zur Verfügung gestellt bekommen. Eine dieser mit dem Zifferblattaufdruck «Comex» versehenen Uhren aus dem Jahr 1977 erzielte kürzlich bei einer Auktion 72 500 Euro – der Neupreis desselben Modells liegt bei ungefähr 4900 Euro.

Bei vielen Produktgruppen mit einem Sekundärmarkt kann die konsequente Pflege der Preisbildung auf diesem Markt die Begehrlichkeiten für die Marke auch auf dem Primärmarkt maßgeblich beeinflussen. Denn im Sekundärmarkt muss die Marke ihre Güte, Qualität, Tauglichkeit und Zuverlässigkeit nicht mehr beweisen. Sie hat es bereits durch jahrzehntelangen Gebrauch getan, und das zeigt sich an den hohen Wiederverkaufspreisen, die sie erlösen kann. Das wiederum reduziert das Risiko des Käufers auf dem Primärmarkt und die Begehrlichkeit und damit die Nachfrage steigt. Manchmal ist der Ursache-/Wirkungszusammenhang so wunderbar einfach.

101/101 Preis

Die Zeiten, in denen sich der Preis aus Kosten und Gewinn zusammensetzten, sind endgültig vorbei. Neben neuen Preisfindungsmodellen wie Kundenwert, Total Cost of Ownership, Flatrates, Pay-per-use, Bonusprogramme und Service Pricing geht es vor allem darum, die Preisfindung und Preisvermittlung nicht mehr eindimensional zu betreiben.

Ein Preis ergibt sich demnach nicht mehr «... nur aus der Kalkulation eines vorgegebenen Produkts, sondern steht vor der Aufgabe, ein Preis-/Leistungsverhältnis zu bestimmen, das einerseits den Ertragsansprüchen eines Unternehmens und andererseits den Kundenerwartungen Rechnung trägt», wie Prof. Diller vom Lehrstuhl für Marketing der Friedrich-Alexander-Universität in Nürnberg hervorhebt.

Die Überlebensfähigkeit eines Unternehmens wird in Zukunft geprägt durch seine Fähigkeit, das durch seine Produkte und Dienstleistungen geschaffene Wertempfinden zu bepreisen. *L'art pour l'art* wird nicht mehr funktionieren. Innovationen werden Unternehmen zugrunde richten, wenn sie nur um ihrer selbst Willen entwickelt wurden. Qualitätsansprüche, die vorher nicht relevant gemacht wurden, werden Unternehmen ruinieren. Das Wertempfinden der Menschen jenseits der ökonomischen Logik wird der Bezugsrahmen sein, an dem der Wert einer Leistung bemessen wird. Langfristig entstandene Werte, die häufig einen normativen, ethischen Charakter haben, werden zusammen mit den über die Produkte generierten Leistungswerten und den individuellen Wertvorstellungen der Kunden das Wertempfinden bestimmen und damit die Preisgrenzen festlegen.

Die Deutsche Bahn lieferte 2008 ein hervorragendes Beispiel dafür, wie es nicht funktioniert. Bekanntermaßen ist der Kostenaufwand für Personal, Raumnutzung und Ausstattung höher, wenn ein Kunde ein Bahnticket am Schalter mit persönlicher Bedienung kauft. Am Automaten ist der Verkaufsprozess für einen Fahrschein erheblich billiger zu bewerkstelligen. Das Problem besteht darin, die Kunden dazu zu bewegen, am Automaten zu kaufen. Wer das schon einmal versucht hat, wird bestätigen, dass man dieses Erlebnis kein zweites Mal haben möchte. Also kauft man wieder am Schalter. Anstatt nun das Einkaufserlebnis für den Kunden am Schalter attraktiv zu machen, indem man die Automaten-Software einfacher, schneller und bedienungsfreundicher gestaltet und den Kunden an den Kostenvorteilen durch den Kauf am Automaten teilhaben lässt (zum Beispiel 2,50 Euro Automaten-Discount), hat die DB wieder einmal genau das Gegenteil getan. Die miese Leistung am Automaten, die ihre Kunden bereits seit Jahren zurück an die Schalter treibt, bleibt unverändert, stattdessen wurde versucht, ein «Bedienungsentgeld» am Schalter in Höhe von 2,50 Euro einzuführen. Nach einem Sturm der Entrüstung, der für Wochen die Schlagzeilen beherrschte, wurde diese «Innovation» noch vor ihrer Einführung wieder kleinlaut zurückgenommen.

Wenn nicht mehr Kosten plus Gewinn, sondern die Kundenerwartung plus Gewinn den Maßstab für die Preisfindung bilden, dann kommt dies einer 180-Grad-Revolution gleich. Unterstellt man eine unveränderte Gewinnerwartung, dann überträgt sich der Gestaltungszwang, der früher auf den Kosten lag, nun auf die Erwartungen und das Wertempfinden der Kunden. Bei den Kosten gab es nur eine Richtung – nach unten. Bei der Gestaltung der Kundenerwartung ist das genau die Gegenrichtung – nach oben. Je höher die Kundenerwartung, desto höher die Bereitschaft, auch einen höheren Preis für die Erfüllung dieser Erwartungen zu bezahlen.

Nur – wie viel Erfahrung und Routine sind im Laufe der Jahrzehnte bei der Gestaltung der Kosten entstanden? Ganze Heerscharen von Experten tummeln sich in allen Bereichen des Unternehmens und suchen nach Sparpotenzialen. Da wird nach neuen kosteneffizienteren Produktionsmethoden gefahndet, nach Möglichkeiten, Stückkosten zu senken oder die Produktivität zu erhöhen. Im Handel ist die Flächenproduktivität das Maß aller Dinge, und im Dienstleistungsbereich werden durch neue Arbeitszeitmodelle und die Anwerbung von Arbeitskräften aus Niedriglohnländern die Kosten gedrückt.

Wer aber managt das Wertempfinden der Kunden? Wo sind die Heerscharen, die damit beschäftigt sind, Kundenerwartungen auszuweiten, zu befruchten, zu verändern und aus den Niederungen ausschließlich materieller Nützlichkeit zu befreien? Wie wird Wissen und Sinn für Qualität und Nachhaltigkeit weitergegeben? Wie wird echter Service und Entlastung erlebbar gemacht? Wie wird im Handel der direkte und exklusive Kontakt zum Kunden veredelt? Wie werden wirksame Werterlebnisse geschaffen? Es gibt den CFO, den COO, CIO, aber wo ist das Vorstandsmitglied, das die Kundenerwartungen neu gestaltet? In den deutschen DAX-30-Unternehmen gab es 2008 cirka 190 Vorstandsmitglieder. Neben den Vorständen mit Bereichs- und Regionalverantwortung sowie jenen mit operativer Verantwortung kümmerten sich 28 um Finanzen, 8 um Assets und Risiko, 6 um Technik, 11 um Strategie und IT, 25 um Personal und Recht und 8 um den Vertrieb. Dort, wo das Management von Kundenerwartungen zur Kernaufgabe gehört, nämlich bei Marke und Marketing, gab es lediglich 3 explizit zuständige Vorstände.

In Zukunft wird es nicht mehr nur darum gehen, die Kosten zu drücken, um die Preise senken zu können und damit mehr produzieren zu können um Maßlosigkeit und Überfluss weiter zu verstärken. Die Zukunft wird darin bestehen, schon lange vor dem eigentlichen Verkaufsakt die Kundenerwartungen systematisch zu managen. Es gilt, die allgemein bekannten Erwartungsrahmen an Verfügbarkeit, Bequemlichkeit, Sicherheit, Stil und Einfachheit neu zu bestimmen und auszuweiten. Es gilt, mit den demonstrierten Spitzenleistungen seiner Marke die Maßstäbe neu zu setzen. Es gilt, die Aktivitäten des Wettbewerbs und die hinlänglich bekannten Kundenbedürfnisse hinter sich zu lassen. Es gilt, den Mut zu haben, seiner Intuition zu folgen und den Markt in seinem Sinne zu gestalten. Es gilt, wieder zu führen.

Literaturverzeichnis

Domizlaff, Hans: Die Gewinnung des öffentlichen Vertrauens. 7. Auflage, Hamburg 2005.
Feige, Achim: BrandFuture. Praktisches Markenwissen für die Marktführer von morgen. Zürich 2007.
Kahney, Leander: Inside Steve's Brain. New York 2008.
Koch, Klaus-Dieter: Reiz ist geil. In 7 Schritten zur attraktiven Marke, Zürich 2006.
Pickens, James W.: Closing. Erfolgsstrategien für offensive Verkäufer. Wiesbaden 1998.
Rosenzweig, Phil: Der Halo-Effekt. Wie Manager sich täuschen lassen. Wiesbaden 2008.
Scheier, Christian und Dirk Held: Wie Werbung wirkt. Erkenntnisse des Neuromarketings. Freiburg 2007.
Schmidt, Manfred: Marken im Bermuda-Dreieck. Wo Unternehmen ihr Geld versenken. Und wie sie es wieder heben können. Frankfurt 2003.
Schwartz, Peter: The Art of the Long View: Planning for the Future in an Uncertain World. New York 1996.
Sloterdijk, Peter: Im Weltinnenraum des Kapitals. Für eine philosophische Theorie der Globalisierung. Frankfurt am Main 2007.
von Clausewitz, Carl: Vom Kriege. Hamburg 2008.

Andere Quellen
Absatzwirtschaft Marken 2008
B2B-Marken in der Praxis, Brand: Trust-Studie 2008
Eichelschwein.de
enable Mai 2008, Financial Times
GDI Studie Vertrauen 2.0
Markenlexikon.com
New Luxury & Brands, Brand:Trust-Studie 2007

Spiegel 13/2008
Made in Germany, Spiegel Special 5/2008
Wirtschaftswoche 14.4.2008
Wirtschaftswoche Nr. 37/2008
www.golden-section.eu
www.henokiens.com
www.textlog.de

Danksagung

Die Idee zu diesem Buch entstand im Mai 2006 in New York. Seitdem begann ich spannende, bewährte und wirksame Ideen zu sammeln, wie man die Begehrlichkeit von Marken steigern kann.

Ich danke an dieser Stelle allen, die mich inspiriert haben und an ihren Erfolgskonzepten teilhaben ließen – insbesondere meinen wunderbaren Kunden, die durch hartnäckiges Nachfragen und immer neue Herausforderungen dafür sorgen, dass man als Berater auf dem Boden bleibt; allen meinen Mitarbeitern und Partnern, die mich alle auf ihre Weise auf neue Gedanken zu bringen verstehen, und allen lieben Freunden, die im Großen wie im Kleinen für vielerlei Geschichten und Beispiele in diesem Buch verantwortlich sind.

Mein tiefer und ganz besonderer Dank gilt aber jenem Menschen, der mir ständig Unterstützung, Freiraum, Inspiration, Ermutigung und Entlastung gegeben hat und ohne den ich nicht in der Lage gewesen wäre, dieses Buch zu schreiben.

Weitere Titel aus dem Orell Füssli Verlag

Achim Feige

BrandFuture

Praktisches Markenwissen für die Marktführer von morgen

Welche Chancen und Probleme ergeben sich für die Markenführung in den nächsten Jahren? Welche Trends und neuen Kundenwünsche sind zu beachten? Der führende Spezialist für zukunftsorientierte und trendgestützte Markenführung Achim Feige hat sieben evolutionäre Gesetze der Markenführung und einen praktischen Leitfaden jenseits aller Marketing-Moden entwickelt, wie man seine Marke auch in Zukunft zur Nummer eins machen kann.

Achim Feige ist einer der wenigen, die die Theorie der Trend- und Zukunftsforschung auf die konkrete Markenpraxis übersetzen können. Marken sind Mythen, die sich mit der Zeit wandeln – genau das wird in diesem Buch herausgearbeitet. Matthias Horx

238 Seiten, gebunden, ISBN 978-3-280-05240-2

orell füssli Verlag

Petra Wüst

Gezielt einmalig

22 Tipps für eine überzeugende Selbst-PR

Täglich begegnen wir in den Medien Menschen, die uns einmalig erscheinen. Meist handelt es sich um Persönlichkeiten mit großer Ausstrahlung, einer klaren Botschaft – und der Fähigkeit zum Selbstmarketing. Was können wir von ihnen lernen? Was macht sie einmalig? Darauf gibt dieses Buch eine Antwort.

Die Autorin zeigt, wie Personen des öffentlichen Lebens ihren «Brand» und ihren Erfolg gestalten. 22 Erfolgsfaktoren sind dabei von entscheidender Bedeutung. Das Buch vermittelt Wissen und Anregungen dazu, wie das eigene Profil geformt und gelebt werden kann. Vertreten sind Persönlichkeiten aus Wirtschaft, Politik, Sport, Kultur: Claude Nicollier, Astronaut; Pascale Bruderer, Politikerin; Matthias Horx, Zukunftsforscher; Elisabeth Gürtler, Chefin Hotel Sacher u.a.

200 Seiten, gebunden, ISBN 978-3-280-05302-7

orell füssli Verlag